성경

깜짝 놀랄 숨은 이야기

차례
Contents

서문 : 성경을 더 깊이 이해하기 위해 알아야 할 것들

역사상 최고의 베스트셀러요, 고전 중의 고전이 바로 성경이다. 하지만 성경을 제대로 이해하는 것은 그리 쉽지 않다. 성경이 집대성된 시기와 현재 우리가 살아가는 지금과의 시간적 거리감, 성경의 역사적 무대가 된 지역과 우리가 살고 있는 이곳과의 공간적, 문화적 거리감 때문일 것이다.

성경은 수천 년 전에 역사와 신화, 전설 등의 이야기들이 모여서 정리되고 전승된 경전이요, 문학이다. 이런 성경의 역사적 맥락에 무지한 채 문자 그대로 믿고 그 위에 쌓아 올린 믿음은 당연히 아주 작은 역사적 반론만으로 쉽게 무너질 위험에 처하기 쉽다. 그러나 그런 오해로 인해 성경이 갖고 있는 융숭한 세계를 발견하지 못하는 것처럼 안타깝고 어리석은 일은 없을 것이다.

성경은 파고들면 파고들수록 빛나는 보석의 진리가 숨어 있는 광맥이다. 또 벗기면 벗길수록 향기로운 과즙이 숨어 있는 생명의 열매기도 하다. 이 책의 저술은 그 보석과 과즙을 찾아가는 작업이기도 했다.

이 책은 성경이 집대성된 맥락과 오래 전 주변 민족들의 문명의 저술들이 성경 속에 섞여 들어온 과정을 독자들이 최대한 이해하기 쉽게 소개하고자 노력한 결과물이다. 그리고 무릎을 칠 수밖에 없는 성경 안의 숨은 깜짝 놀랄 이야기들을 독자들에게 들려주고자 했다.

이 책을 읽다 보면 성경에 왜 이런 대목이 나오게 되었는지 고개를 끄덕이게 될 것이다. 또 감춰졌던 내용들은 감동에 흠뻑 젖게 할 것이다. 책장을 덮고 나면 성경에 대한 이해 또한 한층 깊이 갖게 될 것이다.

2013년

서재 창밖의 개나리가 샛노란 빛으로 소리치는 아침, 이창훈

구약성경과 신화 그리고 역사

성경은 어떻게 쓰였나?

'신은 존재하는가?'라는 질문은 고대 세계에서는 의문거리가
아니었다. 당연히 무신론자도 불가지론자도 없었다. 모두가 조상
을 따라 종교인이었다.

밤하늘의 별들이 보석을 뿌려놓은 것처럼 말곳말곳하다. 히
브리인 목동이 어린 아들과 쇠똥으로 지피는 화톳불 가에 앉아
있다. 곁에는 양떼가 뱃구레를 깔고 누워 있다.
"아버지, 신은 얼마나 키가 크기에 저 높은 곳에 이불을 펴고
별을 걸어놓았나요?"

"아들아, 나도 네 할아버지로부터 조물주가 놋쇠를 두들기고 길게 펴 하늘을 만들었다는 얘기를 들었다."[1]

"그럼, 아버지의 아버지의 아버지는 어떻게 생겼나요?"

"신은 영물(靈物)들이 어깨에 메는 가마를 타고 하늘보다 더 높은 하늘에서 내려오셨단다.[2] 위대한 도공이었던 신이 흙을 빚어 인형을 만들고, 코에 바람을 불어넣자 그 진흙덩이가 살아났다는 거야."

어디서 사막 이리의 울음소리가 들려온다. 아이가 아버지 곁에 바짝 다가와 품에 안긴다. 아이는 제 아비의 답변을 듣기도 전에 그 넉넉한 온기로 잠이 든다. 그러나 아버지는 먼 옛날 조부로부터 이어져 아비로부터 들은 얘기를 바삭바삭 타오르는 화톳불과 나눈다.

"신은 진흙인형의 이름을 '아담'이라 짓고, 신이 사는 동산에서 함께 살게 했다고 들었다. 그 동산 언덕에는 먹으면 영원히 살 수 있는 과실나무와 식용이 금지된 과실나무가 있었지. 그런데 인간이 금지한 과일을 따 먹자, 노여움에 찬 신이 동산에서 인간을 쫓아내셨대."

화톳불이 불티를 날리며 꺼져간다. 목동은 품에 안은 아들이 잠든 것을 확인하고도 불씨와 얘기를 이어간다.

"쫓겨난 땅에서도 인간들이 다시 죄를 짓자, 신은 하늘의 창을 열고 땅의 지하수를 터뜨려 세상을 홍수로 심판하셨대. 그 후 다시 세상에 인간들이 번창했어. 그때 신은 인간들에게 경배를 받고 싶어 했고, 자신만을 신앙하는 민족을 만들기 위해

한 사람을 지명하셨대. 그는 '아브라함'이라는 이름을 가진 분이셨는데 바벨로니아에 살던 '데라'라는 분의 맏아들이셨지. 그분이 우리 히브리 민족의 조상이란다. 그리고 ……."

누구도 우주와 인간이 어떻게 생겨났는가를 증명하지는 못했다.[3] 인간은 스스로 답을 찾아 신화를 만들어냈고, 히브리[4]인들도 다른 민족처럼 신화를 가지고 있었다. 그리고 그 신화는 화톳불 가에서 아비에게서 아들에게 이야기로 전해졌다. 히브리 목동들은 별 아래 화톳불 가 이야기로 세월을 보냈다. 그리하여 중동 어느 민족보다도 세련된 구전문학인 '히브리 전승(유대교 경전인 구약성서)'을 남겼다.

그 후 기원전 1000년경, 히브리 민족은 메소포타미아[5] 남부 끝자락 가나안에 '이스라엘'이라는 나라를 세운다. 그 후 오백여 년 동안 제국을 유지하다 이웃 바벨론 민족에게 침공을 당했고, 왕족과 귀족, 제사장 등 유력한 자들이 잡혀가 포로생활을 했다.

기원전 400년경, 바벨론 도심에 세워진 국신(國神) 마르둑(바벨론 질서의 신)을 섬기는 신전 앞 광장. 전례대로 아키투(바벨론의 신년제의)가 벌어지고 있었다. 마르둑 신이 적들을 쳐부수고 우주를 창조한 것을 찬양하기 위한 축제다. 바벨론 광장에 모인 구경꾼들 속에서 조상들이 살던 시절 포로로 잡혀온 히브리인의 후예들이 다른 이방 족속과 함께 기웃거린다. 신전탑 아래서는 지난해와 마찬가지로 사제가 신을 찬양하고 있고, 신화를 사실인 양 낭송한다.

'한 처음(태초)'에 …… 우주도 없고 혼돈만 있을 때다. 하늘에서 '티아맛 여신'[6]이 신들에 대항했다. 그러자 하늘에서 혼돈이 일어났다. 이때 '마르둑'이 그 여신을 처치하고자 했다. 마르둑은 사방으로부터 바람을 일으켜 티아맛의 복부를 부풀린 후 화살로 쪼개 죽였다. 신은 그 여신의 거대한 몸을 조개 같이 쪼갠 뒤, 그 몸뚱이의 위쪽 부분과 아래쪽 부분으로 하늘의 윗물과 지상의 아랫물을 만들었다 …….[7]

도성 사람들은 사제의 창조 신화 이야기를 밤이 새도록 들었다. 그리고 그들은 언제나처럼 감동에 빠져든다. 날이 밝아오자, 바벨론 사람들은 밖으로 나가 물을 끼얹으며 '에아(마르둑 신의 어미이며 물의 여신)'[8]의 이름으로 세례(침례)의식을 받는다. 한 해 동안 지은 죄를 속죄 받기 위한 정결의식이다.

한편 바벨론 창조 신화를 들은 이스라엘인들은 큰 충격을 받았다. 그들이 천여 년 동안 믿어왔던 민족 신 '야웨(Yahweh)'는 압제자를 쳐부수는 구원자였지 창조신은 아니었다. 이스라엘인들 중 개종해 바벨론 신들을 믿는 자들도 생겨났다. 그러나 오히려 그 여러 신의 장점을 받아들여 조상으로부터 듣고 믿어온 야웨 신앙을 더 풍성하게 한 이도 있었다. 그들 중 야웨 신앙에 뛰어나고 글재주가 있는 서기관, 제사장직에 종사했던 사람들이 히브리 전승을 집필했다. 비록 적국으로 잡혀왔지만 조상의 신 야웨를 찬양하고, 개인이나 지파 혹은 민족의 이익, 후예들의 교육을 위해 집필을 시작한 것이다.[9] 그들은 바벨론의 신화들을 빌려와 야웨가 창조신임과 우주와 인간의 기원을 설명하며 성서를 써 내려갔다.

바벨론 변방 움막. 탁자 위 청동 등잔에 올리브기름이 타오른다. 히브리 포로의 후예 제사장이 갈대종이에 먹물을 찍어 성경을 기록한다.

태초에 …… 땅이 혼돈하고 공허했다. 흑암이 '깊음(이 단어를 가리키는 '트홈'은 바벨론의 바닷물을 주관하는 여신 티아맛과 같은 어근)' 위에 있고 …… 신이 …… 윗물과 아랫물로 나뉘게 했다.

- 히브리 전승 창조설화 中 (창세기 1장 2절)

히브리 전승 작가들이 알고 있던 것은 바벨론 신화뿐만이 아니었다. 그들은 중동의 다른 지방 신화들도 알고 있었고, 그 신화들을 도입해 우주, 인간 창조, 홍수 설화를 완성해갔다. 히브리 고대 전승은 입과 귀로 이어져 오면서 화자요 청자들인 목동들에 의해 고쳐졌고, 어느 정도 본문이 정립되었을 것이다. 이때 인간의 기억력은 정확하지 않아 그 이야기들은 세월 속에 변형될 수밖에 없었을 것이다.

또 이 이야기들은 바벨론 포로 이후 문장력이 뛰어난 서기관들, 제사장들에 의해 편집되며 신학적, 철학적, 언어적인 여러 이유들로 인해 수정되기도 했을 것이다. 구약이 구전으로 이어졌다는 이론에 반대하는 사람들은 말로 어찌 그렇게 정교하게 전달될 수 있을까 의심하기도 한다. 그러나 고대의 정교한 소설 호메로스(Homeros)의 『일리아드(Iliad)』도 구전으로 이어졌고, 화자와 청자가 완성시킨 문학이다.

그럼에도 불구하고 신화를 집대성해 최초로 쓰인 히브리 경전에는 매우 전설적이고 다신교적이고 이교도적인 내용들이 많았다. 훗날 수없는 세월, 수많은 작가들이 이미 소실된 원본에서 파생된 여러 사본들을 '편집(선별, 결합, 배열, 재해석, 편파적 왜곡)'하며 그런 요소들을 다 제거했다. 오늘날까지도 이 작업은 계속되고 있다.[10]

우주창조 설화

근동[11] 신화는 그곳에 살던 고대인들에게는 마치 우리가 사는 현대사회의 과학과도 같은 것이었다. 그것은 세상이 어떻게 생겨났으며 어떻게 운영되고 있는가에 대한 그들의 설명방식이었다.

신화는 무언가 그 원인을 알 수 없는 것을 이해하기 위해 생겨난 것이다. 우주의 생성, 햇빛과 비, 천둥과 번개, 사계의 변화, 미지의 사후 세계 등 이해할 수 없는 현상이었기에 그에 관한 신화가 만들어진 것이다.

바벨론에서 우주 창조는 메소포타미아의 서사시 '에누마 엘리쉬(Enuma Elish)'에 나오는 것처럼 바벨론 질서의 신 마르둑이

티아맛을 쳐부수어 승리한 결과다. 투쟁으로 만물이 창조되었다는 이 사상은 고대 중동 지역 신화에서도 공통적으로 나타난다.[12] 힛타이트(Hittite)의 신화 '쿠마르비(Kumarbi)', 시리아 '우가리트(Ugarit)' 서사시뿐만 아니라 그리스 크로노스 신에 대항한 제우스의 반란 등에서도 하늘의 반란 사건으로 다루고 있다(동북아 신화에서 보면 '반고'라는 신이 도끼로 혼돈을 파괴하고 우주를 창조했다).

    땅이 혼돈하고 공허하며 흑암이 깊음 위에 있고
                                        - 히브리 전승 (창세기 1장 2절)

    '혼돈하고 공허하며'의 히브리어는 '토후 와보후'인데 문자적으로는 황폐하고 비었다는 뜻이다. 이 말은 히브리 전승 이사야 34장 11절과 예레미야 4장 23절에도 다시 등장하는데 전쟁으로 인구가 감소된 땅의 처절함과 황폐함을 묘사하는 데 주로 사용되었다. 즉 전쟁터의 광경이다.
    기독교 신학자들도 이 혼돈을 '하늘에서 발생한 천사들의 반란 사건'으로 해석하는 경우가 있다. 즉, 사탄이 우주를 창조한 야웨 신에 대항해 혼돈이 일어났다는 것이다.[13]
    히브리 신화의 천지창조 시작도 혼돈이다. 그러면서도 '카오스(혼돈)'에서 '코스모스(조화와 질서)'로의 변화다. 히브리 전승은 그 혼돈에서 질서를 잡아가는 어법으로 창조를 설명하고 있다. 이런 묘사는 중동과 근처 모든 신화의 특색이다.[14] 그리스인들도 바벨론 신화의 영향을 받아 히브리 전승과 비슷한 창조 신화를 남겼다.

태초에 혼돈이 있었다. 이 혼돈에서 가이아(땅의 여신)가 생겨났다. 또 가이아에서 우라노스(하늘의 신)와 폰포트(바다의 신)가 생겨났다.

이렇듯 혼돈의 덩어리 속에 씨가 있고, 그곳에서 하늘과 육지와 바다가 나왔다는 사상은 고대 신화의 공통점이다. 동양 사상마저 비슷하다. 한나라 때 저작물인 『회남자(淮南子)』를 보면 '옛날 아직 천지가 생겨나지 않았을 때 세계의 모습은 어두운 혼돈뿐으로 어떠한 형상도 찾아볼 수 없었다'고 기록되어 있다.

신의 영은 수면 위에서 운행하시니라.[15] 신이 말씀하시되 빛이 있으라 하매 빛이 있었고 …….

– 히브리 전승 (창세기 1장 2~3절)

신이 말만으로 천지를 창조했다는 이 신화 기록은 바벨로니아 창조 서사시에서도 나타나는 신화적 어법이다. 시인들인 바벨론 사제들이 그들의 신 마르둑을 이렇게 찬양했다.

주여, 진실로 당신의 말씀은 모든 신들 가운데 으뜸이십니다. "파괴하라, 창조하라" 말씀하시면 그대로 될 것입니다.

또 창조 순서를 차례차례 정해 놓는 설화 기법은 이집트 신화에서도 찾아볼 수 있다. 이집트의 창조신 '아톤(Aton)'은 혼돈의 바다로부터 솟아난 작은 산 위에 앉아 대기의 신 '슈(Shu)', 습기의 여신 '테프누트(Tefnut)', 그들 사이에서 땅의 신 '게브(Geb)'와 하늘의 여신 '누트(Nut)' 등을 차례차례 말만으로 창조했다.

히브리 전승에서 보면 신이 하늘과 땅을 6일 만에 창조했고 7일째 쉬었다. 성서가 쓰이기 훨씬 전부터 바벨론에서 말하는 일주일은 7일이었다. 또 히브리 전승은 저녁이 되고 아침이 되니 첫째 '욤(날)'이 되었다고 구체적으로 하루를 표현했다. 그 하루, 하루가 지날 때마다 빛이 생기고, 우주 공간이 생기고, 해와 달과 별이 생기고, 식물계와 동물계와 인간이 생겨난다. 그러나 현대과학의 증거들은 이 우주 창조 연도에 동의하지 않는다. 별들이 수백만 광년 멀리 떨어져 있고, 그 별빛이 우리 눈에 닿는 시간을 생각하면 수십 억 년 전에 만들어졌다는 것이 증명된다.

모든 생명체를 잉태한 지구는 약 45억 년 전에, 이 지구를 포함한 태양계는 약 50억 년 전에, 태양계를 담은 우주 전체는 약 137억 년 전에 생겨났다는 것이 현재 거의 증명된 우주연대기다.[16] 지구의 역사도 대륙판 이동 운동을 볼 때, 일 년에 10센티미터 정도씩 움직이는 것을 보면 적어도 대륙 이동에만 2억 년이 걸렸다.

6일 만에 전 우주와 생명체를 창조했다는 히브리 전승의 이야기는 신화적 전승이다. 그러나 고대부터 지금까지 문자주의 해석자들 중에는 이 신화를 문자 그대로 믿는 자들이 존재한다. 그들은 성경 속에 나타난 수많은 신화와 전설을 역사로 보아 150억 년 된 우주와 수백만 년 된 인간의 탄생을 불과 수천년 전의 사건으로 해석했다.

17세기 아일랜드의 사제 '제임스 어셔(James Ussher)'는 성경 문자주의를 철저히 적용시켜 천지창조가 기원전 4004년 10월 23일에 이루어졌다고 발표했다. 히브리 전승에 나오는 아담과 그의 후예들의 나이를 다 더해 만든 수치다. 성경 문자대로라면 그의 주장이 옳다. 1650년 어셔가 정확한 창조연대를 발표하기 전에도 교회는 성서 문자주의에 빠져 지구의 탄생이 이루어진 지 몇 천 년 정도밖에 되지 않는다고 믿었다.

그런데 놀랍게도 현대에도 어셔와 별로 다르지 않은 주장을 하는 시대착오적인 신학자들이 있다. 아직까지도 지구나 인간의 역사가 성경 문자대로 1만 년 전에 시작됐다고 믿는 것이다. 커버넌트 신학교(Covenant Theological Seminary)의 교수 해리스(Dr. Laird Harris)도 기원전 10000~7000년에 인간이 창조되었다고 주장했다. 이는 천문학, 지질학, 고고학, 생물학, 역사학을 부인하는 무지다.

1960년에는 버지니아의 수력공학 기술자 헨리 모리스(Henry Morris)가 주도한 '창조과학회'가 설립됐고, 그는 신이 6천 년 전 6일 동안 지구를 직접 창조했음을 증명하는 수십 권의 책을 발간했다. 이들은 히브리 전승대로 동식물이 며칠 만에 창조되었다고 믿으며 '캄브리아기(기원전 5억 7천만 년 전)'에 갑자기 생명체 화석이 많이 생겨난 것을 증거로 들고 있다. 히브리 전승이 전하는 우주의 창조 시기는 6천 년 전이다. 하지만 화석은 수억년에 걸쳐 지층별로 발견되고 있다. 선(先) 캄브리아 시대의 화석이 드문 것은 연체생물들이 발생한 시기라 화석을 남기기가 어려웠기 때문일 것이다.

'의역주의자들(성경을 문자적으로 보는 근본주의자들과 달리 본문 상당 부분을 은유로 보는 보수주의 학파들)'은 천지창조에 쓰인 성서의 '욤(하루, 날)'을 'The Day'가 아니라 '한 시대(Age Theory)'로 해석했다. 그 해석 논리라면 하루의 기간을 얼마든지 다르게 해석할 수 있다. 그러나 문자적으로 정직하게 보면 히브리 전승의 본문 하루는 '24시간'을 가리키고 있다(저녁이 되고 아침이 되니, 이는 첫째 날이라고 분명히 명기했기 때문이다).

히브리 전승의 창조 순서를 보면 신은 첫째 날, 빛을 만들었고,[17] 둘째 날, 궁창(우주공간)을 만들었고, 셋째 날, 바다와 육지를, 넷째 날 해와 달과 별, 다섯째 날 새와 물고기, 여섯째 날 짐승과 인간을 창조했다고 기록하고 있다. 이 순서 또한 상식이나 증명된 과학적 증거와는 다르다. 해와 달, 별이 없는데 낮과 밤이 있을 수 없고, 해와 달과 별보다 바다와 육지가 먼저 창조될 수 없다. 또 조류, 어류, 포유류 등을 창조했다는 기록은 문자적으로 족쇄가 되어 '용불용설(用不用說, 레마르크가 주장한 이론으로 종에서 종으로 진화되었다는 이론)' 등 진화론의 일부는 받아들여도 종(kind)은 뛰어넘을 수 없다는 근거가 됐다.

그런데 이 히브리 전승을 너무나 닮은 우주 창조 설화는 중동과 근처 여러 곳에서 찾아볼 수 있다. '에트루스칸(Etruscans) 신화'[18]의 『운명과 죽음의 책』에 보면 이렇게 기록되어 있다.

첫째 날, 하늘과 땅. 둘째 날, 궁창. 셋째 날, 바다와 지상의 다른 물. 넷째 날, 해와 달과 별. 다섯째 날, 새와 짐승과 곤충, 공기와 물. 여섯째 날, 사람이 창조되었다.

또 조로아스터교의 제사 법전인 '젠드 아베스타(Zend-Avesta)'에 보면 이렇게 기록되어 있다.

첫째 날, 별이 있는 하늘. 둘째 날, 구름과 지상의 물. 셋째 날, 산과 들. 넷째 날, 나무들. 다섯째 날, 짐승들. 여섯째 날, 사람들[19])을 창조했다.

이탈리아의 고대 문서 '에트루스칸'은 원 조상이 메소포타미아인인 관계로 수메르, 바벨론 창조신화의 영향을 받은 것으로 여겨진다. 반면 조로아스터교의 경전 '젠드 아베스타'는 유대교의 영향을 받은 후대의 작품이다. 그 중간에 히브리 창조 설화가 있다. 그런데 히브리 전승 창세기의 천지창조 장면은 그 전승 중에서도 제일 오래된 기사가 아니다. 학자들은 히브리 전승 시가(詩歌)인 시편 104편[20]과 욥기 일부(9장 4~10절)에서의 내용을 창세기 저자 누군가가 산문화시킨 것이라고 본다.

히브리 전승의 일부는 신을 찬양하는 시문일 뿐 역사적 사실이 아니기 때문에 문자적으로 받아들일 수 없다. 오히려 그런 전통적 해석 방법은 진리추구를 방해한다. 문자풀이만 한다면 성경은 오히려 무신론의 가장 강력한 증거가 될 수 있다(천문학, 생물학, 역사학 등 어떤 분야의 특정한 결론에 근거를 두고 있는 종교 교리는 새로운 사실이 발견되면 치명적 타격을 받을 수밖에 없다).

현대 지성인들 중에서도 성경 문자주의를 따라가다 그 내용 안에서 모순을 발견하고는 오히려 신이 없다고 주장하는 자들이 수없이 생겨나고 있다. 현대의 대표적인 무신론 전파자 리차드 도킨스(Richard Dawkins)는 자신이 무신론자가 된 계기가 성경의 홍수 설화를 믿지 못하는 데서 시작되었다고 말했다. 아인슈타인도 프린스턴 대학의 교수 에릭 구트킨트(Erik Gutkind)에게 보낸 서신에서 성경 내용은 '유치한 원시 전설의 집합체'라고 하며 무신론적 견해를 피력했다.

만일 이들처럼 성경을 문자 그대로 읽으며 오류를 찾고, 그래서 성서의 어느 일부분이 사실이 아닌 것으로 판명될 경우 다른 부분들도 당연히 의심받을 수밖에 없다. 그리고 그런 논리의 끝에 성서가 무가치하다는 결론에 다다를 위험이 크다.

인간창조 설화

어느 순간 시간의 문이 열렸다. 인간의 시간이 시작된 것이다.
신이었을까? 아니면 우리가 알 수 없는 우주생성의 법칙이 있는

것이고, 그저 우연이었을까? 어느 존재인가가 둔덕에 구리풍뎅이
와 물잠자리, 물결부전나비를 날려 보내고, 강물에 무지갯빛 송어
를 풀어 놓고, 강가에 자란초, 물억새, 골무풀 또 샛노란 변홍화를
심어 놓았다. 그리고 …… 그 강변에 인간이 살게 되었다.

히브리 전승은 인간의 역사가 아담으로부터 시작해 홍수 사
건 당시 구원받은 노아의 세 아들로 이어지고, 이로 인해 여러
인종과 여러 민족으로 퍼져나갔다고 전한다.

기독교 보수주의자들은 지구상의 삼색 인종이 노아의 세 아
들에게서 갈라졌다고 해석한다. 술 취한 아비 노아의 하체를
가려준 셈과 야벳의 자손은 복을 받아 백인종과 황인종이 되
었지만, 이를 비방한 함의 자손은 저주를 받아 노예민족인 흑
인이 되었다고 전한다. 그러나 인류학자들은 이미 노아 전부터
삼색 인종이 구별되었고, 인종의 구별은 오랜 환경 속에서 진
화된 것이라 믿고 있다.

노아는 함('검다, 뜨겁다'라는 뜻)과 셈('이름, 영광'이라는 뜻)과 야
벳('열린다'는 뜻)이라는 세 아들을 두었는데 야벳의 후예는 인도,
유럽 민족의 조상이 되었고, 함의 후예는 아라비아, 이집트, 리
비아, 가나안의 조상이,[21] 셈의 후손은 아르메니아와 페르시아
만 사이 서부 아시아 민족의 조상이 되었다고 전승된다.

이렇듯 노아의 자손들은 동쪽으로는 페르시아까지, 남쪽으
로는 아프리카 수단까지, 서로는 유럽까지, 북으로는 북부 유럽
까지 이르는 동부 지중해를 중심으로 전역에 흩어진 민족의 조

상이 되었다고 한다. 그중 아담의 직계 자손인 아브라함은 히
브리 민족의 조상이고, 히브리 민족이야말로 세상에서 가장 먼
저 생겨난 민족임을 강조하고 있다. 다른 민족들의 설화에서도
볼 수 있듯 자신의 조상들을 더 높이려는 신화라고 할 수 있다.
그러나 인종 기원을 설명한 이 히브리 전승은 나머지 종족들인
극동의 한국, 일본, 몽골 인종과 중남미 아메리카 인디안, 오스
트레일리아와 뉴질랜드 원주민 등에 대해서는 침묵한다. 먼 지
역에 있는 인종의 존재는 알 수 없어 기록하지 못한 것이다.

그렇다면 인간은 어디서 온 것일까? 메소포타미아 수메르
전승인 아트라하시스(Atra-Hasis)[22] 서사시에 의하면 신이 진흙
에 신의 피를 섞고, 또 침을 뱉어 인간을 창조했다고 한다. 또
이집트 전승에서는 창조신 '프타(Ptah)'가 말로 우주를 창조한
뒤 인간을 만들었다고 한다. 또 옹기장이 신 '크놈'이 둥근 기구
로 진흙을 빚어 인간을 만들었다고 전해오기도 한다.

그 후 수천 년이 흘러 메소포타미아와 이집트 지역 중간에
살던 이웃 히브리인도 인간 창조 설화를 기록으로 남겼다. 이
히브리 전승에 의하면 그들의 첫 조상인 아브라함은 메소포타
미아에 살았고, 그의 후손 요셉 역시 이집트 제사장의 사위가
되었으며, 더 훗날의 후손 모세는 이집트 궁전에서 종교를 배
운 자였다. 그리고 히브리인들은 세련된 언어로 인간 창조 설
화를 기록에 남겼다.

히브리 전승에 의하면 신은 진흙으로 만든 인형의 코에 생
기를 불어넣어 인간을 만들었다(그러나 히브리 신은 영혼까지 만들

지 않았다). 신이 인간을 만들 때 코에 넣어준 것은 '루아흐(생기)'다. 그러자 진흙인형은 생령(生靈)이 되었다고 한다. 그러나 원어대로라면 살아있는 영혼인 '생령'이 아니라 '생명'이 된 것이 맞다.[23] 원래 고대 히브리인들에게는 '영혼'이라는 개념이 없었다. 신이 진흙인형에 불어넣어 준 이 생기는 영혼이 아니라 생명의 숨을 의미한다.

우리말 번역 구약성경에서 '영'이나 '영혼'을 지칭하는 히브리어는 '루아흐'와 '네페시'다. 두 단어는 성경에서 수백 번 등장한다. 그런데 이 번역은 명백히 의도성이 있는 오류다. 사람에게 적용할 때는 영혼이라고 번역된 '네페시'라는 단어는 동물에게는 원어대로 생명(생물)이란 말로 직역했다. 기독교 전통 해석에서는 동물에게 영혼이 없기 때문이다.

> 물들은 네페시(생물)를 번성하게 하라. 땅 위 하늘의 궁창에는 새가 날으라 하시고 / 땅은 네페시(생물)들을 그 종류대로, 가축과 기는 것과 땅의 짐승을 그 종류대로 내라.
>
> – 창세기 1장 20절, 24절

히브리 전승에 의하면 신은 이렇게 사람을 동물과 같이 생명으로 만들었지 영적 생명체로 만들지 않았다. '당신이 저들의 호흡(루아흐)을 거두시면 저들의 숨이 끊어져 그 흙으로 돌아갑니다(시편 104편 29절)'에서 보는 것처럼 루아흐 역시 영혼이 아니라 호흡(생명)으로 번역하는 것이 옳다. 루아흐 역시 생명을 의미한 네페시와 같다는 뜻이다.

다시 말해 히브리인들에게는 인간을 영과 육으로 나누는 이원론적 사고가 없었다. 그들에게 몸이란 인간의 존재 그 자체요 전부다. 그들은 영혼과 생명을 따로 구별하지 않았다. 그래서 살아있는 사람은 '하이 네페쉬(산 영혼)'라 불렸고, 죽은 사람은 '무트 네페쉬(죽은 영혼)'라 불렸다. '죽음'이란 영이 극도로 약화된 상태로 알았고, 화장을 하면 완전히 그 영이 죽는다고 생각했다. 또 영혼의 안식처인 몸이 소멸된다고 보아 화장을 금했다. 복수할 때만 화장을 했다. 이것은 히브리인들의 내세관이 희미했다는 사실을 말해주기도 한다.

히브리 전승의 저자는 영혼을 알지 못했다. 영이나 영혼은 훗날 신약을 쓸 때, 고대 그리스 종교철학의 언어인 '프시케(영혼)' '프뉴마(영)'를 도입해 사용한 것이다.[24]

히브리 전승은 신이 진흙 인형의 코에 바람을 넣자 살아났다고 전하고 있다. 고대인들은 신상의 입 속에 신이 입김을 불어넣으면 살아있는 신상이 된다고 믿었다. 이집트인들에게도 미라의 입을 벌려 호흡을 집어넣어 생명을 부여하는 의식이 있었다.

히브리 전승에 의하면 신은 최초의 사람을 '아담'[25]이라 이름 지었다. 바벨론 창조신화에서도 그 첫 번째 인간은 아담과 같은 의미요, 발음도 같은 '아다파'로 기록하고 있다. 아다파는 수메르 성도(聖都) 에리두의 신인 '에아'의 제사장이다. 아다파는 백성을 다스리기 위해 지혜의 신 에아에 의해 만들어졌다. 에아는 그에게 커다란 귀와 뛰어난 총명과 지극한 신중함을 주었다.

아담은 '이쉬(남자)'[26]였다. 그의 갈비뼈를 빼내어 '이샤(여자, 남자 '이쉬'에서 파생)'를 만들었다고 한다. 수메르 신화 '엔키와 닌홀삭 서사시'에 보면 여신은 'Nin-ti', 즉 갈비뼈 여인이었다.[27] 수메르어로 티(ti)는 갈빗대를 뜻한다. 히브리 전승이 수메르 전승에서 나왔다는 증거이기도 하다.

히브리 전승은 남자 아담이 부모를 떠나 아내 하와와 연합해 둘이 한 몸이 될 것이라고 기록했다. 이는 성경이 쓰일 때 고대 근동의 풍습을 표현한 것이다. 남자는 신부의 부모 집에서 첫날밤을 치르는 것이 관례였다. 또 히브리 전승에서 신은 자신의 모습을 닮은 인간을 창조했다(창세기 1장 26절 참조). 이집트의 고대 전승 '메리카레의 교훈'에서도 인류를 가리켜 '신의 몸에서 나온 신의 형상'이라고 말한다.

신은 홀로 행복하고 아무것도 필요로 하지 않는 초월적 존재인데 왜 굳이 인간을 만들었을까? 히브리 전승은 신이 만물과 에덴동산을 지키고 경작하게 하려고 인간을 창조했다고 전한다(우리말 성경 창세기 1장 28절, 만물을 '다스리라'고 번역된 히브리어 '아바드'는 '일하다, 경작하다'로 해석할 수 있다).

바벨로니아 서사시 '에누마 엘리쉬'에서도 자신들이 하기 싫은 노동을 시키기 위해 신이 인간을 창조했다고 기록하고 있다. 그 내용을 보면 신 '아누나키'가 신들에게 과한 노동을 시킨다. 그러자 신 '이기기'가 반역을 하여 혼돈이 일어난다. 하는 수 없이 주신(主神) '엔릴'이 모신(母神) '마미'에게 명령해 사람을 창조해 달라고 지시한다. 인간들은 관개를 위한 도랑을 파는 등 신들의 잡일을 해야만 했다.

인간은 신이 될 수 있다는 뱀의 유혹에 빠져 지혜의 나무열매를 따 먹었다.[28] 그러나 신이 되지 못하고 낙원에서 추방당한다.

신이 되고 싶은 열망을 실은 신화는 고대 근동에 많다. 신처럼 영생을 꿈꾼 것이다. 바벨론 신화 속 최초의 인간인 '아다파'는 수메르 최고의 신 '아누'를 알현한다. 아누는 불멸을 가져오는 음식을 제공했지만 그는 거부했다. 또 수메르 신화 속 영웅인 '길가메쉬'가 영생을 찾다가 실패하는 장면은 근동 여러 신화에 등장한다.

인간이 선악과를 따먹고 죄를 범하자 신은 가죽옷을 만들어 입혔다. 수메르 전승 아다파의 이야기에 보면 그가 생명의 빵과 물을 먹을 기회를 놓치고, 아누 신 앞에서 물러나기 전에 신으로부터 옷을 받는 장면이 나온다.

히브리 전승 저자는 신이 기원전 4000년경에 최초의 인간인 아담을 만들었다고 기록했다. 그는 이 기록이 역사적 사실이라는 점을 강조하기 위해 족보까지 만들어 아담의 수명과 그 후예들의 산 수명까지 숫자로 나열해 놓았다. 그러나 인간이 처음 창조된 때로 저자가 제시한 시기는 이미 역사적으로 유프라테스, 나일 강 유역에서 인간문명이 꽃피고 있을 때다. 히브리 전승 저자는 수메르 문명의 배경 아래에서 살았던 히브리인이었다. 따라서 문자가 발명된 기원전 4000년경까지의 중동 역사를 어렴풋이 알았으리라. 그러나 그 이전 역사는 알지 못했을 것이다. 그래서 우주와 인간의 역사를 가상하고, 그에 맞춰 아담의 족보를 꾸몄을 것이다.

히브리 전승의 창조 설화가 신화이고, 진화론이 진실이라고 밝혀지면 신은 존재하지 않는 것일까? 기독교는 무너지는 것일까? 성서 문자주의자들은 신이 진흙인형을 만들고, 그 코에 숨을 불어넣어 인간을 만들었다고 가르쳐왔다. 아마도 그런 문자주의는 진화론이 정설로 세워지면 무너질지도 모른다. 히브리 전승에는 다른 우주에 사는 생명체의 존재를 거론한 적이 없다. 만일 화성에서 생명체라도 발견되면 문자주의는 역시 무너질 것이다. 그래서 성경을 문자 그대로 이해하는 성경문자주의는 위험하다.

인류의 조상 오스트랄로피테쿠스(원인, 猿人)류의 탄생은 260만 년경이다. 그 후 현대 인류와 형체나 지능 면에서 다를 바 없는 호모사피엔스(현명한 사람)의 출현도 최소 5, 6만 년 전경이다. 그 중간에 변종과 이종의 인류가 있었으며 현생 인류와 별 다름없는 네안데르탈인도 20만 년 전 생겨났으나 그들과 같이 사라졌다.

현대과학에서 지지받는 인간탄생의 이론은 이렇다. 제일 먼저 '빅뱅'이라 불리는 우주폭발이 있었다. 그 후 생명체의 씨는 별들의 내핵반응으로 발생한 원시수소에서 형성된다. 고온 상태의 지구가 식으면서 지구 위에 떠다니는 수분과 우주 먼지가 나선형 실 모양으로 결합해 무기물질에서 유기물질로, 다시 핵산과 아미노산으로 진화한다. 엽록소가 생기고 탄산가스가 배출되면서 이윽고 생명체들이 생겨나기 시작한다. 생명체는 단

세포에서 다세포로 진화하다가 고등생물 인간이 생겨났다. 인간의 조상이 가스요, 먼지요, 균체인 셈이다. 기독교에서 말하는 인간의 재료도 먼지(티끌, 진흙)였다.[29]

기독교인 과학자 중에도 진화창조론자들이 있다. 신이 진화를 이용해 인간을 창조했다는 가설이다. 그들은 신이 진흙인형을 만든 것이 아니라 사물들의 배아과정을 감독해 고등동물 인간으로 진화하게 했다고 믿는다. 유신론적 진화론자들은 신이 진화의 과정을 책임지고 있다고 생각한다. 신이 '어떤 목적을 가지고 진화를 계획했다'는 것이다. 무신론적 진화론자들의 '생물의 진화는 목적을 갖지 않은 우연한 발생'이라는 주장과는 사뭇 다르다.

낙원창조 설화

히브리인들이 그렸던 낙원의 모습은 옆동네 메소포타미아의 복사판이다. 우주와 인간 창조, 홍수 설화 등과 비슷하다. 그러나 멀리 떨어져 있는 지역의 낙원묘사와는 많이 다르다. 히브리인의 에덴 등 고대 중동인들의 낙원은 한결 같이 신들의 거주처였다. 인간만이 사는 동양인들의 낙원과는 다르다. 동양의 인본주의와 중동의 신본주의와의 철학적 차이다.

인간은 영생과 안락을 꿈꾸며 고대로부터 낙원을 생각했다. 그들이 생각한 보편적 낙원은 해 뜨는 동쪽으로 한없이 걸어가면 당도할 수 있는 곳이다. 때론 망망대해 환상의 섬으로, 오아시스로, 골짜기의 외지로, 큰 폭포 뒤의 세계로 묘사되기도 했다. 그곳은 수목이 우거지고, 새들은 노래하며, 꽃과 과일이 풍성하고, 샘과 강이 있고, 금은보석이 즐비하고, 사나운 짐승으로부터 보호받을 수 있는 울타리가 있는 동산이었다. 또 질병과 고통, 가난, 죽음이 없고, 대신 필요한 모든 것이 있는 장소였다.[30]

이 낙원은 이미 오래전 중동 지역에도 있었다. 중동 지역에서는 '딜문[31]'이라 하여, 기원전 2000년경 아카드 왕 '사르곤 신화'에서는 '이리니의 백향나무 숲'과 '시두리 동산'이라는 이름으로 전해져 내려온다. 이 외에 앤키두의 초원, 이난나의 정원, 마슈 산(山) 등으로 불리는 수메르, 아카드인들이 꿈꾼 낙원들도 있다. 유프라테스 강 중류 아모리인의 고대 성읍 '마리 프레스코 벽화'에서도 낙원을 상징하는 그림이 발견됐다. 여기에는 여신들이 받쳐 든 항아리에 흘러내리는 네 줄기의 물줄기(히브리 전승 에덴에 있다는 4개의 강으로 추측), 두 나무(선악과와 생명나무), 그룹 등이 그려져 있다.

히브리 전승에 의하면 신이 인간을 창조하고 그들의 거주처로 만든 에덴[32]에는 '유프라테스' '힛데겔'[33] '비손'[34] '기혼'[35] 이렇게 네 개의 강이 흘렀다고 전해진다. 히브리 전승 저자들은 이 강들의 근원을 몰라 이름난 이 강들을 동산 안에 모두 모아 놓았을 것이다.[36] 이 이름으로 미루어보아 에덴이 존재했다면 중동이고, 메소포타미아 바벨론 시 부근일 것이다.

고대 앗시리아의 기록에 보면 유프라테스 강 근처 '빗 아디니'라는 곳을 에덴이라 부른 기록이 있다. 현재 이라크인들은 우르 남쪽의 쿠르나 지역을 에덴동산이 있었던 곳이라 주장한다. 유프라테스와 티그리스 두 강이 만나는 접점인 이곳은 유칼립투스 숲 지대다.

그러나 현대 학자들은 에덴의 위치를 전혀 다른 장소로 생각한다. 에덴에 있었다던 기혼은 예루살렘[37] 성 곁에 있는 왕정시대 호수의 이름이다. 창세기의 저자가 우주의 중심이라고 믿는 예루살렘 신전을 에덴으로 보았다는 것이다. 예루살렘 신전 입구에는 에덴에서처럼 케두빔(천사)이 지키고 있었다. 신전 벽에는 에덴에서처럼 백향목과 종려나무, 꽃 등이 새겨져 있었다. 또 에덴에서처럼 금으로 장식되어 있었다. 에덴은 뱀과 불순종한 아담에 의해 상실됐다. 예루살렘 신전 역시 뱀 같은 이방여자들 때문에 솔로몬 왕 시대에 더럽혀지고, 역대 이스라엘 왕들이 신에 불순종함으로 인해 이방인에게 빼앗겼다. 학자들은 에덴 이야기가 쓰인 창세기를 이스라엘이 멸망한 기원전 500년경의 작품으로 생각한다.

에덴에는 금과 베델리엄[38]과 호마노[39]가 풍성했다고 한다. 고대 중동 '길가메쉬 신화'[40]의 낙원인 '돌들의 숲'에도 여러 보석이 있다고 전해진다. 보석보다 더 귀한 것이 없다고 생각했기 때문에 낙원에는 그런 것들이 많다고 표현했을 것이다(요한계시록 21장 참조).

히브리 신은 에덴동산에 따먹으면 영원히 살 수 있는 생명나무와 따먹으면 죽는 선악과를 만들어 놓았다. 그때 신이 만든 뱀이 나타나 선악과를 따먹어도 결코 죽지 않는다고 미혹한다. 당시 뱀은 땅 위로 기어 다닌 것이 아니라 사람처럼 서서 다녔다. 뱀은 사람에게 다가가 소곤댔다. 히브리 전승 저자는 이처럼 인간에게 시험을 준 동물이 뱀이라고 썼다. 고대 중동에서의 뱀은 일반적으로 악령이 깃들어 있다는 관념이 있다. 그 뱀은 히브리인들에게 가장 큰 고통을 준 가나안인들의 종교, 바알 종교에서 섬기던 파충류다. 에덴의 뱀은 신화와 상징이고, 뱀은 인간 각자의 마음 속으로 슬그머니 들어온 유혹의 소리일지도 모른다.

인간은 선악을 알게 하는 과실을 따먹었다. 그런데 뱀의 말대로 그 과일을 먹어도 죽지 않았다.[41] 신이 관대하게 용서를 해준 것인지 낙원에서 인간을 추방시키기만 했다. 인간은 지혜를 준다는 선악과를 먹은 후 눈이 밝아져 자신이 벗은 것을 부끄러워했다. 그래서 무화과나무 잎으로 벗은 몸을 가리기 시작했다. 이 설화는 진화론에서 보면 인간이 벌거벗고 살던 동물적 상태에서 이성의 인간으로 발전하는 진보단계로 해석할 수 있다.

신은 선악과를 따먹은 인간에게 영생을 허락하지 않았다. 영생을 주는 생명나무로 가는 길을 그룹들로 지키게 했다. 그룹은 독수리 날개와 사자 몸을 한 괴수 형상으로, 그리핀이나 스핑크스처럼 왕의 보좌나 왕의 무덤을 지키는 근동의 영물과 부합한다. 에덴의 그룹은 신의 재산을 지키는 괴물인 셈이다. 고대 앗시리아 도장에 새겨진 그림을 보면 과일나무 측면에 이러한 생물 둘이 서 있는 것이 발견되었다.

신은 여자를 유혹한 죄를 물어 뱀에게 배로 기어 다니고

흙을 먹는 저주를 내렸다. 이 또한 신화적 표현이다. 기원전 3000년경 이집트 피라미드 문헌에 보면 뱀에 대한 저주를 담고 있는데 얼굴을 땅에 대고 배로 기어갈 것을 명령하고 있다. 또 길가메쉬의 서사시에서도 임종을 맞이한 엔키두(Enkidu)가 지하세계를 꿈꾸는데, 그 세계에서는 진흙이 음식이고 빵이었다. 고대인들은 무덤 속에 내려가면 시신의 입에 흙이 채워질 것이고, 그 흙을 먹는다고 생각했다. 뱀에게 내린 저주와 같다.

인간이 에덴에서 쫓겨난 곳은 동쪽 놋('방황하는, 떠도는'이라는 뜻) 지역이다. 아담은 그 땅에서 자손을 퍼뜨리고 자신을 닮은 자녀를 낳았다. 수메르 신화 '에누마 엘리쉬(Enuma Elish)'에도 신 안샤르는 자신을 닮은 신 아누를 낳고, 아누는 자신을 닮은 신 엔키를 낳았다. 그런데 농부였던 아담의 큰아들 가인은 신이 동생의 제물만 받자 목동인 아우 아벨을 죽인다.

히브리 전승은 이 살인사건의 자세한 이유에 대해 침묵하지만, 유대교와 이슬람 코란 주석은 자세히 설명하고 있다. 아담에게 아홉 명의 자녀가 있었는데, 에이완이라는 여동생을 놓고 가인과 아벨이 시기심으로 다투어 벌어진 일이라는 것이다.

이와 비슷한 설화는 이집트에 남아 있다. 파라오 므낫세 피라미드에 보면 질투의 신인 세티가 여동생을 뺏긴 시기심 때문에 형제인 부활의 신 오시리스를 42조각 내어 죽이는 내용이 적혀 있다. 수메르 점토판에도 비슷한 설화가 남아 있다. 목축의 신 두무지(Dumuzi)가 인안나(Inanna) 여신을 차지하기 위해 농부의 신 엔킴두(Enkimdu)를 죽인다는 이야기다. 그렇지만 이 사건은 중동에서 토착농부들과 이동하는 목자들이 벌인 잦은 싸움을 상징하는 것이 아닐까? 메소포타미아에 정착한 농민들과 이주민인 유목민과의 흔했던 충돌을 말하는 것인지도 모른다.

야웨 신은 유랑하며 목축을 하다 만난 신이다. 이스라엘인들은 생각하기를 유랑족 목축업자들은 문명족이고, 정착한 농민들은 야만인이라는 생각을 가지고 있었다.[42] 그래서 가나안 땅 토민들의 문명이 훨씬 앞섰음에도 불구하고 가나안 진입 시부터 그들을 야만인이라고 불렀다. 신앙적으로도 이스라엘 사람들은 유랑하는 목축을 신이 정한 직업으로 보았다. 새끼 양의 기름을 바친 목동 아벨이 칭찬을 받고, 곡물을 바친 농부 가인이 배척받은 이유도 여기에서 찾아볼 수 있지 않을까?

히브리 전승에 보면 신은 아벨의 피가 떨어진 땅이 저주를 받아 그곳에서 밭을 갈아도 소산이 없을 것이라고 말했다. 고대 중동에서는 의로운 자의 피를 흘리면 땅은 더러워지고 아무것도 자랄 수 없다고 믿었다. 신성한 땅을 지켜주는 수호신을 노하게 했기 때문에 신의 자비가 땅에서 떠나버린 것이다. 북시리아 우가리트 문헌에 나오는 '아카드의 노래'에도 젊은이가 살해당해 피를 흘리자 그의 아비 다넬이 그 피로 더럽혀진 땅에 가뭄이 들도록 간구하는 구절이 기록되어 있다.

히브리 전승에 보면 신은 살인자 가인에게 표를 주어 복수당하는 것을 막게 했다는 내용이 있다(수메르 에쉬눈나 법과 함무라비 법에 보면 죄인들의 몸에 문신을 새기게 하는 형벌이 있다. 반면 히브리 전승 에스겔서 9장 4~6절에는 예루살렘에서 결백한 자들의 이마에 신의 보호를 표시하는 징표에 대한 기록이 있다).

히브리 전승에 의하면 살인의 죄악으로 두려워하는 가인에게 신은 자비를 베풀어 아무도 그를 해하지 못하도록 표를 주었다고 한다. 유대교 전승에 의하면 겐 족속(가나안 족속으로 모세의 처가 족속이다)은 가인의 후예이고, 그들은 그 전승을 믿어 신이 주었다는 그 표를 얼굴에 새겼다고 한다(아마 원시부족들 사이에서 존재했던 기하학적인 무늬 부적으로, 귀신을 쫓고 적을 압도하려는 흉상이었을 것이다).

가인과 아벨 사건 이후, 신의 아들들이 땅의 딸들과 사귀어 네피림을 낳기도 하며 번성한다.[43] '네피림'은 신도 인간도 아닌 거인을 뜻한다.[44]

고대 신화에는 초자연적인 존재와 인간의 결합에 관한 이야기가 많다. 그리스 신화에 보면 신들끼리 결혼해 거인족인 티탄을 낳았다. 네피림 역시 제우스와 인간의 딸 알크메네 사이에서 나온 거인(헤라클레스처럼)이며 반신반인의 존재였다. 기원전 3~1세기에 쓰인 히브리의 다른 전승 「에녹서」에는 천사들 200명이 사람의 딸의 유혹을 받고 연애를 해 3,000척이 넘는 거인을 낳았다고 기록되어 있다(외경, 에녹서 7장 1절 참조).[45]

홍수 설화

모든 종교는 종말론적 사상을 지니고 있다. 미래의 대화재나 홍수 등을 통해 세계가 멸망하고 갱신된다는 사상이다. 해가 뜨고

지고, 계절이 순환되는 것처럼 세계도 그 주기를 갖는다는 생각에서 나온 것이다. 중동 설화와 히브리 전승에도 대홍수의 종말론이 존재했다.

메소포타미아 지역의 예측할 수 없는 기후는 이 지역에 살던 수메르인들을 자연에 대한 두려움으로 몰아넣었다. 고대 중동의 홍수 설화는 물난리가 심했던 수메르 지역에서 시작되었다.[46] 이 설화는 메소포타미아 전 지역에 퍼져 있었고, 수메르인의 신화뿐만 아니라 바벨론인의 아트라하시스(Atrahasis) 신화에도 등장한다. 또 앗시리아인의 서사시 '길가메쉬'[47] 신화로도 나타난다.

> 신들이 홍수를 결정한 후 에아 신은 다음과 같이 외쳤다. "집을 부수고 배를 만들라! 모든 생물의 씨앗을 배에 함께 실어라!"
>
> – 길가메쉬의 서사시 중에서

그 후에도 수메르 신화는 계속 편집되고, 다른 이야기가 첨가되면서 중동 각처에서 신화로 만들어졌다. 바벨론 마르둑 신전의 사제 베로수스(Berosus)가 아카드어를 헬라어로 번역한 홍수 설화에도 나와 있다.

> 수메르 왕 키소우두루스는 크로노스 신에 의해 경고를 받

고 배를 지었다. 필요한 식료품을 준비하며 친구와 친척들 그리고 여러 종류의 짐승을 데리고 배 안에 들어가도록 명령받았다. …… 그는 배 밖으로 새를 내보냈는데 다시 돌아왔다. 며칠을 기다린 후 다시 보냈는데, 이번에는 다리에 진흙이 묻어 돌아왔다. 그리고 또 며칠 후 내보냈을 때, 새들은 돌아오지 않았다. 이들은 배 밖으로 나와 신에게 제사를 드렸다. 장소는 아르메니아 땅 '니지르'[48]였다.

이 베로수스의 설화는 기원전 300년경 저술되어 시기적으로 히브리 전승보다 늦다. 그러나 그가 훨씬 전의 기록인 조상 바벨로니아의 자료를 인용, 참고했다는 점 또한 사실이다. 히브리인 역시 그 중동 신화를 받아들여 그들의 종교에 맞춰 재편집하고 해석해 야웨 신의 은총을 설명하려 했다.

신이 천지와 인간을 만들었다. 그러나 인간은 신이 하늘에서 더 이상 바라볼 수 없을 정도로 악해졌다. 신은 자신이 만든 세상을 홍수로 다 멸망시키고자 계획했다. 그러나 인간 중 '노아'라는 자는 신의 명령을 준행했기에 살리고자 했다. 노아는 신의 말에 순종해 배를 만들었고, 그 속에 세상의 모든 동물들을 실었다. 그 후 신은 비와 창수(지하수)를 터뜨려 세상을 물속에 잠기게 했다. 사십 일 밤낮이 지난 후 홍수는 멈췄고, 노아의 배는 '아라랏'[49]에 이르렀다. 이때 노아는 까마귀와 비둘기를 날려 보내 물이 줄었는가 확인하고자 했다. 비둘기는 새로 돋은 감람나무 잎사귀를 물고 왔고, 물이 빠진 것을 확인한 노아는 배 뚜껑을 열고 나와 제사를 드렸다.

— 히브리 전승의 홍수 설화 내용을 정리·인용

이때 신은 심판한 것을 후회하고 다시는 물로 심판하지 않겠다며 무지개를 표증으로 주었다. 길가메쉬 서사시에서도 이쉬타르 여신은 홍수의 날을 결코 잊지 않겠다고 맹세한다. 여신은 금색 황철광이 약간 섞인 검푸른 빛이 나는 청금석 목걸이를 걸고 있었다. 이 또한 무지갯빛을 상징하는지도 모른다. 또 기원전 11세기 앗시리아 부조를 보면 구름 속에서 한 손으로는 축복을 하고, 다른 손에는 활을 들고 있는 신의 모습이 나타난다. 활은 무지개와 같은 단어다. 홍수를 통해 심판하지 않겠다는 히브리 전승 신의 약속은 이집트 홍수 신화에도 나온다.

창조주 태양신 '라'는 인간의 오만함을 보고 피로 홍수를 일으켰다. 몇몇 목동들만이 높은 산 정상으로 도피해 생명을 건졌다. 그 결과에 충격을 받은 창조주는 뉘우치고, 다시는 인류를 멸망시키지 않겠다고 서약했다.

— 플라톤의 저서 『티마이오스』에 언급된
이집트 신화 전승 중에서

이 외에도 홍수 신화는 그리스의 신화 '프로메테우스 이야기'에도 나타난다. 그 내용을 보면, 제우스의 아들 중 신 야페토스는 신 프로메테우스에게 제우스의 저주인 홍수를 알려준다. 이때 프로메테우스는 그 소식을 받고 아들 듀칼리온에게 피하라고 일러준다. 그런데 홍수 소식을 알려준 야페토스는 홍수에서 살아남은 노아의 아들 야벳과 같은 그리스식 이름이다. 그리고 히브리 전승의 야벳은 '헬라(그리스)'의 조상이 되었다고 기록되어 있는데, 그리스 신화 속 홍수에서 살아남은 듀칼리온의 아들 이름 역시 '헬렌(헬라인의 시조)'이다.

또 히브리 전승에서 노아가 홍수를 만난 때는 노아가 600세 되던 해 2월 17일이다. 그리고 물이 물러간 때는 7월 17일이다. 이집트 신화에서 보면 죽음의 신 오시리스는 17일에 악의 신 티폰이 만든 관에 넣어져 강물에 버려졌다. 이밖에도 그리스와 터키, 이슬람 전통에서도 숫자 '17'은 종교 제의와 깊은 관련이 있다.

이처럼 바벨론으로부터 시작된 홍수 설화는 메소포타미아와 히브리, 이집트, 그리스 등 서로 매우 비슷하다. 신의 진노로 시작해 배에서 새들을 날려 보냈으며, 배는 아르메니아 지방에 정착했고, 배에서 나와 제사를 드리고, 신이 다시는 홍수로 인간을 멸망시키지 않겠다고 약속한 것 등 ……. 물론 서로 다른 부분도 있으나 그것은 긴 세월 동안 전달되는 과정에서 발생한 자연스러운 차이일 것이다. 히브리 전승이 보다 정교하고 세련된 것은 수메르나 바벨론 신화보다 1000~2000년 후의 문학이기 때문이다.

히브리 전승과 수메르 신화가 다른 점은 다음과 같다. 히브리 전승에서 까마귀를 한 번, 비둘기를 세 번 보낸 대신 수메르 신화에서는 비둘기와 까마귀, 참새를 보냈다. 또 신이 인간의 악을 보고 홍수 심판을 계획했는데, 수메르 신화에서는 인간의 시끄러운 소리 때문이었다.[50] 그 밖에 수메르 신화에서는 배의 크기가 서너 배 정도 더 컸다.

홍수 신화는 인도 전승 리그베다(Rigveda) 경전에서, 중국 전승 예기(禮記)에서, 영국, 미국 인디안 전승에서도 나타난다. 그러나 히브리의 홍수 신화는 창조 신화처럼 옆집 메소포타미아 신화와 비슷하지만 먼 지역일수록 내용이 크게 다르다.

문명이 발생하고 전 세계적으로 홍수가 나 생물이 멸절되었다는 고고학적 증거는 그 어느 곳에도 없다. 히브리 전승을 문자 그대로 해석하면 대홍수는 기원전 2348년에 일어났다. 이때는 메소포타미아와 이집트, 에게 해 문명이 창성했을 때인데 그들의 문명이 홍수로 중단되었던 역사는 없다. 메소포타미아 문명의 시작은 기원전 5000년경이다. 기원전 4000년경에 그곳에 마을이 생겼고, 농사와 문자가 시작되었다.[51]

노아의 홍수 이야기를 문자 그대로 받아들일 경우, 의문점은 또 있다. 노아의 식구 여덟 명이 만든 배는 그 엄청난 폭풍우를 견딜 수 있었을까? 히브리 전승에 의하면 이 배는 길이 117.5m, 넓이 28.5m, 높이 17.2m였고, 하나의 창과 하나의 문을 가지고 있었다. 이만한 크기에 지구의 동물을 종류대로 몇 쌍씩 다 싣는 것은 물리적으로 불가능하다(현재까지 밝혀진 포유류는 1658종, 조류 6,000종, 파충류 650종, 곤충 55만 종이며 발견은 계속 진행 중이다). 노아와 가족들은 열두 달하고 열하루 동안 배 안에 있었다고 한다. 여덟 명이 그 많은 짐승들을 돌보며 그 많은 날들을 지낼 수 있었을까?

히브리 전승 안에서도 서로 다른 내용이 있는데, 여러 명이 쓴 것을 편집했기 때문이다. 어떤 절에서는 모든 생물을 한 쌍씩 방주에 실었다고 전하고(창세기 6장 19절), 또 다른 절에서는 부정한 생물은 한 쌍씩, 깨끗한 동물과 새는 일곱 쌍씩 들어갔다고 전한다(창세기 7장 2절). 그러나 물고기에 대해서는 침묵하고 있다(물고기를 취급하지 않은 것은 유목민인 히브리인들에게 관심 밖이었기 때문이다).

히브리 전승이 전하고 있는 홍수의 범위를 보면 '인간이 타락해 신이 홍수로 온 땅을 심판했다'고 했다. 그러나 '온 땅'이라는 말은 히브리 전승에서 가나안을 말할 때나 혹은 한 나라를 가리킬 때 사용했다(창세기 41장 57절 참조). 그래서 지적 설계(Intelligent Design)[52]자들은 온 지구에 홍수 흔적이 없으므로, 노아 홍수는 특정 지역의 사건으로 볼 수 있다고 해석했다.[53] 그러나 홍수 기사를 쓴 히브리 전승 저자는 온 세상, 즉 지구 전체를 의미하고 그 기사를 썼을 것이 분명하다. 그들은 중동을 세계의 전부로 알았을 것이다.

수메르 홍수 설화가 기록된 길가메쉬 서사시 점토판이 가나안 므깃도에서도 발견되었다. 그 지역에 살던 고대 히브리인들도 그때 이미 메소포타미아 신화를 알고 있었다는 증거다. 히브리인들의 홍수 설화는 메소포타미아 신화의 영향을 받은 것이

분명하다. 어쩌면 조상 아브라함이 메소포타미아 우르, 하란에서 가나안으로 이동하면서 그 설화를 가지고 왔는지도 모른다.[54]

그러나 더 강력한 현대 신학 이론은 이스라엘 패망 후 포로로 잡혀간 바벨론에서 기원전 500년경 그곳 신화를 받아들여 조상의 이야기로 창작했다고 본다. 물이 귀한 가나안에서는 홍수가 흔히 발생하지 않는다. 오히려 물은 축복의 대상이다. 반면 메소포타미아 수메르 지방은 해마다 홍수로 고통을 당했다. 홍수 설화가 히브리 경전 안에 들어온 것은 바벨론 포로 시절 성서가 쓰인 증거이기도 하다.

바벨탑 설화

학자들은 바벨탑을 '지구라트'로 본다. '산들의 정상'이라는 의미로 직사각형으로 된 신전탑이다. 이 신전탑은 달의 신 '이난나'에게 제사를 드리기 위해 세워졌다.

히브리 전승에 의하면 인류의 언어는 원래 하나였다. 시날(바벨로니아)에 살던 인간들이 신처럼 높아지기 위해 벽돌과 역청으로 탑을 쌓자, 신이 노하여 작업하는 이들의 언어를 '바벨(혼잡)'[55]하게 만들었다고 한다.[56] 공사는 중지되었고, 그 바람에 세상의 언어는 수많은 종류로 분리됐다고 전한다.

바벨로니아 지역에는 돌이 흔하지 않아 진흙으로 벽돌을 구워 역청으로 마무리한 신전탑이 많다.[57] 이 사실을 들어 성경을 문자 그대로 해석하는 사람들은 히브리 전승의 이 기록을 사실로 인정받고자 한다. 그러나 이 설화는 언어 발생의 기원을 말해주는 신화에 불과하다. 탑을 쌓을 정도의 문명이 있기 전에 이미 언어는 수없이 많은 종류로 나뉘어 있었다.

원시 인간은 말을 하기 위한 특수한 기관을 갖고 있지 못해 한동안 몸짓으로 의사를 전달했을 것이다. 그러다 점차 진화해 입이 똑똑하게 발음을 할 수 있게 되었고, 신호 중의 신호인 말을 하게 되었다. 약 140만 년 전 존재했던 원시인간 호모에렉투스 때부터 언어를 사용한 흔적이 뚜렷하다. 언어가 단일 언어에서 분리되었는지, 여러 언어가 여러 곳에서 발생했는지에 대해서는 논란이 있으나 후자의 견해가 지지를 받고 있다. 인간의 언어는 동물의 소리와 다름없는 원시 언어에서 복잡하게 발달했을 것이다.

신학자들은 바벨탑 설화를 기원전 3000년경 수메르족, 아카드족, 구티족이 바벨로니아로 유입되자 언어가 혼란케 된 사실이 신화화된 것은 아닐까 생각한다.[58] 또는 히브리인들이 전쟁과 무역, 포로생활 등으로 국제화되면서 다른 곳에 다른 언어가 있다는 것을 알고는 이를 설명하려는 신화라고 생각하기도 한다.

기원전 586년 히브리인들이 바벨론에 포로로 잡혀 갔을 때 바벨론 신전탑은 이미 무너져 있었다. 탑의 1/3은 땅바닥에 무너졌고, 1/3은 불탔고, 나머지는 바벨론이 멸망할 때까지 남아 있었다고 한다.[59] 그 모습을 보고 이 신화를 만들었는지도 모른다. 앗시리아 토판에서도 이 바벨탑 신화가 발견되어 현대에 와서 번역되었다.

　　신의 분노 가운데서 은밀한 계획이 이루어졌고, 신은 이들을 널리 흩어버리기로 결심했다. 그들의 언어를 만들도록 명령했고 …… 그들의 과정(탑 건설)을 신이 방해하였다.

-조지 스미스가 발견하고
체드 보스카원(W. St. C. Boscawen)이 번역한
토판의 내용을 인용.『플핏 성경주석』참조.

　　모든 인류가 단 하나의 언어를 사용했다는 기사는 고대 근동 신화에서 널리 찾아볼 수 있다. 신에 의해 언어가 혼잡해졌다는 것 또한 주제였다. 수메르 신화 '엔메칼과 아라타의 주님'에서 보면 온 인류는 한 언어를 사용했다. 그때 '온 우주(세계 모든 인간들)'는 일제히 한 목소리의 방언으로 신 엔릴에게 말했다. 그런데 그 후 그들의 말이 변했고 싸움이 시작되었다고 한다.

　　사람들이 모여 세운 바벨탑을 도시의 건설로 이해하는 학자들도 있다. 유랑족이었던 히브리인들의 신 야웨가 도시 정착을 반대해 파괴했다는 이론이다.

　　히브리 전승에 의하면 노아의 아들 함의 후손 중에 왕이 있었다. 이 자는 에티오피아의 조상격인 구스의 아들 니므롯('약탈자'라는 뜻)이었는데, 별명은 '특이한 사냥꾼'이라고 전한다. 이름이나 별명처럼 이 자는 고대 전쟁의 영웅으로 폭력을 좋아했던 것으로 전해진다. 또 유대교 전승에 의하면 바벨탑을 쌓도

록 선동한 자로 알려져 있다. 이 전승은 국가(도시)를 형성한 권력을 부정적으로 전하고 있다(니므롯은 수메르 신화에 나오는 사냥꾼의 수호신 '니누르타'일 것이다).

장수 설화

아담은 130세에 아들 셋을 낳고 930세에 죽었다. 셋은 105세에 에노스를 낳고 912세에 죽었다. 에노스는 90세에 게난을 낳고 905세를 살고 죽었다. 이렇듯 홍수 이후 인간의 수명이 수백 년이 된 까닭은 그 당시 고대인의 달력이 현재와 달라 그렇게 장수한 수로 표기되었다고 주장하기도 한다. 그러나 당시 근동에서는 365일을 1년 주기로 하는 달력을 사용하고 있었다. 그리고 고대 중동 수메르 아카드인들은 10진법, 12진법, 60진법을 사용하고 있었다. 그들에게 영향을 받은 히브리인들도 10진법을 사용하고 있었다(십진법은 인간의 손가락 셈에서 만들어졌을 것이다).

히브리 전승은 홍수 전후 아담의 후예 므두셀라가 969세를 살다 죽는 등 초기 고대 인류는 장수했다고 기록하고 있다.[60] 그러나 그 기록보다 훨씬 전에 쓰인 수메르 신화 '왕의 목록'[61]을 보면 홍수 이전 수메르 왕들의 통치가 기록되어 있는데 그들 또한 장수한 것으로 기록되어 있다. 홍수 이전 여덟 왕이 다스린 햇수는 자그마치 241,200년이나 된다. 그중 마지막 왕은 18,600년을 다스렸다. 그 후에 베로수스나 헤시오도스 등 바벨로니아 사가들의 수메르 왕들 기록을 보면 베로수스는 첫 열 명 왕의 통치 기간을 43만 년으로, 헤시오도스는 왕들이 어미 품속에서 자라는 어린 시절의 나이를 100세로 기록하고 있다.

그런데 베로수스가 쓴 홍수 이후의 수메르 왕들의 이름을 보면 히브리 전승과 흡사하다. 히브리 전승의 홍수 이후 노아 족보를 보면 세 번째가 '사람'을 뜻하는 에노스인데, 베로수스가 쓴 족보에도 세 번째 왕은 사람을 뜻하는 '아메루'다. 네 번째 히브리 족장은 '제조하다'는 뜻의 어원을 가진 게난인데, 역시 베로수스가 쓴 족보의 네 번째 왕 또한 같은 뜻을 가진 움마누다. 일곱 번째 히브리 족장은 신과 함께 동행했던 에녹이고, 수메르 왕 역시 쉐마쉬와 람만 두 신과 친한 엔메두란키였다. 열 번째 족장이 홍수를 경험한 노아였듯이 수메르 왕 역시 홍수를 경험한 주인공 크시수트루스였다.[62]

또 수메르 왕들의 목록과 히브리 전승 홍수 이후의 족장들은 성장 속도가 늦는 것도 유사하다. 므두셀라가 첫 아들 라멕을 낳을 때 187살이었고, 라멕은 노아를 낳을 때 182세였다. '라가쉬 왕조 목록'[63]에서도 아이들은 백 년 동안 어미의 품에서 자란다.[64]

히브리 전승 속 장수 설화도 중동 신화의 장수 기사와 다름이 없다. 데라는 205세에 죽고, 아들 아브라함은 175세에 죽는다. 후손 야곱도 77세에 결혼하러 떠나고, 모세는 120세에 죽었으며 후계자 여호수아가 90세에 전투하러 나가는 등 초기 전승은 이 범주에서 벗어나지 않는다. 그러나 그 당시 기원전 4400년경의 역사로 남긴 이웃나라 이집트 왕조 25명의 왕들은 평균 통치기간이 30년에 불과했다.

신화시대가 끝나고 역사시대가 왔을 때는 히브리 전승 역시 인간의 수명이 지금과 별 차이가 없다.[65] 기원전 1000년경 다 윗은 70세에 노환에 빠졌고, 훗날 왕조시대 당시 비교적 장수 했던 므낫세 왕은 67세, 웃시야 왕은 68세에 사망했다. 시편 기록에서도 인간의 예상 수명을 70세라고 했다.

홍수 전 사람들이 어떻게 이렇게 장수했는가에 대해 기독교 전통 해석은 여러 가지다. 첫째, 당시에는 죄가 만연하지 않았기 때문에 장수했다고 주장한다. 그러나 당시 일어난 사건, 즉 형이 동생을 죽인 가인과 아벨 사건이나 소년이 상처를 입혔다고 하여 죽였다는 라멕의 사건 등은 죄가 작다고 할 수 없을 것이다(창세기 4장 23절 참조). 또 육식이 아닌 채식을 했기 때문에 장수했다는 주장도 있다. 홍수 이후 육식이 허락되었다는 히브리 전승의 기록 때문이다(창세기 9장 3절 참조).[66] 그러나 채식이 인간의 수명을 10배 이상 증진시킨다고 생각하는 사람은 그리 많지 않을 것이다.

또 당시의 날씨가 좋아서, 좋은 습관 때문에, 삶의 긴장을 받지 않아서 등 환경론을 제시하며 장수의 원인을 찾기도 한다. 그러나 고생물학적으로나 고환경 연구에서 보면 6000년 전이나 지금이나 환경은 그리 다를 것이 없다. 오히려 빙하기 (홍수 때를 빙하기 말기로 본다)가 끝나고 환경은 더 좋아졌다. 가나안에서 신석기 시대의 화석인류 187점을 찾았는데, 대부분 20~60세의 화석이었다. 오직 한 사람만 60대였을 뿐이다.

홍수 이전의 장수설화는 신화의 영향으로 보아야 한다. 기원전 500년경 성서 집필 당시의 이스라엘인들은 아담 이후 4000년이 더 지나야 메시아가 올 것이라는 사상을 가지고 있었다. 중동인이 생각하는 '40'은 한 시대를 의미하기 때문이다. 히브리 전승 기록자는 그 4000년을 만들기 위해 아담 이후 아브라함에 이르기까지 여러 이름을 삽입시키고 또 그들의 수명을 늘려야 했을 것이다.[67]

동서양을 막론하고 신화 속의 선조들은 대부분 장수했다. 고려시대 이승휴가 쓴 『제왕운기』를 보더라도 단군은 여러 세대를 통치했다.

영생 설화

현대의학은 아직도 노화를 일으키는 유전인자를 발견하지 못했다. 단지 유전인자의 변형에 의해 노화가 발생하는 것으로 추측되고 있다. 진화론적으로 죽음은 생물이 택한 또 다른 생존의 방식인지도 모른다. 죽지 않으면 보다 발달된 새로운 종이 생겨나지 않기 때문이다.

인간이 죽으면 어떤 일이 일어나는가? 육체도 정신도 소멸되는가? 더 나은 상태로 변형되는가? 이 세상의 유령이 되는

가? 죽음 이후의 세계를 알 수 없기에 현대인에게도 죽음은 두려운 대상이다.

수메르 신화에 보면, 신들이 인간을 창조했을 때 죽음도 창조했다고 말한다. 그러나 생각하는 인간은 신의 말에 동의할수가 없었다. 고대 중동 사람들이 생각하는 죽음은 어둡고, 생기 없고, 늘어져 있어 아무 기쁨이 없는 상황이었다. 누구나 죽음을 무서워하고, 누구도 죽음을 원하지 않았다. 그래서 영생을 갈망하는 신화가 수없이 생겨났다.

히브리 전승 속의 먹으면 죽지 않는다는 에덴 생명나무의 열매 같은 얘기는 바벨로니아와 앗시리아의 신화에도 수없이 많다. 수메르 신화 '길가메쉬, 엔키두 및 지하세계의 서사시'에 보면 '이난나의 정원'이 나오는데, 여기에는 요정이 유프라테스 강변에서 생명나무를 가져와 심고 즐거워하다가 뱀의 등장으로 그 나무를 베어버리고 기쁨을 상실하는 이야기가 있다. 또 당시의 신화 '우트나피쉬팀의 신비의 섬'을 보면, 홍수에서 살아남아 신의 반열에 오른 우트나피쉬팀이 길가메쉬에게 바다 속에서 자라는 영생의 식물을 소개해준다.

메소포타미아 벽화에도 한 왕이 성수(聖水)를 만지고 나자 새 생명을 얻었다는 기록이 있다. 바벨론의 최고신 아누로부터 아다파 왕이 영생할 수 있는 양식을 얻었다가 잃어버린 신화도 있다. 이집트 신화에서도 낙원에 큰 무화과나무가 있는데 신들이 위에 앉아 그 열매를 먹음으로써 불멸한다고 믿었다. '아발론(영국 어딘가에 있었다고 전해지는 전설의 섬)'의 켈트 낙원에서는 신들과 인간들이 개암나무의 생명열매를 따 먹었다는 전승이 있다. 인도 신화에서도 아마신(神)이 신들에게 생명수를 주었고, 그리스 신화에서도 '암브로시아'라는 생명음료가 있었다.

여러 신화들은 인간이 영생을 얻지 못한 이유를 설명하고 있다. 길가메쉬는 영생을 얻는 섬에 도착했으나 6일간 잠을 자지 않고 깨어있어야 한다는 첫 번째 시험에 실패한다. 그리고 젊음의 샘에 몸과 옷을 씻긴 했지만, 그 물을 마시지 못해 영생을 얻지 못했다. 또 그는 영생할 수 있는 식물을 뱀에게 도둑맞아 잃어버렸다. 이때 뱀은 영생의 식물을 훔친 후 허물을 벗어 던지고 도망갔다. 허물은 늙음의 상징이며, 고대 중동인들은 뱀이 늙으면 그 허물을 벗어버리고 다시 젊어진다 하여 뱀을 영생하는 지혜로운 동물로 믿었는데, 아마 이러한 인식에서 생겨난 신화일 것이다(동양에서도 뱀은 천년 묵으면 영생하는 용이 된다는 신화가 있다).

이외에도 고대 북시리아 우가리트의 '다넬 전설'에 보면, 여신 아나트가 다넬 왕의 아들 아키드에게 마법의 '활'[68]을 주면 영생을 준다는 약속을 했으나 그가 거절해 불멸을 잃었다는 설화 등이 있다. 이 모든 이야기는 영생에 대한 갈망과 그 길에 다다르지 못한 인간의 슬픔을 표현한 것이라 할 수 있다.

아담 역시 영생을 준다는 생명나무 과실을 따먹지 않고, 오히려 금지한 선악과를 먹어 낙원에서 쫓겨났으며 영생을 잃어버렸다. 왜 애초에 생명나무를 따먹지 않았을까? 몇 번 따먹어

보았지만 그 생명열매는 끊임없이 먹어야 영생할 수 있는 과일이었을까? 그때 신은 생명나무를 건드리지 못하도록 영물의 그룹들로 하여금 지키게 했다. 고대 세계에도 마술나무 또는 숨은 보화를 신화적 용(龍)이 지킨다는 전승은 수없이 많다(고구려 무덤 벽화에도 왕과 보물을 지키는 용이 새겨져 있다).[69]

생명 과실을 따먹지 않고, 선악과를 따먹어 인간이 영생을 상실한 까닭일까? 아브라함, 모세 같은 위대한 인물들도 영생하지 못했고, 히브리 전승에도 그들이 천국에 갔다는 기록은 없다. 여기에는 근본적인 사상적 이유가 있다.

히브리 전승 구약에는 '천국(신의 나라)'이라는 말도 없고, '영원'이라는 말도 없다.[70] 단지 죽음은 '스올(땅 속 죽은 자의 처소로 신도 없는 곳)'로 내려가는 것으로 보았다. 고대 아카드 비문인 '이쉬타르 지하 세계로의 하강'에서는 스올을 이렇게 표현했다. '다시는 돌아올 수 없는 어두운 집이며, 티끌이 식량이며……' 또 그곳에는 죽은 자들을 가두는 빗장과 문이 있고, 각 문마다 문지기가 있다. 이렇듯 메소포타미아의 종교는 현세 중심이며 죽음 이후에 행복한 삶이 있다고 생각하지 않았다. 내세는 음산하고 비참하며 감옥 같은 암흑세계라고 생각했다.

그 지역 근처에서 살던 히브리인들 역시 이런 생각에서 크게 벗어나지 않은 듯하다. 죽은 자는 선인과 악인이 구별되지 않고, 땅 속 깊은 죽음의 세계에서 떨어져 지내야 한다고 믿었다. 천국 사상과 달리 죽음을 재앙으로 본 것이다. 히브리인들이 생각하는 '죽은 자가 가는 지하세계'는 야웨의 영향이 미치지 않는 곳이었다.

그런데 서서히 이집트와 그리스에서 부활 사상이 들어오면서 히브리인들의 사후관도 달라졌다. 이들도 차츰 죽음 후에는 낙원인 에덴에 들어간다고 믿기 시작했다. 히브리인들은 처음에 에덴을 지구에 존재했던 한 장소로 보았는데, 나중에 그 장소는 죽은 자만 갈 수 있는 천상의 장소로 바뀐다.

또 후대의 예언자들도 희미하게 내세사상을 갖게 된다(다니엘 12장 2~3절 참조). 또 신약의 저자들은 '화려한 천국'과 '유황이 펄펄 끓는 연못'으로 지옥을 묘사하기도 한다. 이는 당시 가나안까지 영향을 미친 페르시아 종교(조로아스터교)의 내세사상 때문이다.

세계적인 종교들은 대부분 메소포타미아 지역에서 생겨났다. 유대교와 기독교, 이슬람교, 조로아스터교, 마니교 등이 그랬다.[71] 구약성서의 주인공이기도 한 아브라함도 이곳 최대 도시인 갈대아 우르 출신이다.

역사에 느닷없는 단절은 없다. 역사는 물처럼 흐르고, 변화의 연속일 뿐이다. 기독교 신학자들 대부분은 히브리 전승의 일정 부분이 메소포타미아, 바벨론 등 고대 중동의 종교, 사상, 문학, 신화가 진보해 만들어진 글이라는 점에는 동의한다.

반면 구약성경이 신화와 비슷한 것은 우연의 일치일 뿐이며, 성경과 신화의 유사성을 언급하는 것은 성서의 권위를 떨어뜨리려는 악마의 장난이라고 여기는 주장은 최근에는 시대착오적인 것으로 간주된다. 따라서 구약성경을 자구(字句) 하나하나

따져가며 현실에서 벌어졌던 진짜 사건으로 이해하는 성서의 문자주의적 해석은 이제 지양되어야 한다. 그래야 맹목적 신앙을 뛰어넘어 기독교 본질에 더 깊이 다가갈 수 있기 때문이다.

구약의 사건들은 실제 벌어졌을까?

고대인들은 신화와 역사(실제로 일어난 사건)를 구분하지 않았다. 고대 유대인들 또한 같은 시각으로 히브리 전승을 썼다. 우리는 어떤 시각으로 성경을 해석해야 하는가?

신화시대

아브라함

어느 족속이든 시조 신화를 갖고 있지 않은 민족은 없다. 그리고 그 이야기는 아름다운 전설로 미화되기 일쑤였다.

어떤 민족이든 시조 조상들은 부족의 이상화된 화신이요, 가공인물이다. 그리고 그 선조들을 천신(天神)과 연관시키려 했다. 그들의 이야기는 매우 주관적이며 대부분 구전으로 전해졌다.

히브리 초기 전승 중 아브라함과 직계 인물들의 설화도 신화화되었을 가능성이 있다. 그러나 히브리 전승과 유사한 씨족장들의 이름이나 풍습 등이 고고학 발굴 점토판인 '마리 문서'[72] 등에서 발견되는 것을 보면 완전한 허구는 아닌 것 같다. 훗날 조상의 이야기가 기록되면서 신화화됐을 것이다.

아브라함이 가나안에서 생활했으며 이집트로 내려갔고, 다시 그곳에서 가나안으로 돌아온 길은 그의 후예인 야곱 가족의 이집트 이주와 출애굽 등 히브리 족속의 여정과 닮아 있다. 아브라함의 삶은 그가 '신화 속 인물'이라는 사실을 보여준다.

아브라함의 고향은 시리아 북부 하란[73] 근처에 위치한 '샨르우르파'였을 것이다. 성서 속 아브라함의 이야기가 그 주변 도시에서 벌어지기 때문이다. 아브라함의 고향을 '바벨로니아 갈대아 우르'라고 표기한 것은 성서 저자의 의도였을 것이다. 아브라함 설화를 적은 히브리 전승은 아브라함 사후 1500년경 바벨론 포로 시절 그곳의 도성인 갈대아 우르 근처에서 유대인들이 집필했을 가능성이 높다. 당시 우르는 세계 문명의 중심지였다.[74] 자신들의 조상을 문명인으로 꾸미기 위해 고향을 이곳으로 표기하고 싶었을 것이다.

아브라함이 실존 인물이라면 당시 메소포타미아로 대규모 이동했던 아모리[75] 족속의 후예였을 것이다. 당시 유목민들처럼 땅을 찾아 남쪽 가나안으로 내려왔고, 한 씨족을 이루어 인간의 수명을 누리고 죽었을 것이다.

히브리 전승은 아브라함이 계시의 땅을 찾아 친척과 본토, 아비의 집을 떠나 가나안[76]으로 왔다고 기록했다. 이는 그 당시 떠돌이 유목민의 관습에 기인한다. 고대인들은 자신들의 부족이 살고 있는 지역 외에 다른 황무지는 사람이 살지 않을 것이라는 생각을 가지고 있었다. 그래서 그곳의 토지를 마음대로 가질 수 있다고 생각하기도 했다. 이러한 생각은 위험한 이동을 감행하는 동기가 되기도 했다.

또 고대 중동에서는 문명에서 소외된 사람은 유랑민이 되어 광야로 나갈 수밖에 없었다. 그리고 광야의 샘물이 마르면 평야로 나가고, 그 과정에서 정착민들과 충돌이 일어나곤 했다. 우물을 놓고 다투었던 떠돌이 아브라함의 일생과 비슷하다고 할 수 있다. 이 평범한 인생 여정이 후예들에게는 과장되어 신화로 남았을 것이다.

아브라함은 어쩌면 객상(客商)이었을지 모른다. 아브라함 당시 중동에도 앗슈르에서 소아시아 터키까지, 직선거리 1,000km의 메소포타미아를 가로질러 국제무역을 하는 객상들이 존재했다는 기록이 있다.[77] 어떤 학자들은 아브라함이 시리아(하란)에서 얻은 노예인 '엘리에셀'은 실제 그의 법정 대리인이고, 그가 수도 다마스커스에 본부를 두고 가나안과 이집트를 오가는 국제무역상이었다고 생각하기도 한다.

아브라함이 시조가 된 이스라엘 족속을 '히브리 민족'이라고 부른다. 그런데 '히브리'라는 이름은 중동을 떠돌던 집시 족속인 '하비루'라는 이름에서 나왔다는 주장이 있다. 또 하비루는 가나안어 '무리'를 뜻하는 '하베르'[78]에서 나왔을 가능성이 크다는 것이다. 신학자 올브라이트(William F. Albright)는 대상들이 교역으로 생계를 이어갈 수 없자 산적이 되어 이러한 이름으로 변했다는 이론을 펼친다. 그는 아브라함도 이런 대상(大商)이었다고 믿는다. 즉 '하베르'가 '하비루'로, 다시 '히브리'로 변형된 것이다.[79]

그러나 아브라함이 실존인물이 아니었을 가능성은 히브리 전승 자체가 말해주고 있다. 그 내용을 보면, 어느 날 남메소포타미아에서 엘람의 왕 그돌라오멜이 이끄는 네 왕의 동맹국이 또 다른 동맹을 맺고 있는 가나안 사해 근처 부족장들을 습격해 그곳에 살던 조카 롯을 잡아간다. 분노한 아브라함은 318명의 사병을 거느리고 엘람 동맹군을 습격해 롯을 되찾고, 전리품까지 가져오는 승리를 거둔다.

그러나 당시 메소포타미아의 왕들이 동맹을 이뤄 가나안을 침공했을 가능성은 희박하다. 지리적으로 너무 멀고, 상황적으로 볼 때 역사적 사건은 아닐 것이다. 엘람은 이미 문명을 꽃피우고 있었고, 근동의 초강대국이었다. 주변 나라들과 연합해 침공한 세력이 정말 그들이었다면 목동이자 씨족장이었던 아브라함이 제압하긴 어려웠을 것이다. 이 히브리 전승은 부족 간의 다툼을 다룬 일화가 과장된 것이 아닐까?

아브라함은 훗날 가뭄이 있자 이집트와 블레셋 영토로 내려간다. 그때 아내 사라의 미모를 염려해 그곳의 왕 파라오[80]와 아비멜렉 왕에게 사라를 누이동생이라 속이고 예물을 받았다고 전해진다.[81] 신은 그때마다 그 왕들의 꿈에 나타나 사라를 건드리지 말라 계시했고, 아브라함 일행은 그곳에서 무사히 빠져 나왔다. 또 아들 이삭도 아비 아브라함이 그랬던 것처럼 블레셋 왕에게 자신의 아내 리브가를 누이로 소개해 위기를 모면했다고 한다.

히브리 전승을 유추하면 이집트로 내려갈 때 사라의 나이는 75세였고, 블레셋으로 내려갈 때는 90세였다. 아름다움을 지킬 나이는 아니다. 또 블레셋 족속은 기원전 1200년경에 나타나 지중해를 떠돌던 해양민족인 까닭에 기원전 1900년경 아브라함 당시에는 가나안 땅에 정착할 수 없었다. 이 모든 이야기는 아브라함을 '신이 택한 사람'으로 기술했던 히브리인들의 신화에서 비롯된 것이다. 또 아비와 아들에게 일어난 비슷한 두 설화는 한 사건이 두 전승으로 와전되어 전해졌다고 보기도 한다.

히브리 전승에 의하면 아브라함은 고기를 쪼개 제사를 드렸다. 신과 언약을 맺는 방법으로 '파괴되면 이렇게 쪼개진다'는 의미다. 기원전 2000년경 힛타이트 문헌이나 더 오래된 수메르 마리, 알랄라크(Alalakh) 문헌에도 쪼갠 희생 제물로 언약을 삼는 기록이 있다. 아람어로 된 '세피레 조약' 같은 고대 근동 자료에도 동물을 둘로 잘라 계약 위반 당사자에게 어떠한 일이 발생하게 될 것인가 생생하게 보여주고 있다.

히브리 전승에 의하면 아브라함은 가나안 지역을 떠돌아다니다 정체 모를 세 나그네(천사)를 대접했는데, 그 공로로 오래전에 경수(經水)가 끊긴 늙은 아내 사라의 몸을 통해 100세에 아들[82] 이삭을 얻었다. 이 전승은 '나그네를 대접하면 복이 온다'고 알려진 고대의 민담과 비슷하다. 고대 그리스의 신화 중에도 사제 히리에우스가 인간으로 변한 세 신을 대접해 아들 오리온을 선물로 받았다.

중동 설화에서는 영웅이 태어날 때마다 석녀(石女)의 태를 빌려 태어나는 경우가 많았다. 아기 출생에 신이 개입했음을 나타내려 했던 것이다. 우가리트 '다넬 전설'에 보면 다넬에게 후사가 없다가 신께 열심히 기도함으로 아들 아카트를 얻었다고 전한다. 히브리 전승 속 인물인 사무엘과 삼손 등도 신의 은총에 의해 석녀인 어미의 태에서 태어났다. 신약의 세례(침례) 요한 또한 그러했다.

아브라함을 찾아온 천사는 고대의 다신론적 배경에서 생겨난 영물이다. 천사는 계급이 낮은 신이었다. 메소포타미아에서는 누스카와 칵카, 그리스 신화에서는 헤르메스 등이 이 역할을 했다. 유일신 종교인 이스라엘에서는 천사를 신이 아닌 '신의 심부름꾼'인 영물로 격하시켰다. 기원전 2세기 이후 히브리 전승에도 사탄과 가브리엘, 미가엘 등의 이름으로 천사들이 나오는데, 이는 페르시아 종교의 영향을 받은 것이다.

또 히브리 전승을 살펴보면 아브라함이 100세에 얻은 아들 이삭을 신의 명령에 순종해 번제(조각내어 불태워 바치는 제사 행위)

로 드릴 때, 신은 그의 믿음을 칭찬하며 가시나무에 걸린 수양을 준비했다가 제물로 대신 받았다는 내용이 있다.[83] 신은 그대로 자손이 번성하는 복을 약속했다고 한다. 그런데 아브라함 전 시대 우르인의 왕묘에서 출토된 유물 중에 가시나무에 걸린 수양 형상의 황금 유물이 발견되었다. 이미 존재하고 있던 신화가 아브라함 설화에 삽입된 증거일 수도 있다.

아들까지 신에게 바치고, 그래서 '아브라함의 순종'이 후대 유대교와 기독교인들에게 칭송받은 이 설화의 사실 여부는 확인할 길이 없다. 그러나 분명한 것은 아브라함이 실행했다는 제사가 그 당시 가나안에 만연했던 '인신(人身) 제사'의 한 형태라는 것이다. 이는 야웨 종교도 초기에는 인신 제사라는 원시 종교의 형태에서 시작되었음을 의미한다.[84]

아브라함은 가뭄이 들자 가나안에 거주하는 블레셋 왕 아비멜렉과 군대장관 비골 등에게 우물을 사 목축하는 처지가 된다. 아브라함과 롯 역시 소유가 많아지자 충분한 목장을 찾기 어려워 종들끼리 다툼이 심했다. 그들은 서로 분가했다. 아브라함은 거친 유다 광야 쪽으로, 롯은 목축이 번성하고 도시가 세워졌던 요단강 지역으로 터를 잡게 된다. 이때 아브라함은 복을 받고, 조카 롯은 도시 소돔과 고모라로 들어가 신의 저주를 받은 것으로 기록되어 있다.

이는 삼촌과 조카의 갈등이 아니라 문명지 도시보다 광야를 더 선호했던 히브리인 목동들의 일화일 것이다. 다른 유목민들처럼 초기 히브리인들은 정착 문명을 죄악시했다. 오히려 살인자 가인의 후손이 최초로 마을을 만들고, 그 주위에 성벽을 쌓아 성을 건축했다.

후대 가나안 동쪽 고대 족속인 '모압의 비문'[85]에도 모압 왕 메사가 장자를 번제로 드려 그의 신 그모스의 힘으로 적들을 물리친 기록이 남아 있다. 아브라함이나 메사 모두 장자를 바쳤는데, 고대 근동에서는 가축의 처음 난 것을 신에게 바칠 때 다산이 보장된다고 믿었던 풍습 때문이다.[86]

히브리 전승에는 아브라함의 조카 롯이 죄악의 도성 소돔과 고모라에서 천사의 인도를 받고 구원받는 내용이 기록되어 있다. 소돔과 고모라는 멸망했고, 탈출하던 롯의 아내는 미련을 버리지 못하고 뒤를 돌아보아 소금기둥이 되었다. 롯은 딸들과 산속에 숨어 있다가 근친상간하여 두 아들을 낳았는데, 그들이 모압과 암몬 족속의 조상이 되었다고 한다. 이 사건들은 역사적 사실일까?

이 설화의 내용대로라면 신의 분노로 소돔과 고모라 지대는 유황에 의해 인화 폭발되고, 지진이 일어나 도시가 사해 아래로 사라졌다는 것이다. 그러나 그곳에는 습지대만 존재할 뿐 고고학에서 아무리 헤쳐보아도 고대 도시 문명의 조그만 흔적도 찾아볼 수 없었다. 어떤 학자들은 사해 남동부 평야인 밥 에드 드라, 사피, 누메이라 등 소돔과 고모라였을지도 모를 작은 성읍들이 기원전 2350년 멸망한 흔적이 있다고 하나 이때는 아브라함보다 훨씬 이른 시기다. 이들 지역은 기후변화로 인한 가뭄과 기근 때문에 사라진 듯하다.

홍수 신화가 그러하듯 불을 이용해 신이 개입된 종말론은 고대에서 나타나는 대표적인 신화 중 하나다. 하지만 그곳은 유황이 없는 지역이다. 역청이나 천연가스들이 번개를 만나 폭발하는 풍경을 보고, 또는 근동에 많은 유전지대 원유의 자연 폭발로 생겨난 민담인지도 모른다. 어떤 천문학자들은 하늘에서 떨어지는 혜성 조각(별똥별)을 보고 이 설화가 생겨났다고 주장하며 아브라함 때까지 그 연도를 측정하기도 했다.

사해 근처 지역에는 수세기 동안 침식작용으로 뾰족한 돌기둥이 많이 생겨났는데, 그 모양새가 사람을 닮은 것이 많다. 또 소금 물보라가 분출된 결과 생긴 소금 단괴(團塊)도 있다. 롯의 아내가 소금기둥이 된 설화는 이 형상을 보고 생겨난 민담일 것이다. 세계적으로 이런 민담은 수없이 많다. 우리나라 개마고원 오가산(伍佳山)에도 아기 업은 여인이 신의 뜻을 거스르고 뒤를 돌아보아 돌로 변했다는 전승과 바위 형상이 남아있다.

히브리 전승에서 모압, 암몬의 이름은 이스라엘인들이 가나안에 입성한 직후 기원전 1200~1100년 사이 유다 남부에서 국명으로 나타나기 시작했다. 이들은 중동을 떠돌던 히브리 조상과는 또 다른 아모리 유랑민이었을 것이다. 암몬과 모압의 근원이 적힌 창세기는 아브라함 이후 1500년이 지난 작품이다. 당시의 저자들은 고대에서부터 자신들과 끊임없이 영토 분쟁을 일으켰던 모압, 암몬 건국 신화를 설명해야 했다. 당시 이스라엘인들은 근동의 모든 족속까지 자신들의 후예로 생각했다. 그래서 적이었던 그들을 자신들의 후손이면서 근친상간의 후예로 격하해 묘사했을 것이다.

히브리 전승에 의하면 아브라함의 첩이었던 이집트인 하갈의 소생 이스마엘이 아라비아의 조상이 되었다고 한다. 이미 이때는 아라비아 족속이 나라를 이루고 있을 때다. 이스마엘이 시조가 되었다는 설화는 역시 신화로 보아야 한다.

야곱

히브리 전승에 의하면 아브라함의 손자 '야곱'[87]은 어미 리브가의 태에서 나오기 전 뱃속에서부터 쌍둥이 형 '에서'와 장자가 되려는 싸움을 벌인다. 야곱은 먼저 나오려고 싸우다가 형의 뒤꿈치를 잡고 나왔다.

위대한 인물은 태아 때부터 특이하다는 신화다. 세례 요한도 어미 엘리사벳의 뱃속에 있을 때 역시 마리아의 뱃속에 있는 예수를 알아보고 태중에서 뛰어놀았다. 조로아스터교의 경전 「아베스타」를 보면 조로아스터도 태어날 때 자신이 죽음을 넘어 영생할 수 있음을 알고 웃으면서 태어났다.

히브리 전승에 의하면 야곱은 눈이 어두운 아비 이삭을 속여 장자 흉내를 내었다. 이삭은 장자가 받을 축복을 야곱에게 안수해 주었다. 그리하여 야곱은 형 에서가 받을 축복을 대신 누리고 이스라엘의 조상이 되었다.

'아비가 자식의 머리 위에 손을 얹고 축복하면 복이 임한다'는 이런 유형은 고대 중동 미신의 한 형태다. 고대에는 미신과 종교의 경계가 분명하지 않았다. 인류학자 프레이저(James Frazer)의 말대로라면 이삭의 이런 행위는 가나안 사회와의 접촉에서 모방되고 습득된 것이다.

히브리 전승에 의하면 야곱은 형 에서와의 갈등 때문에 메소포타미아 하란 땅 외삼촌의 집으로 피신한다. 그는 광야에서 헤매던 도중 돌베개를 베고 잠이 들었는데, 꿈속에서 사다리를 타고 하늘과 땅을 오르락내리락하는 천사들을 보았다고 한다. 고대 중동에서는 신도 사다리를 타고 하늘로 올라간다고 믿었다. 이집트나 그리스에서도 무덤가에 사다리를 만들어 놓아 죽은 자의 영혼이 하늘로 올라가기 쉽도록 해놓는 전례가 있다.

야곱이 보았다는 사다리는 메소포타미아 신전 탑 지구라트일 가능성이 많다. 이 탑은 나선형으로 높이 쌓았으며 그 위에는 신이 강림한다고 믿었다. 이 탑은 야곱이 찾아가고 있던 메소포타미아 당시 하란 땅에도 산재되어 있었다.

야곱은 외삼촌 집에서 일하는 대가로 얼룩배기 염소만을 받기로 언약을 맺는다. 그래서 야곱은 이를 얻기 위해 다른 방법을 썼는데, 껍질을 벗겨 얼룩덜룩해진 신풍나무·살구나무·버드나무 가지를 구유 옆에 세워 짐승들이 그것을 보고 교미를 해 얼룩이 있는 새끼를 많이 낳게 했다고 한다(창세기 30장 25~43절 참조). 가축의 색깔은 유전에 의해 결정되지만, 히브리 전승의 저자는 야곱이 그러한 시각적 행위로 그런 결과를 얻었다고 기록했다. 산모가 토끼의 갈라진 입을 보면 언청이를 낳고, 오리를 보면 손가락이 붙은 아기를 낳는다는 믿음과 비슷하다.

야곱은 신의 복을 받아 부자가 된다.[88] 그러나 외삼촌 가족의 시기를 받고 고향으로 돌아갈 수밖에 없었다. 그는 형 에서와의 위험한 재회를 앞두고 얍복강[89] 앞에서 신과 씨름을 한다.[90] 새벽이 되어 신이 힘을 잃자, 신은 야곱의 환도뼈를 쳤다. 씨름에서 이긴 야곱은 신으로부터 '이스라엘('신과 겨루어 이긴 자'라는 뜻)'이라는 명예로운 이름을 받았다고 전해진다.

나그네가 강을 건너기 전에 그 강의 정령과 겨루는 설화는 고대 중동에 널리 유행되어 남아 있다. 힛타이트 족속 문서를 보면 케밧 여신과 왕이 씨름하는 장면이 나오는데 여기서 왕은 여신을 붙들어 놓고 축복을 요청한다. 인간이 신과 싸워 이겼다는 설화는 그리스 신화에도 남아 있다. 고대 민간 전승에는 새벽녘 혹은 여명의 시간은 어둠의 권세와 앞잡이들이 사람에 대한 권세를 잃는 순간으로 표현된다. 야곱 역시 새벽이 되어 힘을 잃은 신을 이긴 것이다.

현재까지 진행된 성서학 연구와 고고학 발굴들은 족장 아브라함과 아들 이삭, 손자 야곱 등이 실존 인물이었는지를 정확히 확인시켜 주지 못하고 있다. 19세기 말 창세기 등 오경의 기원에 대한 학문적 연구가 시작되면서 이 씨족장들 이야기의 역사성에 대한 회의론이 등장하기 시작했다. 신학자 율리우스 벨하우젠(Julius Wellhausen)은 족장들에 대한 역사적 지식에 대해 불가지론적 입장을 드러냈고, 헤르만 궁켈(Hermann Gunkel)은 족장들의 이야기를 영웅담이나 전설로 분류했으며, 폰 라트

(Gerhard von Rad)와 마틴 노트(Martin Noth) 역시 족장들에 대한 성경의 기록은 사실이 아니라는 입장으로 일관했다.

이런 입장을 정리하면 야곱은 가나안 북쪽 지파의 조상이었고, 북쪽 주요 도시 벧엘을 중심으로 그들 지파가 형성되었다. 벧엘은 히브리 전승 속에서 야곱이 신을 만난 장소다. 이들은 야곱의 다른 이름 '이스라엘'로 불렸다. 반면 아브라함은 가나안 남쪽 지파의 조상이었다. 그런데 훗날 북쪽 이스라엘이 망하자 야곱의 이야기가 남쪽 아브라함 이야기에 흡수되어 새로운 한 이야기를 이루었고, 그 사이를 잇기 위해 이삭의 이야기가 자연스럽게 삽입되었다는 것이다.

요셉

해몽을 잘했던 아브라함의 손자 요셉은 형들의 질투 속에 이집트로 은 20냥에 팔려갔지만, 오히려 입신출세해 총리가 된 인물이다.[91)]

그는 가뭄이 들어 이집트로 곡물을 사러 온 형들을 관대히 용서했다. 그런데 히브리 전승에는 요셉이 이집트로 팔려가는 장면에서 그를 산 이스마엘 객상과 미디안 상인이 혼동되어 사용된다. 창세기가 모세 같은 단일 저자에 의해 기록된 것이 아니고, 혼합된 단편 모음이기 때문에 통일성을 잃은 결과라고 할 수 있다.

히브리 전승은 요셉이 해와 달, 곡식단들이 절하는 꿈을 꾸고 이집트의 총리가 되었다고 한다. 이처럼 영웅이 될 자가 미리 자신이 권좌에 오르는 꿈을 꿨다는 것은 근동의 일반적인 신화다. 요셉보다 500년 앞섰던 아카드 왕 사르곤도 왕좌에 오르는 꿈을 꿨다.

해몽 역시 고대 중동에서 보이는 원시신앙의 전형이다. 해몽은 수메르 시절부터 유행했고, 기원전 2150년경 도시국가 '라가쉬'에서는 '구데아'라는 자가 해몽가로 알려지기도 했다. 또 해몽대로 사건이 벌어졌다는 것은 고대 신화의 전형적인 예다. 역사가 헤로도토스에 의하면 페르시아를 지배한 고레스도 그의 외할아버지 메디아 왕 아스티아그스의 꿈에 그의 운명이 나타났다. 꿈의 내용은 고레스가 메디아를 정복한다는 것이었는데, 아스티아그스가 이를 막으려 자객을 보냈지만 운명을 바꿀 수는 없었다.

요셉은 감옥에 갇혔을 때 같이 수감된 술과 떡을 맡은 두 관원의 꿈을 해몽한다.[92] 머리에 술을 이고 가는 꿈과 빵을 이고 가는 꿈이었다. 그리고 요셉의 해몽대로 술을 이고 가는 꿈을 꾼 관원은 석방되고, 빵을 이고 가는 꿈을 꾼 관원은 사형을 당했다. 고대 이집트 해몽서에도 '가득 찬 술잔'은 명성과 소산을 얻는다는 표식이고, '머리에 과일을 이고 나르는 것'은 슬픔의 표식이다.[93]

또 요셉은 나일강 가에서 풀을 뜯는 살진 소와 여윈 소 각각 일곱 마리, 풍성한 곡식단과 파리한 곡식단 각각 일곱 개의 꿈을 꾼 파라오의 꿈을 해몽해 7년 동안의 풍년과 가뭄을 예언했

다고 한다.[94]

요셉의 해몽은 고대 해몽서에 나오는 내용과 상징이 비슷하다. 우가리트 설화에도 풍요의 신 바알이 죽었으니 7년 동안 비도 안 오고 이슬조차 맺히지 않게 될 것이라는 기록이 있다. 이것은 죽음의 신 모트에 의해 풍요의 신 바알이 죽으면 매년 여름 가뭄이 온다는 자연사상에서 유래한 것이다. 이집트 비문에는 제3왕조 파라오 드죠세르 때 나일강이 낮아져 7년 기근이 있었다는 기록도 남아 있다. 또 이집트 파라오 아멘호텝 1세(기원전 1991~1962년) 때 문서인 '네페르티의 환상'에 보면 요셉처럼 이집트에 기근이 올 것을 환상으로 보고 국가적 재난을 예측하는 기록이 있다.[95]

요셉 사건은 당시 유행했던 이집트의 설화가 히브리 전승으로 들어와 전해졌다는 견해가 있다. 그가 나중에 이집트 총리가 된 것처럼 셈족(이스라엘인은 이 족속에 속함)의 소수 집단이 이집트로 이주해 궁중에서 높은 지위를 얻었다는 파피루스의 기록이 있다. 이집트 파라오 아멘호텝 3세와 그의 아들 아켄아톤을 섬겼던 셈족 출신 총리대신 '얀하무'라는 자의 기록이다. 이자의 생애가 요셉 설화로 신화화되었다는 주장이다.

히브리 전승에 의하면 요셉은 이집트에 노예로 팔려 왔을 때 주인인 시위대장 보디발의 신임을 얻어 집사장이 되었다. 그는 보디발 아내의 성적 유혹을 뿌리치고, 오히려 이 일로 모함을 받아 겁간죄(강간죄)로 감옥에서 고초를 겪게 된다. 그렇지만 요셉은 훗날 이집트의 총리가 되었다.

또 다른 고대 이집트 설화에도 요셉과 싸리스(환관장, '고환을 제거하다'에서 유래. 우리말 번역에서는 시위대장으로 표기했다.) 보디발 아내와의 사건과 비슷한 이야기가 남아있다. '두 형제 이야기(기원전 13세기경. 이집트 제19왕조 산물로 추정)'의 내용을 보면, 아우 비티스는 형 아누비스의 아내가 접근하는 것을 거절한다. 그러자 형수는 희롱당했다며 고소한다. 아우는 생명을 보존하기 위해 도망쳐야 했다. 아우는 태양신의 보호를 받아 누비아의 총리와 이집트 왕의 자리에 오른다. 이 설화 배경은 요셉 연대기보다 후세대에 벌어진 일이지만, 정작 히브리 전승이 편집되었을 기원전 500~400년경보다는 훨씬 앞선다.

또 이드리미 자서전(터키 핫타이 지방 알라라 지역 왕이었던 이드리미의 입상 속에서 발견된 자서전. 기원전 1450년경을 배경으로 한다.)을 보면 형제들 때문에 도망갔다가 왕이 된 후 형과 다시 화해하는 이야기가 나온다. 이때 동생은 관대히 처리하여 형제들을 원래의 지위로 복권시켰다. 비슷한 시대의 두 설화는 어느 한쪽이 다른 한쪽으로부터 영향을 받은 것인지 또는 우연의 일치였는지는 알 수 없다.

야곱의 가족들은 요셉이 출세한 이집트로 이주한다. 가뭄이 든 가나안을 떠나 나일강의 풍요를 찾아간 것이다. 이 사건은 출애굽 사건의 시초가 되었다. 이 시대 이집트 파라오 '호르 엠헵' 비문에 보면 외국인들이 조부, 아비를 앞세우고 기근이 심한 지역에서 이집트로 왔다는 기록이 있다. 또 기원전 19세기 초반 파라오 크놈 하셉 무덤 벽화에는 유랑하는 땜장이(혹은 눈

65

화장품 장수) 가장이 무기를 실은 나귀를 이끌고 이집트로 내려오는 그림이 그려져 있다(벽화 속의 가나안인과 이집트인은 의상으로 구별). 이들 또한 야곱 가족과 같이 나일강의 풍요를 찾아 이동하는 무리가 아니었을까?

히브리 전승은 요셉이 110세에 죽었다고 전한다. 이 나이는 고대 이집트인들이 생각하는 이상적인 나이다. 미라를 조사해보니 이집트인의 평균 수명은 40~50세였다.

모세

모세의 탄생

구약 최고의 주인공인 모세 역시 탄생 설화부터 과연 실존인물인가에 대해 의심을 갖게 한다. 히브리 전승에 의하면 모세[96]는 이스라엘의 사내아이를 죽이라는 파라오의 명령으로 태어나자마자 나일강에 던져지는 운명에 처한다. 또 '요세프스(37~100년경 유대 역사가)'의 기록에 의하면 이집트 주술사들에 의해 모세의 탄생이 파라오에게 신탁되어 살해명령이 떨어졌다고도 한다.

고대 바벨론에서도 신 마르둑이 누군가를 구원했을 때 그를 찬양하기를 '마르둑이 후부르 강물에서 건져내었다'라고 기록했다. 이 강은 저승 세계의 문 옆으로 흐르는 강이다. 또 왕이 아기를 죽이라는 명령을 내렸다는 이 설화는 '신약의 모세' 같은 존재였던 아기 예수 이야기에도 나온다. 고대 여러 영웅 설화에서도 아기가 태어날 때 방해꾼이 나타났다.

무엇보다 모세는 탄생 설화가 그의 전 시대 메소포타미아 왕의 행적과 너무 닮아 있다. 아카드어로 쓰인 기원전 3000년 대 배경의 사르곤 서사시 비문에는 이렇게 쓰여 있었다.

> 나는 위력 있는 아카드의 왕 사르곤이다. 나의 모친은 여사 제였고, 그녀는 나를 남몰래 해산해 갈대 바구니에 넣고 역청 을 발라 강가에 버렸으나 강은 나를 가라앉히지 않았다. 강은 나를 띄워 강 관리자 아키 여신에게 실어갔다. …… 아키는 나를 자기 아들로 삼아 길렀다.

사르곤이 썼다는 이 비문에는 어미가 여사제이고(히브리 전승 대로라면 모세의 어미 역시 사제 족속이었던 레위인이었다), 역청을 바른 갈대 바구니에 담겨져 강에 띄워졌으며 강의 여신에게 구원받 았다고 나와 있다. 그 내용이 모세의 전승과 거의 일치한다(모 세는 태양신의 화신인 파라오의 딸에게 구원받았다).

힛타이트 설화 '두 도시의 이야기'에서도 카네쉬의 여왕이 한 해 아들 30명을 낳아 틈새를 메운 바구니에 그들을 넣어 강 하류로 보냈다는 이야기가 있다. 로마의 설립자 로물루스와 레 무스에 관한 출산 설화에서도 아기가 테베르 강물에 띄워졌고, 늑대로 변한 여신에게 구원을 받아 왕이 되었다. 히말라야 길 기트 왕국 왕 트라크한의 설화에도 그가 어린 시절 상자 속에 은밀히 넣어져 강물에 띄워졌다가 건져지고, 왕이 되는 이야기가 남아 있다.

이렇게 고대에는 구원과 평화를 가져올 왕이 기적처럼 탄생하고 신에 의해 양육된다는 신화가 많다. 우가리트 문서에도 전설적인 가나안의 왕 케레트가 아세라 여신에 의해 양육되고, 불멸의 생명을 이어받는다는 신화가 있다.

모세가 시나이 산에서 야웨 신을 만났다는 설화

이집트 왕궁에서 살았다는 모세가 마흔 살이 되기까지의 생활에 대해 히브리 전승은 침묵한다. 신화적 인물을 얘기할 때 자주 있는 어법으로, 성장과정은 그렇게 중요하게 여기지 않아 아예 설명하지 않는다. 신비감이 줄어들기 때문이다.

히브리 전승에 의하면 아므람과 요게벳('야웨의 영광'이라는 뜻)은 조카와 고모 사이의 근친으로(출애굽기 6장 30절 참조), 이 사이에서 모세가 태어났다. 훗날 모세가 나일강에 버려지는 이유가 그가 근친상간의 씨였기 때문이라는 주장도 제기된다.

고대 근동에서는 적자(嫡子)임을 시험하기 위해 아이를 강물에 던져 내버려 두는 풍습이 있었다. 살아남는 아이는 적자로 인정하고 죽는 아이는 사생아로 버림받는 풍습이다. 모세가 버려진 이유가 파라오의 명령 때문이라고는 하지만 어쩌면 또 다른 비밀이 숨겨져 있을지도 모른다. 인도의 고대설화 '마하브하라타 서사시'의 내용 중 쿤티 왕의 딸 이야기에 보면, 공주는 부왕과 왕비가 두려워 유모와 상의해 자신의 실수로 낳은 아이를 버드나무 바구니에 담은 뒤 강물에 던졌다는 전승도 있다.

근친상간의 모세 족보는 순수 혈통을 중요시하는 이스라엘인의 관점에서 의도적으로 기록했을 수도 있다. 반대로 근친상간을 정죄하는 율법이 모세가 버려진 비밀과 상관있을지 모른다.

그런데 히브리 전승은 모세가 '맏아들'이라고 강력하게 시사한다(출애굽기 2장 1~2절 참조). 또 다른 기록에는 훗날 갑자기 나타난 아론이 그의 형이라고 전하기도 한다. 아론은 모세와 세 살 차이였다. 아기가 태어나면 모두 죽이라는 파라오의 명령이 있던 시절이었는데, 어떻게 모세는 강물에 버려지고 아론은 그대로 자라날 수 있었을까? ('아비'나 '형'이라는 표현은 중동에서 '대변자, 대리자'로 표현되기도 했다. 그렇게 해석해야 하지 않을까?)

모세는 동족을 학대한 이집트 관원을 죽이고 광야로 나가 가나안 시나이 산으로 올라간다. 시나이는 이 지역 유목민들이 섬겼던 달의 신인 신(Sin)의 이름을 따 명칭 되었을 것이다. 현재의 '예벨(아랍어로 '산') 무사(아랍어로 '모세')'라고 알려져 있는 이 산은 운해(雲海)가 치맛자락처럼 산봉우리를 가리고 있으며 높이는 7,363피트나 된다. 해가 뜰 때는 산맥들이 금빛으로 물들고, 그 위로는 푸른 하늘이 바다처럼 출렁거린다. 숨이 멎을 것 같은 이 경이감 때문에 신이 살고 있는 장소처럼 보이기도 한다. 고대 역사가인 요세푸스도 이렇게 표현했다. '그 산은 신께서 거하신다는 풍문 때문에 두려움의 대상이 되었으며 감히 접근할 수도 없었다.'

모세는 시나이 산 꼭대기에서 엘 샤다이 신을 만났다고 한다. 원어대로 직역하면 이 신은 '산신(山神)'이다. 즉 '엘(신)' +

'샤다이(산)'다.[97] 그가 만난 엘 샤다이는 야웨였는데, 이 사건의 진실은 무엇일까?

고대인에게 산이란 우주처럼 생각되던 큰 존재였기에 신이란 이름을 붙인 것이다. 또 산은 신성한 물의 근원이었고, 신들의 모임 장소라고 믿었기에 신이라 호칭된 것이다.[98]

모세는 왜 하필 산에서 신을 만났을까? 수많은 고대 중동 설화에서 신과 천사는 특별한 샘물 곁, 신령한 모양을 한 바위 근처, 상수리 수풀 같은 신성한 나무 근처, 명산 등에서 나타난다. 중동인들은 우가리트 북쪽 산을 신이 산다는 '바알 차폰'[99]이라 불렀다. 높은 산들은 아랫부분이 구름으로 감춰져 있어 멀리서 보면 산이 공중에 떠있는 것처럼 보이기도 했을 것이다. 중동인들을 이러한 모습을 신비롭게 여기고, 신이 사는 산으로 생각했을 것이다.[100]

모세는 이곳에서 신을 벗으라는 신의 명령을 받고 맨발로 신 앞에 섰다. 신을 벗는 행위는 고대 중동에서 복종을 의미하는 예절 중 하나로 노예들은 늘 맨발로 다님으로써 신분을 나타냈다. 또 고대 중동의 도시 우르, 나가쉬, 닙프르 등에서는 의복에 부정한 것이 붙어있을까 하여 나체로 제사를 드리는 관례가 있었다. 신을 벗는 행위 역시 같은 의미가 아닐까?

그런데 모세는 왜 가시나무과의 일종인 불타는 떨기나무 곁에서 신의 음성을 들었을까? 이집트 고대 문서 '호루스 본문'을 보면 에드푸 신전에서 신이 떨기나무에 붙은 불꽃으로 나타난다. 히브리 전승에서도 야웨가 등장할 때는 어떤 형태로든 불이 나타난다. 또 야웨를 찬양할 때 '내 주는 나의 빛'이라는 구절이 자주 등장한다.

이를 가리켜 기원전 7세기 근동에서 생겨나 불을 숭상했던 종교인 페르시아 조로아스터교의 영향이라고 보는 학자들도 있다. 그러한 예배의식 때문에 조로아스터교를 일컬어 배화교(拜火敎), 즉 '불을 숭배하는 종교'라고 불렀다. 히브리 전승이 쓰일 때, 유대인들은 페르시아로 끌려가 망명생활을 하고 있었다. 당시 유대인들은 그들의 황제가 숭상했던 불의 신 '아후라 마즈다'를 야웨와 연관시켜 생각했다는 것이다.

모세는 그 산신으로부터 '스스로 있는 자'라는 음성과 함께 '야웨'라는 본 이름을 들었다고 한다. 기원전 24세기경 이집트 파라오 메르네레와 페피 2세의 피라미드 안 벽면에 새겨진 아톤 신 찬양가에도 '나는 스스로 존재하게 된 위대한 신이다'라는 글귀가 있다. 야웨의 대답과 비슷하다.

야웨의 어근을 우가리트어에서 찾아보면 'hawa'로 '떨어지다'의 뜻이고, '번개' '바람불다'의 뜻으로 이해될 수 있다. 즉 야웨는 산꼭대기 폭풍의 신이었음을 가리킨다. 히브리 전승에는 야웨의 이름이 축소되어 '야(yāh)' '야후(yāhu)' '요(yô)' 등으로 나타나기도 하는데 그것이 원래의 이름인지도 모른다. 아니면 우가리트어 'Jw(엘의 아들)'가 그 원형일지도 모른다.

히브리 전승은 모세가 시나이 산에서 처음 야웨의 이름을 들었다고 전한다. 그러나 모세의 어미 요게벳 이름의 뜻은 '요(야웨) + 게벳(영)'으로 그녀는 모세가 야웨 이름을 알기 전부터 야웨의 신도였음을 알 수 있다. 이미 요게벳에 의해 친정의 신이 모세에게 전달되었을 가능성도 있다.

다시 말해 모세가 처음 시나이 산에서 야웨 이름을 들었다는 것은 어미의 이름 속에 '야웨'라는 이름이 들어있는 것을 볼 때 논리적인 모순이다. 야웨는 가나안 시나이 산에 사는 신이다. 히브리 전승에 의하면 그곳은 겐 족속의 영토였다. 그렇게 생각할 때 히브리 전승은 요게벳을 '히브리 족속 레위인'이라고 기록했지만, 겐 족속 여인이었을 가능성을 내포하고 있다. 어쩌면 야웨는 모세가 목동 생활을 했던 가나안 시나이 산 근처, 겐 족속이 믿고 두렵게 여기던 부족신은 아니었을까? 겐 족속 거주지였던 시나이 산 근처에서 발견된 신전은 히브리 전승에 묘사된 모세의 광야 성막과 유사하다. 이 신전에서는 훗날 모세가 만들어 섬겼던 구리로 만든 뱀과 비슷한 마물(魔物)도 발견되었다.

이 '야웨'란 명칭은 누비아 아마라 웨스트 지방에 있는 파라오 람세스 2세 신전에도 나타나는데, 다른 다섯 개의 에돔 지명 중 하나로 기록되어 있다. 시나이 산도 에돔 영토 근처의 산이다. 그렇다면 '야웨'란 말은 모세가 목축을 하던 에돔의 한 지역이거나 그 지역 신의 이름인지도 모른다.[101] 또 이집트 카르낙 신전에 파라오 세티 1세 때 가나안 남부 샤수 지역을 정벌했다는 기록도 남아 있다. 그 샤수 지역이 믿던 수호신은 '야후(YHW)'[102]였다. 이 역시 모세가 살았다던 가나안 미디안 광야에서 벌어진 일이다. 어쩌면 이 '야후'가 '야웨'의 원형인지도 모른다.

한편 '야웨'의 어근을 이집트어에 적용시키면, 그들 제의에 사용되던 말로 '만물의 창조자, 유지자'란 뜻을 지니고 있다. 그렇다면 모세가 시나이 산에서 야웨를 처음 만난 것이 아니라 이집트에 머물 때 배워온 이집트 어떤 신의 이름인지도 모른다.

다신교를 믿던 가나안에서는 모세 훨씬 이전부터 최고 신의 이름을 '일, 엘, 엘로힘, 엘 샤다이' 등으로 부르고 있었다. 모세 역시 야웨 신을 만난 후, 신을 부를 때 '엘'이라는 가나안 신의 이름으로 불렀다.[103] 히브리인의 국호(國號)도 야웨라는 이름보다는 가나안의 신인 엘을 집어넣어 이스라'엘'이라고 불린다. 그렇다면 이스라엘 조상들이나 모세 모두 야웨의 신과 가나안 최고의 신 '엘'을 최고의 신이라고 생각했을지도 모른다.

모세의 종교는 가나안의 종교 '엘' 신과 중동을 떠돌던 그들의 조상 '나바테아인'[104]의 신, 청년기를 보냈던 미디안 겐족속의 신앙에 이집트에서 배워온 유일신 사상이 덧입혀져 만들어진 것은 아닐까? 모세가 신화적 인물이 아니라면 그가 경험하고 깨달은 신의 이름을 가나안 남부에서 칭송받던 신인 '야웨'로 명명해 백성들에게 전한 것은 아닐까?

히브리 전승에 의하면 모세는 이집트에 있을 때 노동판에서 동족이 고난 받는 것을 보고 이집트인 감독을 살해할 정도로 '히브리인'이라는 정체성이 분명했던 것 같다. 또 히브리인들을 노예의 신분으로부터 독립시키겠다는 의식이 있었던 것 같다. 신에게 받았다는 동족 해방의 사명은 모세 내면의 깨달음인지 모른다.

히브리 전승에 의하면 모세 설화의 줄거리는 이러하다. 이집트에서 왕자 생활을 하던 모세는 파라오의 위협 때문에 도망을 나와 가나안 광야로 쫓겨 온다. 그는 그곳 유목민 제사장을 만나 음식을 대접받고 맏딸을 얻는다. 그리고 이집트로 돌아가 이스라엘 민족을 탈출시키고, 젖과 꿀이 흐르는 땅 가나안으로 인도한다. 이러한 모세의 생애는 고대 이집트에 남아 있는 다음의 설화와 유사하다.

파라오 아메넴헤스 1세 때 '하렘(파라오 첩들의 방)' 관리자였던 시누헤가 이야기의 주인공이다. 기원전 1908년 리비아 원정 도중 왕의 암살 소식을 듣고 시누헤 자신도 살해 위협을 느껴 북부 가나안으로 도망친다. 그는 그곳에서 가축을 치는 유목민을 만났고, 추장의 딸 넨시가 물과 우유로 시누헤를 대접한다. 그때 추장이 맏딸을 주어 같이 살게 했다. 그리고 장인이 물었을 때 시누헤는 자신이 가고자 하는 목적지를 '야-아'라고 했다. 그곳은 술이 물보다 많은 곳이며 무화과와 포도, 꿀, 감람유, 보리, 호밀이 풍부한 곳이고, 가축들을 치기에 좋은 곳이라고 소개한다. 이후 시누헤는 부족 통치자가 되어 주변 나라를 공격하고, '야-아' 땅을 찾아 점령한다.

이 이야기는 이집트인들에게 민담으로 남아 있는데, 그 여정이 모세와 비슷한 면이 있다.

모세가 이집트에서 일으킨 재앙의 기적

광야에서 이집트로 돌아온 모세는 노예 생활을 하고 있던 히브리 백성들에게 젖과 꿀이 흐르는 낙원 가나안으로 인도할 터이니 함께 가자고 말한다.

고대 중동인에게 '젖과 꿀'은 낙원의 상징이었다. '꿀'은 불멸의 매개체이며, '젖의 강'은 황금시대를 상징하는 말로 신화처럼 전해져오고 있었다. 우가리트 문서 '바알과 모트'의 이야기를 보면 그 땅의 비옥한 골짜기에 꿀이 흐른다는 묘사가 있다(꿀을 '대추야자'로 해석하고, 꿀이 넘친다는 뜻을 '건과류'가 많다는 뜻으로 해석하는 학자도 있다).

히브리 전승은 모세가 보낸 염탐꾼들이 가나안에 들어가 포도나무 가지를 들고 나왔는데 두 사람이 메야 할 정도로 엄청나게 컸다고 한다. 모세의 약속대로 풍요로운 땅이었기 때문이다. 그러나 이후 히브리 족속이 가나안에 진입한 뒤 이런 거대한 포도나무 가지가 있었다는 얘기는 없다. 오히려 가나안 농토는 이집트보다 척박한 땅이다. 이 전승은 중동의 낙원설화로부터 영향을 받은 신화 기록일 것이다.

히브리인들은 가나안을 '암타부르 하에레츠(세상의 중앙, 그 땅의 높은 곳)'라고 부르며 가장 아름답고 비옥한 지대로 여겼다. 그러나 가나안 땅은 평지보다 산지가 많고 가파른 고원도 많다. 또 사하라 북쪽 끝단에 위치해 있어 습기를 머금은 온풍과 건조한 열풍이 불어오는 등 지리적으로 험한 지역이다. 결코 낙원이 아니었다.

모세는 노예생활에서 동포들을 해방시키기 위해 파라오와 대결을 벌인다. 이때 아론은 가지고 온 지팡이로 뱀을 만들었다고 한다. 파라오의 왕관에는 와제트 신을 상징하는 코브라 장식이 부착되어 있다. 아론은 그것을 놀리려 코브라를 만들었을 것이다. 그때 이 모습을 지켜보던 이집트 마술사들과 현자들도 지팡이로 뱀을 만드는 요술을 부렸는데, 아론의 뱀이 이집트 마술사들의 뱀을 잡아먹었다고 전해진다. 아론의 뱀이 마술사들의 뱀을 삼켰다는 것은 이스라엘이 이집트를 이기고 승리한다는 것을 상징한다. 이집트 문헌에도 상(上) 이집트가 하(下) 이집트를 정복한다고 말할 때 하나의 왕관이 다른 왕관을 삼키는 것으로 묘사되었다.

또 야웨 신은 열 가지 재앙을 내려 파라오를 압박했다고 한다. 야웨는 첫 기적을 일으켜 나일강 뿐만 아니라 이집트의 모든 강과 호수, 우물이나 부엌의 그릇 속 물까지 피로 변하게 했다고 한다. 그런데 모세보다 몇 세기 전에 쓰인 이집트의 고대 문서 '이푸웰에게 주는 경고'를 보면 나일강이 피로 변해 마실 수 없게 되었다는 비슷한 사건이 등장한다. 이런 설화가 성경에 들어온 것은 아닐까?

이외에도 야웨가 진노해 개구리 떼가 올라오고, 티끌이 이가 되고, 파리가 가득해지고, 가축이 죽고, 악성 종기가 생기고, 우박이 내리고, 메뚜기가 땅을 덮고, 흑암이 몰려오는 저주를 내렸다고 한다. 그래도 파라오가 굴복하지 않자 야웨는 '멸망시키는 자', 즉 흑암과 죽음의 천사를 보내 처음 난 모든 것을 죽게 했다고 한다. 한편 이스라엘인들은 문지방에 어린 양의 피를 바름으로써 죽음의 천사가 그냥 지나가게 만들어 무사할 수 있었다고 한다.

메소포타미아에도 이와 같은 죽음의 신이 있다. 화성(火星)신이자 매달 28일을 제삿날로 섬기고 있는 지옥과 죽음, 공포의신 '네르갈(커다란 성읍의 주인)'이 그 역할을 했다. 이 신은 밤에돌아다니며 닫힌 문도 열고 역병과 재난을 주었다. 바벨론에도아기와 여자들을 공격하는 마귀 라마쉬투를 쫓는 주문이 있다.

히브리 전승 속 야웨가 내렸다는 열 가지 재앙 설화는 이집트인이 섬기는 나일강의 신 하피를 피로 물들이고, 파리의 모양을 가진 코프리 신, 황소 가죽의 신인 아피스와 하솔 신, 개구리 머리를 한 해카(출산의 신이기도 함)를 우롱했다는 뜻이다. 또의술의 신인 메이스 여신에게 악성 종기를, 공중의 신 이시스에게는 우박을, 곡물 신 세트에게 메뚜기를,[105] 땅의 신 겝에게야웨가 해충을, 태양신 레에게는 흑암을[106] 보냈다는 것이다. 그리고 파라오의 아들을 포함한 이집트인의 장자를 죽임으로써 야웨 신이 생명과 죽음의 신 오시리스를 압도해 조롱했다는전승이다.[107]

히브리 전승에 의하면 열 가지 재앙에 겁을 먹은 파라오는이스라엘 노예들을 풀어주었다. 이집트에서 가나안으로 도망가는 그들을 뜨거운 태양의 열기와 일사병으로부터 보호하기위해 야웨 신은 구름기둥으로 가려주었다고 한다. 고대 중동 신화 중 힛타이트 족속 왕 무르실리스의 기록을 보면 그들의 신 하사밀리스가 적들로부터 보호하기 위해 백성을 구름으로 가렸다는 전승이 있는데 이 구름기둥과 많이 닮아 있다.

또 야훼 신은 밤이면 구름기둥을 불기둥으로 변하게 해 백성들의 앞뒤를 호위하며 인도했다고 한다. 낮에는 연기가 눈에 보이고, 밤에는 연기로 가려져 있던 내부의 불꽃이 밝게 빛났다는 표현 같다. 가나안 광야의 밤은 몹시 춥고, 야수의 출몰이 잦았다. 당시 가나안 여행자들은 불을 피워 따뜻하게 만들고, 또 사나운 짐승을 쫓기도 했다. 그런 일들이 신화화된 것은 아닐까?

또 이 이야기를 상기시키는 역사적 사실이 있다. 기원전 1628년, 지중해 테라 섬 북서쪽으로 960km 떨어진 곳에서 화산 폭발이 일어나 미노아 문명이 종말을 맞았다. 또 1867년 테라 근처 다른 섬에서 화산폭발이 일어났을 때 근처를 항해하던 선원들이 그 장면을 기록에 남겼는데 낮에는 구름기둥, 밤에는 불기둥이 솟았다고 했다. 이처럼 구름기둥과 불기둥은 자연현상이 신화화된 것인지도 모른다.

히브리 전승에서는 추적해오는 이집트의 말과 전차들을 야웨가 불과 구름기둥으로 어지럽게 만들어 전차 바퀴를 파괴시켰다고 한다. 이 이미지는 고대 신화에서 흔한 표현이다. 그리스 신화 일리아드에서도 제우스가 번개를 보내 말들을 넘어뜨리고 전차를 부숴버렸다. 메소포타미아 전쟁의 신 네르갈과 가나안 신 바알도 전투장에서 빛과 불로 싸웠다.

모세는 백성들을 이끌고 가나안에 진입할 때 우회 경로를 택했다. 적들이 가장 없는 길을 택한 것이다. 이 길은 아라비아 반도를 거쳐 이집트에서 시리아 다마스쿠스까지 이르는 길이다. 이 길은 기원전 2000년 전부터 국제적인 대상로였다. 그리고 기원전 3000~2000년 사이 초기 청동기 시대에는 인구가 조밀한 지역이었다. 그러나 기원전 20~13세기 사이 이 지역은 어떤 이유로 인구가 현저히 감소해 있었다.

반면 지중해 해변을 따라 가나안으로 가는 길은 불과 일주일이면 당도하는 거리였다. 히브리 전승은 히브리인들이 블레셋 등 강한 부족과 전쟁을 치르게 될 때 이집트에서 나온 것을 후회해 돌아갈 것을 알고 미리 그 길을 피했다고 전한다. 당시 블레셋은 그들이 멸망시킨 힛타이트인들부터 전차 제조법을 배워 전차를 갖고 있었다. 전차를 갖고 있지 못한 히브리인들은 블레셋과 승산 없는 싸움을 피했을 것이다. 직선으로 이어진 더 빠른 길 역시 강한 적들 때문에 피했을 것이다. 그 길에는 이집트인이 만들어 놓은 이집트식 궁전과 곡식 창고, 우물, 육중한 성벽으로 둘러싸인 요새들도 있었다. 아무튼 모세의 군대는 전쟁을 치르기에 미약했을 것이다.

홍해 기적

물이 갈라지자 히브리인들이 마른 땅을 밟고 건너왔다는 바다는 '얌 쑤프'인데 '갈대의 바다(redsea의 홍해가 아니라 reed sea의 갈대바다)'로 해석된다. 히브리인들은 당시 홍해를 부를 때 '얌 미츠라임(이집트 바다)'라는 말을 사용했다. 그러나 히브리 전승 저자들은 그 홍해가 아니라 얌(바다) 쑤프(갈대), 즉 '갈대바다'라고 기록했다. 갈대가 많이 자라는 진펄지대라는 뜻일 것이다.

홍해는 훗날 그리스 사람들이 바다 밑에 비치는 '붉은 산호군집(붉은 프랑크톤이라는 견해도 있음)'을 보고 '헤에뤼드라 달랏사(그리스어로 '붉은 바다'라는 뜻)'라고 부른 데서 유래했다. 따라서 성경에서 갈대바다가 홍해로 번역된 것은 오류다. 기원전 3세기 중엽, 이집트 알렉산드리아에서 히브리어 구약성경을 그리스어로 번역했던 70인역 저자들이 갈대바다를 그리스어 '헤에뤼드라 달랏사', 즉 '홍해'라고 번역하는 오류를 범했다. 그들은 갈대바다를 바다로 생각했고, 서쪽 가나안과 이집트 사이에 바다가 홍해밖에 없으므로 으레 짐작해 쉽게 번역한 것이다.[108]

히브리 민족이 가나안 출발지로 삼았던 고센 지역에는 크고 작은 민물 호수가 많았다. 이집트 고대전승에도 라임셋 도시 부근에 호루스 연못과 파피루스 호수라는 두 호수가 있었다고 전해진다. 그중 파피루스 호수는 갈대바다를 상기시킨다. 히브리인들은 전차로 추적하는 이집트군을 피해 수백 킬로미터 떨어진 홍해까지 도달하지 못했을 것이다. 아마도 실제 사건은 고센 라임셋 근처 민물 호숫가에서 일어났을 것이다.

모세의 백성이 살았다는 이집트의 고센 지방 기손 강가 어귀에 여울물이 있다고 한다. 이 여울목은 서풍이 불면 말라붙지만, 그 바람이 아래쪽으로 이동하면 다시 물이 밀려와 건널 수 없게 되는 현상이 목격됐다고 한다. 1882년 알렉산더 툴로경(卿)은 이곳 근처 갈대가 우거진 멘잘레 호수의 물이 동풍에 의해 1.6km 이상 뒤로 물러가는 것을 보았다는 기록을 남기기도 했다. 신학자 존 브라이트도 출애굽 사건이 그 멘잘레 호수에서 일어난 것으로 보았다.

히브리인들은 해양 민족이 아니기 때문에 호수의 물과 바다물을 구별하는 어휘가 없었다. 히브리인들이 흔히 넓은 민물호수를 바다로 부르는 경향이 있어 어떤 호수를 가리켜 그냥 '갈대바다'라고 불렀을 것이다. 신약시대에도 이스라엘인들은 갈릴리 민물호수를 '갈릴리 바다'라 불렀다.

파피루스는 이집트 전역에 걸쳐 자생하고 특히 나일강 삼각주 늪지대와 호수에서 흔히 자란다. 이 '쑤프'[109]가 우거진 곳은 언제나 진흙과 물로 가득 차 있다. 히브리인들을 쫓아오던 파라오의 군대는 전차부대다. 이들의 전차 바퀴가 진흙탕에 빠져 추격을 포기했을 것이다.

히브리 전승은 이때 야웨 신이 아라비아에서 불어오는 큰 동풍으로 밤새도록 물을 물러가게 했다고 한다. 해륙(海陸)이 드러나 바다가 마른땅이 되었다는 것이다. 또 히브리인들은 남녀노소는 물론 짐승까지 이 마른땅을 통과했지만, 이집트 전차와 병사들은 이들을 뒤쫓다 갈라졌던 바닷물이 합쳐지는 바람에 수장되었다고 전해진다. 고대 근동 사람들은 신이 하늘 밀실(密室)에 폭풍과 바람, 우박, 눈을 채워 놓고 필요에 따라 호흡으로 내려 보낸다고 생각했다. 즉, 동풍은 신의 입김인 셈이다.

그러나 이 사건은 당시 모세가 지었다는 '승리의 노래'나 미리암이 지었다는 노래로 표현되었고, 훗날 예언자들도 산문으로서의 표현이 아니라 찬양의 시 또는 신화적으로 표현했을 뿐이다.

> 야웨는 용사시니 야웨는 그의 이름이시로다. 그가 파라오의 전차와 그 군대를 바다에 던지시니, 최고의 지휘관들이 얌 쑤프(갈대바다)에 잠겼고, 큰물이 그들을 덮으니 그들이 돌처럼 깊음에 내렸도다. …… 주의 콧김에 물이 쌓이되 파도가 언덕같이 일어서고, 큰물이 바다 가운데 엉기나이다. ……
> — 히브리 전승 모세의 노래(출애굽기 15장에서 인용).[110]

> '라합(바다의 뱀 또는 귀신. 중동인들은 이것이 파도를 일으킨다고 생각했다.)'을 저미시고, 용을 무찌르신 이가 어찌 주가 아니시며 넓고 깊은 물을 말리시고, 바다 깊은 곳에 길을 내어 구속 받은 자들을 건너게 하신 이가 어찌 주가 아니시니이까.
> — 갈대바다 사건을 표현한 히브리 전승(이사야 51장 9~10절)

바다에서 신이 전투를 일으키는 이런 장면은 고대 근동 신화에서 흔한 표현이다. 바벨론 창조 신화 에누마 엘리쉬에서 마르둑 신이 무찌른 괴물은 바다의 신 티아맛이었다. 바벨론 랍부 신화에서 괴물 랍부는 무려 80km의 길이에 1.6km 너비의 바다괴물로, 괴물이 죽자 3년 3개월 동안 피가 흘러 나왔다. 우가리트 전설에도 바알은 바다의 신 얌과 싸운다. 또 우가리트 서사시에서는 아나트 여신이 머리가 일곱 개인 용 니탄을 정복하고 제해권을 장악한다.

성경에도 갈대바다 사건을 보도하는 바가 다르다. 시편 136편 13절에는 '갈대바다를 둘로 가르신 분'으로, 시편 106편 9절에는 '갈대바다를 꾸짖어 물이 마르자'라고 표현했다. 본문 출애굽기 14장 21~22절을 다시 보더라도 전반부는 신이 거센 돌풍을 일으켜 바다를 말리는 모습을 묘사하고 있지만, 후반부는 모세가 지팡이를 바다로 뻗자 물이 양측으로 벽처럼 갈라지는 모습으로 표현된다.

갈대를 의미하는 히브리어 '쑤프'는 명사로 '끝'을 의미하며 동사로는 '일소하다, 멸망시키다'를 의미한다. 그래서 갈대바다를 '소멸의 바다'로 번역해야 한다는 주장이 생겼다. 고대 신화에서 신이 자신의 원수를 멸망시킨 것처럼 이 사건을 실제 사건이 아니라 의미로 받아들여야 한다는 주장이다.

다른 고대민족이 그러했듯 히브리 민족도 기적 설화를 가지고 있다. 설화 속에서는 수많은 기적들이 상식처럼 일어난다. 여타 종교 설화에서도 초기 원시종교일수록 신비스러운 일이 자주 일어났다. 히브리 전승에서도 신약보다도 구약에서, 구약 중에서도 초기 전승에서 더 많은 기적이 일어난다. 그러나 히브리인의 수많은 기적 전승들은 그들에게만 사실과 의미였을 뿐, 지역을 같이 했던 중동인들은 이를 따로 기록해 전하지 않았다.

이집트 기록에는 여러 민족과의 승전과 패전을 비교적 사실적으로 자세히 기록해 놓은 문서들이 많다. 모세 훨씬 이전 여러 파라오들의 전승 기록도 비문과 벽화, 파피루스에 남아 있다. 특히 모세가 실제 마주쳤을 가능성이 많은 람세스 2세에 대한 기록은 많이 남아 있다. 그런데 야웨에 의해 내려졌다는 열 가지 엄청난 재앙뿐만 아니라, 바다를 가르고 탈출했다는 경이로운 기록 역시 이집트 역사에는 존재하지 않는다. 단지 패전의 기록이라 남기지 않았다는 견해는 너무 억지스럽다. 이집트인들은 수치스러운 패전의 기록도 여럿 남겼다.

당시 이집트는 역사의 시대였다. 그 놀라운 기적들이 파피루스 한 장 또는 어디 한 줄 남아 있지 않은 것이야말로 기적이다. 만일 히브리 전승대로 나일강은 물론 우물과 그릇에 담겨 있던 물까지 피로 변했다면 이집트는 멸망했을 것이다.

모세와 만났던 이집트 왕 람세스 2세는 이집트를 가장 창성하게 만든 파라오다. 당시 그런 재앙이 벌어졌다는 것은 역사적으로 불가능한 일이다. 이집트 카이로 대영박물관 2층에는 미라가 된 람세스 2세가 영면에 빠져 있다.[111]

바다가 갈라진다는 것은 어느 민족에게나 있는 흔한 신화 소재 중 하나다. 특히 육지와 가까운 섬마을에는 한 번쯤 있는 전설이다. 인도의 고대종교 리그 베다 전승에 보면 5000년 전 라마신이 부족을 이끌고 약속의 지역으로 인도했다. 라마신은 사막에서 샘물이 솟게 했고, 만나 종류의 양식을 얻게 했으며 '소마(생명수)'로 전염병을 치료했다. 백성들은 결국 썰물 때 바다의 마른 땅을 통과해 실론(스리랑카) 섬에 도착했다. 그리고 그 약속의 땅을 정복한 후, 그곳의 왕을 불태워 죽였다.

신이 물을 가지고 기적을 일으켰다는 전승도 고대 중동에서
여러 형태로 전승되어 왔다. 이집트에도 아멘호텝 2세가 출병
했을 때 '라샤프(아카드어. 고대 중동의 귀신)'의 힘을 빌려 강물 위
로 걸어갔다는 전승이 남아 있다. 또 앗시리아 왕 산헤립 전승
기록에도 다음과 같이 시적으로 나와 있다.

　　나의 발바닥으로 이집트의 모든 '하수(나일강)'를 말렸노라.

부여를 세운 동명왕도 고향 탁리국에서 쫓겨났을 때, 물고기
와 자라 떼의 도움으로 그것들을 밟고 큰 강 엄호수(掩㴲水)를
건넜다는 설화가 남아 있다.
당시의 사건이 홍해바다가 갈라지는 기적이 아니었을 것이
라는 또 다른 이방인의 전승도 있다. 나일강 삼각주 동쪽 지중
해 한 지역에는 신의 호수라고 불리운 '시르보니(발디빌 호수)'
지대가 있다. 이 호수는 모세가 처음 머무른 가나안 가데스로
가는 도중에 있는 길이다. 고대 그리스와 로마 역사기록자들도
이 호수를 가리켜 신의 역사가 일어나는 지역이라고 묘사한 적
이 있다. 그 중 한 사람인 디오드르는 이렇게 기록했다.

　　…… 호수와 육지를 거의 분간할 수가 없다. 이 지역 특성
　　을 알지 못하는 사람들은 여기에서 모든 군대와 함께 파멸되
　　었으며 방향과 길을 잃어버렸다. ……

또 다른 기록자인 스트라본(B.C. 64?~A.D. 23?)은 이렇게 기록했다.

…… 순간 땅에서 갑자기 단 한 번 수축현상이 일어났고, 땅의 높아진 부분은 바닷물을 밀쳐냈으며 움푹 내려간 곳에는 물이 고였다. 다시 바닷물이 올라와 땅을 뒤덮었고, 산은 섬이 되게 하였다.

이들의 묘사는 히브리 전승과 유사하다. 디오드르가 묘사한 수렁 지대는 이집트 전차들의 바퀴가 늪지대에서 꼼짝 못하게 되었다는 이야기와 일치한다. 스트라본이 말한 땅과 바다의 흔들림은 바닷물이 갈라지고 다시 합쳐진 것과 닮아 있다. 물론 이 자연현상이 정확히 히브리인들이 도강하는 그 시간과 일치해 벌어졌는가를 따지는 데는 무리가 있다. 그러나 그 자연현상이 이미 신화화되어 따로 존재하다가 히브리인의 가나안 이동 역사 속으로 들어온 것인지도 모른다. 아니면 이 역사가들은 이미 유대인들을 통해 모세의 홍해 신화를 알고 있었을 것이므로 그 신화가 자연현상으로 벌어졌다고 설명하는 과정에서 저술된 역사인지도 모른다.

히브리 전승에 의하면 모세 무리는 이 갈대바다를 하루 만에 건너 11일 만에 크고 두려운 광야를 지나 오아시스 가데스 바레아에 도착했다. 이때 그들은 마실 물이 없다고 모세에게 불평하기 시작했다. 바닷물이 갈라진 후 그 사이를 밟고 건너

온 자들의 모습이 아니다. 만일 그 엄청난 체험을 했다면 그들은 불과 며칠 만에 그렇게 믿음을 잊어버리진 않았을 것이다.

또 히브리인들이 정말로 그렇게 강렬한 초자연적인 역사를 목격했더라면 그렇게 40년 동안 잡다한 문제를 놓고 신에 대해 무수한 불순종으로 보냈을까? 그들은 오히려 광야에 도착하자마자 이런 질문을 했다.

> 야웨께서 우리 중에 계신가, 안 계신가?
>
> - 출애굽기 17장 7절

홍해 설화의 줄거리는 야웨가 히브리 족속을 이끌어 흉용한 얌(바다)을 건너 시내산에 좌정했다는 얘기다. 이 이야기는 고대 중동 신화의 줄거리와 비슷하다. 북시리아 우가리트 신화도 바알이 '얌(이 단어는 '바다'를 의미하면서도 '바다의 괴물'을 가리킨다)'을 물리치고 북시리아 차폰 산에 좌정한다는 내용이다. 메소포타미아 신화 역시 마르둑 신이 괴물 티아맛을 물리치고 에사길라 신전에 즉위하는 내용이다.

진보주의 신학자뿐만 아니라 보수주의 신학자 존 월튼(John H. Walton)이나 빅터 매튜스(Victor H. Matthews), 중도 성향의 가톨릭 신학자들까지 홍해 바다 사건을 문자 그대로 받아들이지는 않는다. 수에즈 만 근처 민물 호수인 비터, 팀사, 발디빌 등에서 벌어진 탈출 사건으로 본다. 또 그들은 이집트에 거주하고 있던 히브리인들이 조금씩 무리를 지어 이집트를 빠져나왔고, 이 사건을 서술함에 있어 여러 가지 민담들, 예를 들어 파라오의 히브리 아이 살해 사건, 모세가 일으켰다는 열 가지 재앙 등을 첨가했을 것이라고 믿는다.

모세 백성의 인구 수(數) 설화

그동안 기독교 교계에서는 일반적으로 모세가 히브리 민족을 이끌고 이집트를 탈출한 시기를 히브리 전승 직해에 의해(출애굽기 12장 40절) 기원전 1700년경으로 해석해왔다. 이때는 힉소스족(중앙아시아 코카서스 지방에서 이주해 온 셈족)이 이집트를 침공했던 때였는데, 셈족인 야곱의 후예들도 그 힉소스족의 한 무리라고 본 견해다.

또 히브리 전승 열왕기상 6장 1절을 문자적으로 받아들여 기원전 1466년경으로 해석한 견해도 있다(솔로몬 재위 966년+이집트에서 나온 지 480년=기원전 1446년). 그렇게 해서 이집트와 관련된 여러 역사적 사실과 결부시키려는 시도가 있었다. 당시 모세를 구해준 공주가 핫셉수트 여왕이라는 주장 등이다.

하지만 이 견해는 히브리 전승 내용의 배경과 다르다. 그 당시 파라오인 투트모스 3세 때 수도는 나일강 상류 남부 테베였고, 히브리 전승 배경 묘사와 달리 당시 나일강 삼각주에서 큰 공사를 벌인 적이 없었다. 또 그 당시 모세가 만났다던 에돔, 암몬, 모압 나라들이 존재하지 않는 것으로 보아 현대 신학에서는 지지를 잃고 있다. 이 반론은 유니온 신학교 고고학 발굴과 고고학자 빈센트의 주장이기도 하다.

반면 히브리 전승 본문 자체가 그 당시 히브리 노예들이 이집트에서 만들었던 도성 라임셋('람세스의 신전'이라는 뜻의 이 이름은 람세스 2세가 등극해 붙인 이름)을 말하고 있다. 라임셋은 기원전 1200년경 후반 파라오 람세스에 의해 설립된 것이다(크리스티앙 자크의 소설 『람세스』나 영화 〈십계〉 등에도 모세와 람세스 2세가 주인공이다). 이밖에도 람세스 2세의 아들 메르넵타의 비문 등을 근거로 그때를 출애굽 연도로 잡고 기원전 1280년경으로 추정하는 것이 현대 신학에서 가장 지지를 받고 있다.

예전의 학자들은 총리가 된 요셉을 찾아 이집트로 내려간 야곱의 식솔들이 그곳에 거주한 기간을 430년으로 보았다. 이 계산법은 히브리 전승 문자 직해에서 나왔다(출애굽기 12장 40절 참조). 히브리 전승 저자는 노예 기간의 한 세대를 40년으로 잡고 열 세대로 생각해 유추했던 것 같다. 그러나 이 견해는 현대 신학자들에게 지지를 받지 못하고 있다.

이집트의 노예 생활은 더 짧을 수 있다. 초기 히브리 전승에 의하면 야곱의 아들 레위로부터 모세까지는 불과 4대만 지났을 뿐이다(출애굽기 6장 14절 이하 참고). 또 신약의 전승에도 사도 바울은 아브라함 이후 430년 후에 모세의 율법이 주어졌다고 기록하고 있다(갈라디아서 3장 17절 참조). 아브라함부터 야곱이 이집트로 내려가기 전까지 215년이 흘렀으므로, 그 후 실제로 야곱 가족이 모세 때까지 이집트에 머물렀던 기간은 더 짧아질 수 있다.

고대에서 한 세대는 25년으로 보는 것이 합리적이다. 출애굽 당시 군대를 지휘했던 모세의 후계자 여호수아는 야곱의 아들 요셉의 10대손이므로, 야곱의 후예가 이집트에 머무른 기간은 대략 300년쯤 된다. 성서학자 존 브라이트의 견해다.

그런데 이집트에서 탈출한 야곱 후예들은 장정만 60만 명을 헤아렸다 한다. 이 수는 굉장히 과장된 허구다. 히브리 전승이 옳다면 이집트로 내려온 야곱의 직계 가솔들은 70여 명이었다.[112] 그런데 그 기간 동안 늘어난 인구가 장정만 60만 명이다. 필경 그 식구까지 합하면 200~300만 명은 족히 될 텐데 그렇게 불어났다는 것은 생물학적으로 불가능하다. 이 숫자는 훗날 왕정 이스라엘 당시의 인구보다 많다. 출애굽 400여 년 후 가나안 전체를 지배했던 솔로몬 당시 이스라엘 인구는 고고학적으로나 역사학적으로 40~80만 사이로 본다.

문자대로 70명이 430여 년 동안을 살았다는 전제 하에 신학자 루카스(A. Lucas)의 통계에 의하면 오늘날 의학 등 환경이 좋아진 이집트에서 인구증가율은 10,363명에 불과하다. 더구나 고대 이집트에서는 10명 중 3명만이 성인이 되었다고 한다. 만일 야곱이 가나안에서 종을 포함해 넉넉잡고 2천 명의 인원을 이끌고 이집트로 내려왔고, 430년 노예 생활 동안 200만 명으로 늘어났다는 가정 하에 그 계산법으로 소급하면 예수 시대 때까지 이스라엘 인구는 2,000조로 늘어나야 한다는 통계도 있다. 더군다나 히브리 전승에 의하면 파라오에 의해 히브리의 사내아이들은 낳자마자 다 죽이라는 명령이 내려졌다. 나일강에 아이들을 버려야만 했던 역사도 이 기간 속에 포함되어 있어 그러한 핍박 속에 그만한 수로 불어났다는 것은 더욱 불가능하다.

이때 1개월 이상 된 장자를 세어보니 22,273명이었다고 히브리 전승은 전한다. 남자가 60만 명이었다고 하면 45명 당 1명만 장자가 되는 셈이다. 일처다부제 하에서 본처에서만 낳은 장자라는 해석과 이집트에서 탈출하던 날 낳은 장자만 헤아렸다는 해석도 있지만 모두 억지스럽다.[113]

200만 명이라면 밀집대형으로 행진했다 해도 이집트에서 가나안 시나이 반도까지 갔다가 되돌아오고도 남을 숫자다. 일렬로 서면 320km 이상 늘어설 수 있고, 사람들이 하루 32~37km를 걷는다면 앞뒤로 적어도 2주 정도 뒤처질 것이다. 그런데 히브리 전승대로라면 이 많은 인원이 단 하루 만에 이집트를 탈출해 단 하룻밤에 갈대바다를 건넜다.

의역주의자들에 의하면, 모세가 이끌고 온 무리들 가운데 하비루 등 이족들이 섞여 있어서 장정 60만이 됐다고 해석하기도 했다. 그렇다면 더 큰 의문과 문제를 낳는다.

모세 당시 고대 근동에서 60만의 병사를 거느린 나라도 없었다. 이집트 전승기록을 보더라도 그 시대 시리아와 가나안 연합군을 정벌하기 위해 파라오 투트모스 3세가 이집트 전역에 군사를 징모하여 몰고 간 대군의 수도 일만 명에 불과했다. 모세와 동시대 파라오 세티 1세와 싸웠던 무와탈리스 왕 때 힛타이트족 대군도 3만 7천 명에 불과했다(물론 이 기록도 적을 압도하기 위해 어느 정도 과장한 수일 것이다).

만일 모세가 장정 60만 명을 거느렸다면 그는 벌써 이집트도 정복했을 것이다(우리말 성경에서 '장정'으로 해석한 히브리어 '길보르'는 '용사'라고 해석하는 것이 옳다). 또 쫓아온 파라오의 군대는 전차 600대에 불과했다. 이 전차는 두세 명이 타는 마차였다. 그런데도 히브리인들은 파라오의 군사들을 두려워했다고 한다. 200만 명이 넘는 어마어마한 수로 황야의 조그만 땅 가나안을 정복하는 데 40년이 걸렸다는 이야기는 설명할 수 없다.

의역주의자들에 의하면 히브리어로 '1,000'을 가리키는 '알레프'란 말은 씨족이나 부족을 의미할 수도 있다. 그러면 60만은 600부족으로 이해할 수 있다. 그러나 이 가정도 무척 과장된 수다.[114] 오히려 역으로 유추하는 것이 합리적일 수 있다. 히브리 전승에 의하면 광야에서 나올 때 이스라엘 백성은 모두 열두 지파로 나뉘어 있었다. 이 지파를 '알레프'로 이해하면 12,000명이 된다.

모세 백성의 광야 생활

오늘날에는 모세 백성들이 광야에서 경험했다는 쓴 물, 생수, 만나, 메추라기 등의 설화를 과학과 상식으로 이해하려는 시도가 있다. 무신론적이든 유신론적이든 이성을 가지고 있는 인간의 관심사다.

히브리 민족은 갈대바다를 넘은 뒤 사흘 길을 걸어 '마라('쓰다' '괴로움'이라는 뜻)' 광야에 도착해 최초의 장막을 친다. 물의 색이 검고, 먹기에 알맞지 않은 물을 가진 사막에서 흔히 볼 수 있는 지역이다. 히브리 전승에 의하면 이 마라 광야의 물이 너무 써서 모세가 야웨의 지시대로 한 나무를 던지니 단물로 바뀌었다고 전해진다.

광야 기간에도 계속 신의 역사가 일어났다는 신화일 것이다. 마라의 오아시스 물은 광물질이 많이 함유되어 있어 소금기가 많다. 신학자 플리니는 소금기를 중화시킬 수 있는 일종의 보리가 그 근처에 있었다고 한다. 중화제를 찾은 것은 미디안 광야에서 떠돌며 오랫동안 양치기를 했던 모세나 누군가의 지혜였을지도 모른다.

모세의 백성들은 가나안을 향해 가면서 열두 우물과 육십 주의 종려나무가 있는 엘림 광야, 모래가 많은 신 광야 등으로 이동한다.[115] 그러나 히브리 족속은 물이 없는 지대를 지나가야 했고, 백성들은 이내 불만불평을 터트린다. 이때 히브리 전승에 의하면 야웨 신은 사막과 바위에서 물을 솟아나게 했다고 한다.

아마도 그 땅의 주인이었던 유목민들은 침략자인 히브리 민족이 먹지 못하도록 샘물을 막아 놓았을 것이다. 유목민들은 솟아나는 샘물을 알고 있었는데, 적들이 침공하면 그것부터 메우고 감춘 관례가 있었다. 그것을 모세가 지팡이로 열어 놓은 것이 아닐까? 또 퇴적암은 표면 바로 밑에 물이 고일 수 있는 바위 구멍이 많다. 다공성(多孔性) 바위는 흔들면 물이 나오기도 한다. 모세의 지팡이가 그 바위를 쳤을지도 모를 일이다. 물론 이런 유목민의 풍습이 신화화됐다는 표현이 옳을 것이다.

히브리 전승에 의하면 이집트를 출발하면서 준비해 온 양식이 한 달 만에 다 떨어지자 신은 아침마다 하늘에서 '만나'[116]를 내려주었다. 그러나 히브리인들은 신의 명령대로 하루에 한 오멜(2리터)씩 주워 모았지만, 꿀맛이 나는 이 만나에 곧 싫증을 느꼈다. 그들은 이집트에서 먹던 고기도 그리워했다. 그러자 야웨가 메추라기도 떨어뜨려 주어 육식을 삼게 했다고 전해진다. 이때 주운 메추라기는 적게 주운 자가 이틀 동안 10호멜(한 호멜은 한 마리의 나귀가 운반하는 양. 약 227 *l*, 12말)이었다고 전하는데 실로 엄청난 양이다.

가나안 여름 수확철 때 시나이 반도 고유 산물인 '타마리스크'라는 나무의 잎은 그 나무의 기생곤충인 깍지진디에 찔리면 수액을 낸다.[117] 그리고 밤새 흘러나오는 이 물방울 같은 단 진액이 땅에 떨어져 마르면 고추씨같이 된다. 이것은 해뜨기 전에 보면 서리같이 희게 보이는데, 해가 뜨면 즉시 녹아 버리거나 개미 같은 작은 벌레들이 먹어버린다. 이것은 햇빛이 밝으면 녹아 없어져버렸다는 전승의 만나와 모양부터 비슷하다. 현재도 베두윈족들은 이 만나를 꿀, 버터와 같이 빵에 발라 함께 먹기도 한다.

또 어떤 학자는 남부 시나이 광야에서 흔했던 것으로, 떡을 달게 만드는 데 사용한 '함마다'라는 식물의 달짝지근한 액체가 만나였다고 주장하기도 한다. 어쩌면 만나는 광야인들이 먹었던 사막 식물의 모든 씨를 의미하고 있는지도 모른다.

이집트 메추라기는 다가오는 더위를 피해 3~4월에 아프리카 수단에서 북유럽으로 이동하는 꿩과의 철새인데, 종종 시나이 반도 지역을 통과하기도 한다. 이집트 메추라기는 지중해 쪽보다는 도중에 쉴 수 있는 육지로 건너는 것을 좋아해 가나안의 남과 북을 왕래한다. 시나이 반도 땅에 앉을 때는 너무 빽빽하게 앉은 나머지 겹쳐서 등에 앉기도 한다. 특히 이 새는 비대하게 살이 오른 시기에 이동하는데, 바람을 타고 날다 역풍에 걸리면 땅에 떨어지기도 한다. 만나와 메추라기 이야기 또한 이러한 사실들이 과장되고 신화화되어 전해진 것은 아닐까?

'그렇게 많은 백성들이 광야의 자연적인 수확물로 살 수 있었을까?'라는 질문은 하지 말자. 그 자연물들이 신화의 소재로 사용되었다는 뜻일 뿐이다.

이스라엘 백성들이 가나안 광야에 나와 겪은 만나와 생수, 메추라기 등에 얽힌 여러 초자연적인 현상들은 자연현상과 닮아 있다. 고대인들이 자연현상을 이해하지 못하고 모두 신의 개입으로 해석하려는 경향과 시각을 이스라엘인들도 갖고 있었던 것은 아닐까?

히브리 전승은 히브리인들이 이동하며 40년 동안 신이 하늘에서 내린 만나와 메추라기만 먹었다고 기록하고 있다. 그러나 히브리인들은 이집트 고센 땅에 살 때 농사도 짓고 유목을 했다. 그들은 식량과 농기구는 물론 가축까지 몰고 탈출했다. 빈털터리의 이동이 아니라 반유목민의 이동이었다.

히브리 이주민들은 광야에서 이집트에서 끌고 나온 가축들의 고기와 젖을 먹었을 것이다. 양과 염소는 풀만 있으면 3~4개월 간 물 없이 살 수 있는 가축이다. 유목민들은 가축과 풀, 물만 있으면 번성할 수 있다. 고기는 먹고, 털은 옷이 되며 가죽은 장막이 된다. 분뇨는 연료가 된다. 그들은 또 광야의 가젤이나 사슴 등도 사냥했을 것이며 배가 고프면 사막의 도마뱀이나 전갈도 구워먹었을 것이다. 그리고 주변의 적과 싸워 전리품도 취했을 것이고, 식량도 빼앗아 양식으로 삼았을 것이다.

히브리 이주민들은 광야를 떠돌았을 뿐 아니라, 후에는 큰 오아시스가 있는 가데스('성스런 장소'라는 뜻) 바레아 지역에 38년 동안 정착했다. 그곳을 성스러운 땅으로 여기고 제단을 쌓았으며 행정·사법도 집행했다. 가데스 바레아는 농사를 지을 수 있는 농토이기도 했다. 하늘에서 만나와 메추라기가 떨어지는 초자연적인 역사가 아니더라도 생존은 가능했다.

출애굽 사건과 이스라엘인들이 수십 년 동안 광야에서 머무른 사건은 현대 신학에서 역사성을 의심받고 있다. 히브리 전승에 나와 있는 가데스 바레아에서의 38년 동안 광야 생활 기록을 믿고, 현대 이스라엘 학자들이 15년 간 그 지역을 샅샅이 뒤졌다. 그러나 수백만 명이 머문 흔적은 없었다.[118] 시나이 산 발굴에서도 고대 흔적은 나오지 않았다. 이는 출애굽 사건이 역사적 사건과 거리가 멀다는 사실을 말해준다.

모세는 가나안에 들어가 토착민 아말렉 족속과 싸움을 벌인다. 조상인 노아가 술 취했을 때 아들 함이 비방해 그의 아들 가나안이 저주를 받았다고 믿었기에 가나안 족속은 정복의 대상이었지, 타협의 대상은 아니었다(현실적으로도 가나안 땅이 필요했기 때문에 가나안 족속을 제압해야 했을 것이다). 이때 모세는 여호수아를 앞세워 싸웠다. 그는 두 손을 들어 기도를 올렸는데 그 손이 올라가면 승리했고, 내려오면 패배했다. 고대 아카드 설화에는 '슈일라의 저주'가 있는데, 슈일라는 '손을 올린다'는 뜻이다. 고대 제사장들은 이 방법으로 신을 찬양하고 기도를 올렸다.

고대 중동에서는 모든 싸움에 임할 때 자신들의 민족이 믿는 신에게 도움을 요청하고 응답을 받고자 했다.

> 나는 바알 샤마이를 향해 두 손을 들어 올렸고, 바알은 나에게 응답했다. "두려워 말라. 내가 너를 왕으로 삼고 너와 함께 있어 너를 구원하리라."
>
> - 기원전 18세기 초
> 시리아 왕 자키르를 기념하는 돌비에서 인용.
> 자키르가 적에게 포위당했을 때 했던 기도 중에서.

히브리 전승에 의하면 야웨는 침략자인 이스라엘의 편이었고, 가나안은 멸망 받을 종족에 불과했다. 야웨 신은 가나안 모압인을 축복하러 가던 이방 예언자 발람을 그가 탄 나귀의 입을 통해 경고해 막았다(민수기 22장 21~30절 참고). 동물이 말을 한다는 것은 고대 신화의 전형이다. 이집트의 '두 형제 이야기'에서는 소가 말을 하고, 앗시리아의 신화 '아히칼의 가르침'에서는 표범과 영양이 대화를 한다.

히브리 전승에 의하면 광야 생활에서는 야웨가 불뱀을 보내 불만세력들을 마구 물었다고 한다. 이때 야웨의 계시를 받은 모세가 청동으로 구리 형상을 만들어 장대에 걸었고, 그것을 본 자들은 뱀에 물린 자라도 다 치유 받았다고 한다. 이후 그 청동뱀을 장막 성소에 간직했다고 한다.

원래 가나안 남부는 뿔뱀이나 흑사, 회초리뱀, 왕관뱀 등 수 없이 많은 종류의 뱀이 들끓는 곳이다. 히브리 초기 전승에도 뱀은 에덴에 나타나 인간을 꾀는 악령이었다. 그런데 모세가 이 형상을 만들었다는 이야기는 의심할 수밖에 없다. 반대로 그가 처갓집 가나안 겐 족속과 만남으로 그들의 토템인 뱀을 받아들였을 가능성이 있다.

가나안 사람들은 뱀을 숭상했는데 벧산, 벧세메스, 게셀, 하솔 등에서 그 흔적이 나타나고 있다. 가나안 남부 딤나 지역에는 고대 이집트인이 세운 하토르 신전이 있다. 이 신전은 그 후 미디안인들이 사용했는데, 그곳에서 1.2m 길이의 구리 뱀 형상이 발견되었다. 또 니느웨에서 히브리인 이름이 새겨진 놋대접이 출토되었는데, 그 문양에 막대기와 날개 달린 뱀이 묘사되어 있었다. 모세의 지팡이에 걸린 뱀이 연상된다.

모세의 뱀 이야기는 신화성이 짙다. 훗날 앗시리아 왕 에살핫돈 연보에도 날아다니는 뱀 때문에 그의 원정군이 역병에 걸렸다는 기록이 남아있다(현대에도 병을 낫게 한다는 의미에서 약국의 표시로 이 놋뱀 디자인이 사용된다).

모세의 법, 십계명과 율법

석기 원인(猿人) 시대 야수와 다름없던 인간 군집생활 중에서도 사회를 지탱하기 위해 '도덕'이란 것이 생겨났다. 그 도덕 중 최소한의 규범을 엄격히 명문화시킨 것이 법이다. 법은 청동기 시대에 처음 나타나기 시작했고, 학자들은 모세의 율법 또한 그 부류에 들어간다고 생각한다.[119]

히브리 전승에 의하면 모세는 백성을 다스리기 위해 시나이 산에서 야웨 신으로부터 법을 받았다고 한다. 이때 이스라엘 백성이 그 산 아래 모였고, 신을 만나고 돌아온 모세의 얼굴에서는 광채가 났다. 이 또한 신화성이 짙다. 우선 히브리 전승에서처럼 2백만 이상의 백성들이 시나이 산 앞에 모일 수 없었을 것이다. 또 히브리 원어를 직역하면 모세의 얼굴에 광채가 난 것이 아니라 '뿔이 돋았다'는 표현이 옳다. 모세의 얼굴 피부에 돋았다는 히브리어 '카란'은 광채가 아니라 뿔이다(출애굽기 34장 29절 참고). 뿔은 로마의 신이나 사탄 등 영물의 형상에서 나타나는 신화적 표현이다(요한계시록 12장 3절 참고).

아니면 모세의 뿔 역시 고대 영웅들의 형체를 그릴 때 힘의 상징인 뿔을 얼굴에 그려 넣는 것과 같은 신화적 표현일 것이다(훗날 미켈란젤로도 뿔이 난 모세를 조각하기도 했다). 아니면 아카드 신화 문서에서 보는 신들의 머리나 관에서 발산되는 빛의 일종으로, 신적 영광을 가리키는 '멜람무'이거나 수메르 신화 문서에서 보이는 여신 이난나의 형상 중 주위 사람을 위협하는 그녀의 불타오르는 모습일 것이다. 함무라비 대왕의 아들 삼수일

루나가 얼굴에 광채가 나는 엔릴 신의 사신을 영접했다는 기록도 있다. 역시 신화적 표현이다.

히브리 전승에 의하면 신은 자신의 손가락으로 직접 돌비에 열 가지 '미츠와('계명' '제정하다' '명령하다'란 뜻에서 유래)'를 기록해 모세에게 주었다고 한다.

> 제 일은, 너는 나 외에 다른 신을 두지 말라. 제 이는, 너를 위하여 새긴 우상을 만들지 말라. 제 삼은, 너는 네 신 야웨의 이름을 망령되게 부르지 말라. 제 사는, 안식일을 기억하여 거룩하게 지켜라. 제 오는, 네 부모를 공경하라. 제 육은, 살인하지 말라. 제 칠은, 간음하지 말라. 제 팔은, 도둑질하지 말라. 제 구는, 내 이웃에 대하여 거짓증거하지 말라. 제 십은, 내 이웃의 집을 탐내지 말라. ……

이 십계명은 각 계명에 따른 부칙도 있으나 그것들은 후대에 첨가된 내용일 것이다. 첨가된 내용 중에는 신에게 반역하면 3, 4대 후손이 저주를 받고, 순종하면 천대까지 복을 받는다는 내용도 있다. 이는 떠돌이 유목 생활에서 생겨난 강한 공동체 의식이 반영된 결과다. 훗날 히브리 전승에 보면 한 개인이 잘못했을 때 다른 공동체도 같이 저주를 받는 일이 자주 발생하는데 바로 이와 같은 까닭이다.

모세는 이 열 가지 계명 외에 야웨로부터 세세한 다른 법도 받았다고 전승된다. 바로 '율법'[120]이다. 모세의 율법은 제사법,

우상숭배 금지법, 선민으로서 가려야 될 음식법, 지켜야 될 절기법 등이다. 그 외에도 인간과 인간 사이의 관계를 규정한 도덕법인 가정사에 관한 법, 성·도덕에 관한 법과 사회규범인 재판법, 총회(히브리에서 열리는 지파 행사)에 관한 법, 전쟁에 관한 법, 농사법 등도 있다.

그런데 모세의 십계명은 고대 수메르 문명의 산물로 보인다. 수메르 '슈루파크의 지혜서'[121]의 가르침은 십계명의 5~10조항의 원형과 비슷하다. 이 가르침 또한 '도둑질, 살인, 간음, 헛된 맹서, 말다툼, 거짓 증거 등을 하지 말라'는 내용을 담고 있는데 그 계명의 내용과 순서까지 같다. 또 십계명은 이집트 '사후(死後)의 서(書)'와도 비슷하다. 이 책 속에는 최후의 심판자인 오시리스 신 앞에 가서 심판을 받을 때 신이 물어보는 문제들이 나와 있다. 42개가 넘는 문제들은 '이웃의 아내를 간음하였느냐? 도적질 하였느냐? 거짓말 하였느냐?' 등 모세의 십계명을 닮아 있다. 또 바벨로니아 신년 제전에서도 사용했던 '슈르푸의 문집'[122]을 보면 왕이 자신의 무죄를 밝히며 모세의 십계명 같은 도덕성을 말하기도 했다.

모세가 히브리 전승의 설명처럼 실존 인물이라면 그는 이집트 왕자 시절 왕실 교육을 통해 이집트 및 주변 나라의 역사와 종교, 법률, 규범, 관습, 문물을 배운 자다. 모세가 이집트의 아톤 종교에서 유일신을 배워 '나 외에 다른 신을 네게 두지 말라' 등 십계명의 종교에 관한 네 계명을 썼다면, 나머지 여섯 계명은 수메르 지혜문학, 이집트 사후의 서, 바벨로니아 도덕 전승 등 고대 중동 기록에서 영향을 받지 않았을까? 그리고 인간 내면에 존재하고 있는 신앙심과 도덕성이 그 십계명의 토대가 되지 않았을까? 그러나 보다 지지받는 학설은 십계명은 모세의 저작이 아니라는 것이다.

히브리 전승대로라면 십계명은 시나이 산과 모압에서 두 번에 걸쳐 신이 준 것으로 기록되어 있다. 그런데 그 내용 중 우상숭배에 관한 철저한 배격사상은 가나안에 들어가 수백 년 후 왕정이 시작되고 예언자들의 시대가 도래하면서 크게 부각된 주제다. 또 집과 전답, 가축들을 탐내지 말라는 계명은 농경사회를 배경으로 하고 있어 유랑생활을 하던 모세 당시와 어울리지 않는다. 이런 점을 들어 일군의 신학자들은 모세가 광야에서 받지 않은 것으로 생각하기도 한다.

두 십계명 간에도 차이가 있다. 시나이 산에서 받은 십계명은 탐내지 말아야 할 것 중 여성의 위치가 집 다음이고, 모압에서 받은 십계명은 여성이 앞에 온다. 목축생활을 하던 시절과 달리 농경사회처럼 여권(女權)이 신장된 것을 알 수 있다.

벨하우젠(J. Wellhausen), 모빙켈(Mowinckel), 알트(A. Alt), 멘덴홀(G. E. Mendenhall) 등 현대 구약 해석학자들은 대부분 십계명을 모세 때가 아니라 그의 사후 천여 년 후 저작으로 본다. 기원전 8세기 이후 예언자들의 고상한 윤리적, 영적 영향을 받고, 바벨론 포로 기간(기원전 587~530년경)에 작성된 문서라는 것이다. 그때 지은 다른 히브리 전승의 한 부분으로 본 것이다.

모세 사후 수백 년이 흐른 왕조 시대 때 사울왕 뿐만 아니라 다윗 등 여러 이스라엘 인물들이 야웨의 이름으로 맹세하는 장면이 히브리 전승 여러 군데 기록되어 있다(사무엘하 12장 5절 참조). 이 역시 십계명이 모세 때가 아니라 왕조 후세에 만들어진 계명이라는 사실을 입증하는 것인지도 모른다. 십계명 중 세 번째 계명은 야훼의 이름으로 맹세하지 말라고 했다.

율법에는 연좌제가 금지되어 있다. 그런데 '십계명 부칙(나를 미워하는 자는 죄를 갚되 아비로부터 삼 사대까지 이르리라)'을 보면 연좌제 사상을 가지고 있다. 이 역시 모세 때가 아니라 왕조 이후 포로 시절에 십계명이 쓰였다는 증거인지도 모른다.

그러면 십계명 외에 모세가 40일 동안 신이 부르는 대로 받아 적었다던 나머지 세세한 율법은 어디서 온 것일까? 그것은 고대 중동지방에 널리 퍼져 있던 결혼과 형벌, 입양, 다툼 해결 등의 관습 법제와 유사하다.

히브리 전승에 의하면 아브라함도 앗시리아와 바벨론인들이 지켜오던 중동의 법인 '누지법'[123]을 따르고 있었다. 아브라함이 아들이 없을 때는 종 엘리에셀을 양자로 삼아 대를 이으려 했고, 아내 사라도 몸종 하갈을 그에게 주어 후손을 이으려 했다. 또 주인의 자식을 낳은 노예는 팔 수 없어 하갈이 오만해져도 괴롭히기만 할 뿐, 사라는 그녀를 팔 수 없었다. 모두 누지법을 따른 것이다.[124]

누지법 이외에도 고대 중동 메소포타미아에는 모세의 율법보다 먼저 존재하고 있는 법이 있었다. '우르 남무 법전'[125] '에쉬눈나 법전'[126] '이쉬타르 법전'[127] 등 수메르, 아카드, 아모리인의 법률이 그것이다. 이 법률들은 먼저 있던 인도의 리그베다를 기초로 한 것이다. 이후 함무라비 왕은 이 모든 것들을 종합·수정해 성문 법전인 '함무라비 법전'[128]을 편찬했다.

이 시기 중동에서는 함무라비 법전뿐만 아니라 힛타이트와 앗시리아의 법전들도 편찬되었다. 그러나 함무라비의 법은 먼저 있었던 수메르의 법보다 조직적이고, 후에 있었던 힛타이트나 앗시리아 법보다 정교했다. 함무라비(기원전 1728~1686년)는 이 법을 제정하면서 그가 믿는 '쉐마쉬(바벨론의 태양신이며 재판과 정의의 신)'로부터 받았음을 비문에 조각해 놓았다.[129]

정의를 나라 안에 빛내고, 강자가 약자를 학대하지 않도록 악한 자를 멸망시키기 위해 나는 이 법전을 태양신 쉐마쉬에게 받았다. 그리고 나의 신 마르둑의 정의를 실천하기 위해 이를 선포한다.

히브리인들은 신흥 유일신 야웨교를 만들어 원시 자연종교에 가까웠던 바벨론보다 종교의 질적인 면에서는 앞섰으나 법률적인 면에서는 성문법이 없어 뒤처져 있었다. 모세는 그의 시대보다 500년이나 앞서 있던 이 함무라비 법전과 그외 다른 고대 중동 법률들을 배경으로 새로운 법률인 '율법'을 만들었을 것이다. 그러나 모세가 썼다 하여 '5경'이라 부르는 모세의 법을 포함한 문서들은 그의 사후 수백 년 후 여러 서기관들과 제사장들이 편집한 것이다. 모세가 신화적 인물이 아니더라도 정작 그가 쓰고 말한 것은 그 내용 중 극히 일부분일 것이다.

다시 말하지만, 히브리 전승의 다른 내용처럼 율법(모세의 법)은 입으로 전해져 내려온 법이다. 수세기를 거치는 동안 표현이 많이 수정되고, 원시적인 초기 조항도 보다 발전된 사회에 잘 부합되는 법률로 바뀌었을 것이다. 율법이 중동의 법들로부터 전혀 영향을 받지 않았다고 생각하기에는 비슷한 점이 너무 많다. 예를 들면 다음과 같은 것들이다.

만일 어느 황소가 항상 뿔로 받는 것을 알고 당국자가 그 소유자에게 그 사실을 알렸음에도 불구하고, 그 황소의 뿔을 자르지 않아 사람을 받아 죽게 했을 경우에는 황소의 소유자는 은 1마나의 3분의 2를 지불해야 한다.

- 에쉬눈나 법전 54조에서 인용.
수메르 시대 우르 3왕조 몰락 이후 기록된
현재까지 알려진 가장 오래된 법전

만일 어느 사람의 황소가 뿔로 받는 버릇이 있어 주인에게 뿔의 주의를 알렸음에도 불구하고, 그가 뿔을 짧게 자르지 않아 황소가 귀족을 받아 죽게 했을 경우, 주인은 은 2분의 1마나를 줘야 한다.

- 함무라비 법전 251조에서 인용.
이 법은 모세보다 500여 년 앞서 있다.

만일 그 황소가 본래 받는 버릇이 있어 그 임자에게 주의를 주었는데도 잘 지키지 않아 남자든 여자든 사람을 받아 죽었을 경우에는 황소만 돌로 쳐 죽일 것이 아니라 그 임자도 죽여야 한다.

- 모세의 율법. 출애굽기 21장 29절.

또 모세의 율법은 민법과 형법 모두 똑같은 방법으로 보복하라는 내용으로 이루어져 있다. 일명 '동해보복법'이다. 이 또한 함무라비 법과 유사하다.

만일 한 사람이 자유인 아들의 눈을 상하였으면 그들은 그의 눈을 상하게 할 것이요, 만일 한 사람이 다른 사람의 뼈를 상했으면 그의 뼈를 상하게 할 것이다.

- 함무라비 법전

만일 사람이 그 이웃을 상하였으면 그 행한 대로 그에게 행할지니 상함을 상함으로, 눈은 눈으로, 이는 이로 갚을지니라.

- 모세의 율법. 출애굽기 21장 24절.

그러나 극동의 국가인 우리나라의 고대 법전과 비교하면 차이가 많다. 거리나 시대적으로 멀기 때문이다.

남의 몸에 상처를 냈을 때는 곡식으로 배상한다.

- 고조선 8조금법 중 3조 2항

모세는 함무라비와 다른 법을 제정한 고대 중동 왕들의 경우처럼 '출애굽기'[130] '레위기'[131] '민수기'[132] '신명기'[133] 속에 나오는 율법(법전)을 신이 주었다고 발표했다. 그리고 이 율법을 시내산에서 발표해 히브리 백성들이 순종하도록 명령했다.

모세의 사회법

고대 중동인들은 음식이 사람의 몸에 들어가기 때문에 부정의 잠재적 원천이 되므로 나름의 식용기준을 갖고 있었다. 모세의 법 중에서 음식법을 보면 외관이 추한 것, 악취를 발하는 것, 육식 동물은 먹지 말라는 조항들이 있고, 이외에 금지한 음식들에 대한 특별한 이유도 있었다.

먼저 이교도와 연관된 종교적인 이유다. 돼지고기를 금지한 법은 이집트인들이 세트 신에게, 바벨론인들이 아도니스 신에게, 시리아인들이 담무스 신 앞에 돼지를 바친 까닭일 것이다. 앗시리아 지혜 문학에서는 돼지를 거룩하지 못한 것, 신전 제물에 적합하지 않은 것, 신들이 혐오하는 것이라고 부른다. 또 돼지고기를 먹는 것은 나쁜 징조라는 해몽서도 있었다. 가나안 이교도 사당 곳곳에서도 돼지 뼈가 발견되어 번제물로 사용되었음이 증명되었다.[134]

또 개구리와 몇몇 조류의 식식을 금했는데, 이는 이집트에서 섬기던 개구리, 조류 숭배사상 때문일 것이다. 따오기는 고대 이집트 신 토트를 상징하는 것으로 이 새를 먹으면 사형에 처했다. 율법에서 이 새의 식용을 금한 것은 이집트의 종교 배경을 가지고 있음을 말해주는 것이다. 또 맹금류와 육식동물은 주둥이를 내장 속에 처박고 시체를 뜯는 불결한 동물이기에 금지했던 것 같다. 또 연체동물이나 조개류도 금했는데 식중독을 일으킬 수 있는 이유 때문인 것 같다.

어떤 학자들은 모세의 율법 속에 생태학을 고려한 유목민의 지혜가 있다고 보기도 한다. '지느러미와 비늘이 없는 것을 먹어서는 안 된다'는 금기는 모기를 비롯해 온갖 해충을 잡아먹는 개구리, 메기, 미꾸라지 등을 보호하려 한 것이고, 썩은 고기를 먹어 치우는 독수리와 까마귀, 쥐를 잡아먹는 솔개 등의 맹금류 식용 금지는 자연스럽게 생태계에 유익한 동물들을 보호하기 위해서였다는 것이다. 맹금류를 부정하게 여긴 것은 이슬람 코란에서도 마찬가지다. 유대교 배경 아래 생겨난 종교이기 때문이다.

신학자 M. 더글라스는 모세의 법에서 식용을 금지한 부정한 짐승은 자연질서를 어긴 것들이라고 말했다. 예를 들어 물고기인데 비늘과 지느러미가 없다든지(레위기 11장 9~12절 참조), 날짐승인데 발이 네 개인 것은 부정하다는 것이다(레위기 11장 20~25절 참조). 이 이론이 가장 설득력 있는 것 같다.

토지 소유에 대한 법률도 있다. 히브리인들은 땅은 신의 것이라고 믿었다. 이집트 노예였던 그들은 원래 땅이 없었으나 신이 가나안 땅을 주었기 때문이다. 그래서 땅은 매매할 수 없었다. 다만 '마카르(임대)' 할 수 있을 뿐이었다.[135] 경작도 신의 명령대로 해야 했다. 나무가 자라 열매를 맺기 시작할 때부터 첫 3년 동안은 열매를 수확하지 못하게 해 낙과가 그대로 썩어 떨어지는 방법으로 토양을 기름지게 했다. 또 6년은 수확할 수 있지만 7년째는 땅을 묵혀야 하는 율법도 있다. 역시 땅의 기력을 강화시키기 위한 법으로 이 모든 것은 히브리 족속이 가나안에 들어와 원주민들에게 배운 농사법일 것이다. 땅을 휴경하면 토양의 나트륨 함량을 낮출 수 있다. 메소포타미아의 많은 지역에서 토지를 지나치게 소모해 높아진 염분 함량 때문에 땅을 버리는 일도 있었다고 한다. 전체 땅을 일 년 동안 휴경하기보다는 해마다 1/7을 떼놓아 묵혔다. 7년째 저절로 나는 토산물은 땅이 없는 나그네와 고아, 과부, 장애인들과 들짐승들이 먹게 하는 율법도 있다. 또 평년에 추수할 때 이삭줍기를 하지 말고 끝물을 남겨두는 고도의 빈민 구제법도 있다. 이 율법도 고대 중동 토지법의 영향을 받았다. 이 법에 의하면 7~8년이면 토지임대 계약기간이 만기가 되는데, 다음 경작계약이 시작될 때까지 그만큼 휴식기간이 되는 것이다.

모세 이전 근동에도 소외자들을 위한 법이 있었다. 이집트의 고대 문서 '아멘 엠 오펫의 지혜서'에는 가난한 자에게서 훔치는 것, 불구자를 속이는 것, 과부의 밭에 침입하는 것을 경고했다. 또 이집트의 고대 문서 '말 잘하는 농부의 이야기(기원전 2134~1786년)'는 한 치안 판사에게 고아의 아버지, 과부의 남편이 되어야 한다고 상기시킨다.

개인의 토지 소유도 49년으로 제한했다. 이 법은 '희년(은혜의 해)' 제도인데 이때는 저당 잡았던 토지도 돌려주어야 했다.

당시 유대인들의 평균 수명이 50년 남짓이었음을 감안하면 토지 세습을 막아 토지의 사유화로 인한 부의 세습을 막기 위한 것이었던 것 같다. 또 이때는 포로 된 자와 노예도 사슬에서 풀어주어야 했다. 고대 근동에는 새 왕의 즉위 원년이나 두 번째 해 또는 그 후에 정기적으로 긍휼의 차원에서 죄수들을 석방했다. 고대 바벨론 왕 암미사두카(기원전 7세기)는 태양신 쉐마쉬를 대신해 백성들의 부채를 말소해 주었다. 희년 또한 비슷한 경우다.

면제년(免除年) 제도를 두어 6년 동안 일하면 그 다음 해에 채무 노예에서 해방시키고 부채를 탕감해 주는 법도 있다. 그러나 바벨론 왕 함무라비 법 중 노예에 관한 조항 중에는 더 관대한 법조항도 있다. 그 법에는 채무로 노예가 되었을 경우 3년 동안 노역을 하면 해방시켜 준다는 조항이 있다. 또 외국에서 상인이 사온 바벨론 노예는 반드시 풀어주라는 조항도 있다.

히브리 전승 율법을 쓴 저자가 모세이든 아니면 먼 훗날 누구이든 함무라비 법을 알았던 것은 분명하다. 신명기 15장 18절의 율법을 보면 '6년 동안 품꾼의 삯(함무라비 법인 노예의 의무기간 3년을 말함)의 배를 받을 만큼 채무 노예가 너를 섬겼으니 풀어주라'는 기록이 있다.

귀족이 천민에게 죄를 범했을 때 체형 대신 벌금으로 지불했던 바벨론이나 힛타이트 봉건 제도와는 달리 모세의 법은 체형을 가해 인간 평등을 지향한 면이 있다.[136] 또 주인이 자기 노예를 때려 이를 부러뜨릴 경우 함무라비 법전은 가벼운 벌금만 내도록 규정하지만, 모세의 법은 자유인이 되도록 명시했다. 또 함무라비 법에 의하면 신전이나 왕궁에서 도둑질한 자는 사형에 처했고, 신전 관원이나 정부 요인의 물건을 도둑질하면 30배의 벌금을 물게 했다. 반면 일반 시민의 물건을 도둑질했을 경우에는 10배의 벌금을 내게 했다. 그러나 모세의 법은 어떤 차별도 두지 않는다. 모세의 법은 비교적 인도적이었고, 왕조를 지키기 위해 가혹했던 앗시리아 법보다는 유순한 면도 있다.

또 율법은 '아르바임하쎄르 아핫(하나 모자란 40)'으로 다스리라고 했다. 채찍형으로 죄인이 죽을 수 있으니 40대를 넘기지 말라는 것이다(잘못 헤아릴 수 있으니 그 실수를 고려해 39대가 된 것이다).

율법은 이자 받는 것도 금하고 있다. 그런데 이 율법은 히브리인들에게만 적용되었다. 이방인들에게는 받을 수 있다는 것이다. 다른 율법의 적용 역시 형제, 즉 히브리 족속에 한해 실행되었다. 이러한 차별 적용은 신약 때까지 이어졌다. 신약성경 본문 내용 중 '형제에 대한 사랑'은 히브리 족속에 한정된 말이다(바울에 와서야 비로소 구원은 유대인뿐만 아니라 그리스인에게도 허락됐다고 선포되었다).

율법에서 부모를 저주한 자는 살인죄에 해당되었다. 수메르 법에서 부모에 대한 책임을 다하지 않는 아들은 노예로 팔 수 있었고, 함무라비 법전도 아비를 때린 자는 손을 절단하도록 요구했다. 우가리트 법에서도 그런 아들의 상속권은 박탈했다.

율법에는 '만일 가까운 친척이 그의 재산을 팔아야만 하는 처지라면 그는 그 값을 대신 치러줘야만 한다. 노예가 되었다면 대가를 대신 치루고 그의 자유를 찾아줘야 한다. 만일 상속자가 없이 죽으면 그 과부와 결혼해 아들을 낳아 양육함으로써 망자의 이름을 이어주어야 한다. 만일 살해되면 그 피를 보복해야 한다'는 규정 등이 있었다. 이 사상은 우가리트 시대부터 있었다. 그 신화에 보면 여신 아나트가 오라비 바알을 살해한 모트를 죽이고자 맹세하는 서사시가 있다. 고대 중동 유목민족에서도 복수는 의무이자 미덕이었다. 이스라엘에서도 이러한 행위를 신성한 것, 신의 뜻으로 여겼다.

율법에 따르면 시체는 하루 내에 처리하라고 전승된다. 가나안의 기후는 온도가 높아 쉽게 부패할 우려가 있었다. 시체와 접촉하거나 무덤에 손이라도 닿으면 부정하다 여겼고, 율법대로 정결 익식을 치르게 했다. 또 시체는 고대 중동인들에게 공포의 대상이다. 죽은 자의 영이 매장되지 않으면 유령이 되어 배회하고, 산 사람에게 해를 끼친다고 믿은 까닭이다.

율법에는 월경 기간을 부정한 기간이라 하여 성관계를 금하고 있었다(고대 사회에서 생리 중인 여성은 위험한 존재로 간주되었다. 생리 혈을 마귀의 서식지라고 생각했기 때문이다. 기원전 2000년 말엽에 앗시리아 왕이 내린 칙령을 보면 월경을 하는 여인은 왕의 존전에 들어가는 것이 금지되었다).

또 율법에 따르면 산모는 아들인 경우 7일, 딸인 경우는 14일간 부정한 기간으로 간주되어 외부인과의 접촉이나 성생활도 피해야 했다. 위생적인 의미를 담고 있기도 하나 여성 비하적인 부분도 숨어 있다. 또 피나 체액, 침 등이 묻으면 부정하다고 하여 목욕을 시키는 율법 조항이 있다(헤로도토스에 의하면 바벨론에서도 남편이 아내와 성관계를 한 후에는 향을 피우고, 집 안의 어떤 용기도 만지지 못하게 되어 있다. 아라비아인도 비슷한 관습이 있다고 한다).

율법은 자위를 금했다. 히브리인들은 드러나지 않는 여성의 배란 작용에 대해서는 전혀 몰랐다. 오직 남자의 정액만이 아기를 만든다고 믿었다. 율법에서 성행위는 쾌락보다는 자손 번성을 위한 것이었다. 따라서 성교 중단은 금기였다. 히브리 전승에 자손 번성을 위한 것이 아니라 쾌락을 위해 자위했던 인물이 있는데 야곱의 손자요, 유다의 아들인 '오난'이란 자가 신의 저주로 죽었다(창세기 38장 9절 참고). 자위를 뜻하는 '오나니'라는 말은 이 '오난'에서 파생되었다.

신에게 받았다는 모세의 법이 모두 과학적인 것만은 아니다. 예를 들어 간통 의심을 받는 부인은 제사장 앞에 와 의심을 푸는 법률이 있다. 그때 여인에게 신전 바닥 먼지를 탄 물을 마시게 했는데 간음한 여인은 '넓적다리'[137]가 떨어져나가 죽고, 정결한 여인은 살아난다는 법률도 있었다(민수기 5장 16~22절 참고). 물론 심리적으로 간음한 여인을 압박하는 면도 있었으나 이러한 법은 비과학적이라 할 수 있다.

함무라비 법전 132조에도 정조가 의심되는 여자를 성스러운 강물에 던지면 정결한 여자는 신의 은총으로 살아남는다고 기록하고 있다. 또 고대 중동에서는 시죄법(試罪法)으로 칼라바르 콩을 우려 만든 독극물을 마시게 하여 진실 여부를 시험했다. 이 식물의 독성 피소스티그마인은 천천히 마시면 흡수되어 죽고, 단번에 마시면 토해버리는 특징이 있다(죄가 있는 자는 켕기는 마음에 서서히 마셔 죽게 되고, 무죄한 자는 단번에 마셔 살게 만드는 심리적인 이유도 있을 것이다). 또 되새김질하는 짐승을 율법에 열거하고 있는데 여기에 토끼가 포함되어 있다(레위기 11장 6절 참고). 물론 토끼는 되새김질을 못하지만 주둥이 움직임이 그렇게 보인 것이다.

율법에서는 나병을 신의 저주로 보았다. 고대 중동인 역시 나병을 신이 내린 형벌로 생각했는데 증세에 있어 어떤 병보다 외관상 흉측하기 때문이었을 것이다. 모세가 에디오피아 여인과 결혼한 것을 놓고 비방한 그의 누이 미리암이 문둥병에 걸렸다는 기록도 있다. 신이 개입해 외형적으로 보기에 가장 처참한 문둥병이 걸리게 했다는 얘기다. 페르시아에서도 나병은 태양신에게 어떤 특별한 죄를 지어 걸리는 것이라 생각했다. 이 외에도 율법은 대머리를 부정한 것으로 보고 있다. 역시 혐오스러운 모습 때문일 것이다.[138]

모세의 종교법

어느 시대 어느 나라에서든 신정정치 안에서의 법은 경전이 중심이 된다. 이스라엘인에게는 오경인 '율법'이 있고, 이슬람교를 믿는 나라에는 코란이 중심이 된 종교법인 '샤리아'가 있다. 이스라엘에는 종교법, 개인 윤리 도덕법, 사회법이 있었는데 가장 엄격하게 다룬 것은 종교법이다. 신에게 직접 죄를 짓는 것이라 믿

었기 때문이다.

고대 메소포타미아인은 신을 즐겁게 해줄 책임이 있었다. 그것이 제의요 제사였다. 모세의 법률 역시 '종교법(제사법)'이 주류를 이룬다. 그러나 이 제사법도 고대 중동에서 배운 제의 형식이다. 신에게 바치는 제물에 대한 법은 중동에서 모세 훨씬 전부터 이미 실행되고 있었다.

신하가 왕에게 복종해 조공으로 바치는 것과 별반 다름없이 고대 중동인들은 왕이 되는 신에게 제의를 통해 예물을 바쳤다. 왜냐하면 신은 햇빛과 비도 내려주고 땅의 주인이기도 한데, 신에게 예물을 바치지 않는 것은 불손한 것이고 횡령이 되기 때문이다. 또 제사 때 제물을 바치는 이유는 망령이나 신에게 음식을 제공해 도움을 얻기 위한 것이다. 메소포타미아 고대 문헌 '이쉬타르의 하강'에 보면 죽은 자들은 살아있는 사람들이 제공하는 제물로 살아간다. 고대 중동인이나 히브리인들은 이때 제물 중 짐승의 피와 기름을 우선 바쳤다.[139] 생명체에게 활력과 정력을 주는 것들이 신의 양식이라고 믿었기 때문이다.[140] 인간들은 땅에 내려온 신들에게 이 음식을 대접하는 것이다.

율법에서는 안식일 날 부족 장막(성소)에 흠이 없는 일 년 된 숫양 두 마리를 희생 제물로 바치게 했다.[141] 또 유월절에는 가정에서 어린 양의 피를 집에 뿌렸다. 다만 어린 양을 잡을 때는 뼈를 꺾지 못하게 했다. 그리고 이어지는 7일 동안인 무교절에는 가정에서 누룩을 넣지 않은 떡을 먹고, 고기를 구워 먹게 했다. 유월절[142]과 무교절[143]은 히브리인이 만든 것이 아니라 이미 가나안의 토착민들이 갖고 있던 명절이다. 단지 히브리인들이 새로운 의미를 부여했을 뿐이다.

유월절 날 문설주와 인방(引枋)에 뿌리는 피는 원시 셈족 종교에서 나타나는 제사법으로 귀신을 쫓던 의식이다. 뼈를 꺾지 않은 것은 고대 중동 문화에서 나타나는 터부(taboo)다.[144] 모든 짐승에게 정령이 깃들어 있다는 믿음에서 생겨난 것이다. 무교절은 첫 보리가 추수되는 시기다. 첫 열매는 발효를 기다리지 않고 먹는 유목민 풍습이다. 또 바삐 초원을 찾아 떠나야 하는 유목민들에게는 내장을 빼내어 손질함으로 인해 요리시간이 더 걸리는 삶는 방식보다는 통째로 굽는 방식이 더 편리했다.

또 하나의 절기로 지켰던 칠칠절(맥추절)은 첫 수확물을 바치는 추수제였다. 고대 중동의 셈족들은 식물과 동물, 인간 등 모든 것은 신의 것이고, 그 모든 것에는 신성(神性)이 있다고 믿었다. 따라서 수확물도 함부로 다루면 재앙을 받는다고 생각하여 가장 좋은 것, 특히 처음 것을 신에게 바쳐 신의 저주를 피하고자 했다. 가나안인들에게도 이러한 관념이 있었고, 이스라엘인역시 이 풍습을 받아들여 제의로 삼았다.

이처럼 히브리인의 율법 절기는 이교도와 유목민 풍습과 관계가 많다. 제물을 바치는 형식으로는 번제단을 차려 매일 고기와 함께 떡을 바치기도 했다. 떡은 제단 위에 여섯 개씩 두 줄로 열두 개를 놓게 했다.

이 모세의 제의 중 제물의 짐승 수, 어린 양을 잡아 목을 잘라 단에 피를 뿌리는 형식 등은 바벨로니아 제의와도 비슷하다. 또 힛타이트 제의에서도 떡을 열두 개 드리는 제사법이 있는 것을 보면 기존의 이런 제의들이 모세의 제의 율법에 영향을 주었을 것이다.

신과 화목하기 위한 제사의 일종인 '전제'도 있다. 전제는 제물 위에 술을 부어 신에게 드리는 형식이다. 술이 인간과 인간 사이를 화해시키듯 신과의 화해를 위해 술을 부었을 것이다.

율법에서 제사장직은 아들에게 세습되며 '에봇'을 입으라고 명시했다. 에봇은 소매가 없고 앞치마 같이 엉덩이까지 내려오는 긴 웃옷이다. 에봇의 어원은 '가나안 여신 아닷의 옷'에서 파생되었다. 원래 신전 기둥이나 신상을 두르는 금속 덮개를 뜻했으나 신의 의복으로 이해되었고, 나중에는 제사장 예복이 되었다.

안식일에 대한 법도 있다. 신이 6일 동안 창조의 일을 하고 7일째 쉬었다는 히브리 전승대로, 인간도 6일 동안 일을 하고 '금요일 해질녘부터 토요일 해질녘까지'[145] 하루를 쉬어야 한다는 노동법이었다. 고대 메소포타미아 신화에서도 신이 쉬었다는 표현은 흔하다. 헤로도토스의 역사책에서 전하는 기록에 의하면 바벨론 신전탑에 긴 의자가 있는데, 신이 가끔씩 내려와 쉬었다는 기록이 있다. 이 안식일은 바벨로니아에서 기원했다. 수메르 아카드어로 '7'은 원래 '키샤투(전체)'다.[146] 제 7일, 14일, 21일 등 7의 배수인 날은 흉일로 치기도 했다. 이날은 왕과 사제 등도 공적인 일을 일체하지 않았다. 또 물고기나 부추 먹는 것을 금하고 성관계, 출산 등을 부적절하게 생각했다.

바벨로니아 역시 50일을 기준으로 한 달력을 가지고 있었다. 7일을 한 주로 여겼고, 7의 7배수가 지나면 하루를 축제로 삼고, 50일을 기본이 되는 날로 생각했다. 그 축제일 하루를 '아차라(추가일)'라고 불렀다. 또 바벨로니아에서는 보름날을 '싸바투'라고 불렀는데, 이 단어의 어원에서 '샤바트(히브리어. '안식일')'가 나왔을 것이다.

그런데 안식일은 휴식이라는 개념보다 오히려 족쇄가 되었던 것 같다. 히브리 전승에 의하면 안식일에 나무하던 가장이 모세의 명령에 의해 돌을 맞고 사형을 당하기도 했다. 안식일에 노동하는 것은 야웨의 법을 어기는 것이기 때문이다(민수기 15장 32~36절 참고).[147]

모세의 율법에는 장막을 세워 신전을 만들고 그 속에 언약궤를 두라고 했다. 그 안에는 만나를 넣은 항아리와 십계명 돌판, 아론의 싹튼 지팡이가 들어 있었다고 전해진다. 그리고 그것을 나무로 깎아 금을 씌운 그룹[148]의 형상들이 지키게 했다.[149] 신이 기적을 일으켜 만든 성물이 들어 있다는 언약궤의 존재 여부는 확인할 수 없다. 20세기까지 이 언약궤를 찾아 헤매는 모험가들도 있었고, 솔로몬 신전 때까지 간직되어 있다가 에디오피아 고대 도시 악숨으로 옮겨졌다는 전설 같은 이야기도 남아 있다(언약궤 이야기는 스필버그 감독의 영화 〈레이더스〉의 소재가 되었다. 그레이엄 핸콕이 지은 책 『신의 암호』에도 언약궤를 찾아가는 내용이 기술되어 있다).

그런데 언약궤는 중동 아라비아인들도 가지고 있던 성스러운 신탁 물건이었다. 그들도 빨간 가죽으로 만든 장막 안에 부족의 신상을 넣은 상자를 안치시키고, 유랑할 때 함께 갖고 다녔다. 또 상자를 앞에 놓고 신탁을 물었으며 전쟁 중에는 낙타에 싣고 다니며 수호신으로 삼았다. 파라오 투탕카몬의 묘에서도 채에 꿰인 언약궤가 발견되었고, 그의 내장(內臟)이 안치된 금박의 나무상자도 발견되었다. 상자 뚜껑에는 야생 들개 모형의 무덤 수호신 아노비스가 새겨져 있었다.

훗날 솔로몬 신전의 원형이 되었던 모세의 장막 신전은 애초부터 존재하지 않았다는 학설이 있다. 오히려 솔로몬의 신전을 보고 히브리 전승 저자가 글로 묘사했다는 견해다. 오경이 쓰인 것이 솔로몬 시대 이후로 추정되기 때문이다.

모세는 이스라엘 백성이 속죄 받을 수 있는 방법을 신탁의 이름으로 전했다. '아사셀'이라고 일컬어지는 염소를 택해 머리에 안수하고 이스라엘 백성의 죄를 전가시킨 후 광야[150]로 내쫓는 방식이다. 이 의식은 악마로 상징되는 아사셀[151]을 적군이 있는 곳으로 보내 재앙을 받게 하고자 했거나 반대로 적군들을 악마 아사셀의 먹이로 바친 데서 생겨났다는 견해도 있다.

이러한 비슷한 의식은 고대 중동 여러 군데서 찾아볼 수 있다. 바벨론은 신년 축제에서 숫양 한 마리를 잡아 신전의 정화를 위해 사용한 후 강물에 띄워 보냈다. 또 그리스 타르겔 사람들의 축제에서도 두 남자가 시민들의 모든 죄를 뒤집어쓰고,

나뭇가지로 채찍질을 당한 후 도시 안에서 이리저리 끌려 다니다 광야로 추방되는 관례도 있었다.

한때 가나안 북부를 지배했던 힛타이트 족 법률에는 노새나 말과 수간(獸姦)하는 것을 허용하면서도 다른 짐승과는 금지되어 있었다. 만일 다른 짐승과 교접한 인간은 신의 이름으로 죽이거나 추방했다. 그러나 한 짐승을 택해 모든 죄를 뒤집어씌우고 추방해 버리는 의식을 행함으로써 수간한 사람은 신의 분노를 받지 않고 도시에 남을 수 있었다.

이렇듯 짐승의 머리에 안수해 죄를 전가시키는 고대 중동의 대속의식은 히브리 제의 속에 들어왔다. 그리스, 로마의 부활의 신 아도니스를 섬기는 의식에서도 신이 인간의 죄를 뒤집어쓰는 등 비슷한 사상을 찾아볼 수 있다..

율법은 신전에 십일조를 바칠 것을 명령했다. 원래 '마아세르(십일조)'는 중동의 종교법이다. 고대 중동인들은 어느 지역의 땅이건 그 지방신의 소유로 여겼다. 지방신은 땅의 주인이며 생명을 주는 자로 땅의 산출 중에서 특별한 몫인 1/10을 받을 권한이 있다고 믿었다.

히브리 전승에는 아브라함이 전쟁에서 승리한 후 가나안의 대제사장 멜기세덱(의의 왕)에게 전리품 1/10을 바쳤는데, 이는 셈족의 관행이었다. 또 가나안인에게는 가축의 맏배, 곡물의 첫 수확을 신에게 바치면 다산과 가축들을 지켜주고 재앙으로부터 구해준다는 관습이 있었다. 우가리트 문서에도 만물과 십일조에 관한 내용이 있다.

르우벤(보라, 아들이다), 시므온(들음), 레위(연합됨), 유다(찬양), 단(탄원. 가나안 신의 이름), 납달리(나의 씨름), 갓(행운. 셈족의 신 이름.), 아셀(행복. 가나안 신의 이름), 잇사갈(보상. 가나안 신 사카에서 파생), 스불론(거주함. 가나안 신에서 나옴)이다. 야웨를 독실하게 믿었던 야곱의 아들들 이름이 모두 가나안 신들의 이름이다. 영향 관계에 있었음을 알 수 있다.

이 열두 지파의 분류는 히브리 전승 내에서도 여러 번 바뀐다. 초기에는 야곱의 딸 디나가 한 지파를 차지하는가 하면, 그 후에는 그녀가 빠지고 막내아들 베냐민 지파가 포함되기도 한다. 또 레위 지파는 신전에서 일을 하는 직무를 맡기고 '신의 지파'라 하여 다른 지파와 구별하여 빼버리고 계수하기 시작했다. 그리고 장자였던 르우벤이 그의 계모 빌하와 통간하므로 장자 지파에서 탈락시켜 버린다. 그 후 요셉을 장자로 삼고 그의 아들들인 므낫세와 에브라임 자손을 지파 대열 속에 넣어 레위 지파 대신 열두 지파를 만들어버렸다.

그 후 요셉 아들 중 므낫세도 장자권을 차남 에브라임에게 물려준다. 히브리 전승에는 야곱이 손자인 두 형제를 축복할 때 왼손과 오른손을 바꾸어 손을 얹고 기도하는 바람에 장남, 차남이 바뀌었다고 한다. 이러한 변동은 지파 조직이 상황에 맞게 새로 조직됐다는 것을 의미하는 것이리라. 그런데 이스라엘은 언제나 열두 지파 동맹체였다. 이 숫자에 인위적으로 맞추려했다는 인상을 준다.

'12'는 고대 중동인에게 있어 열두 별자리를 뜻하는 우주적인 수다. '12'란 숫자는 야곱의 열두 아들 이전에 이스라엘의 전체성을 표시하는 상징적인 수일 것이다. 히브리 전승에도 아브라함의 형제 나홀의 아들이 열두 명, 아브라함의 첩 아들 이스마엘의 아들도 열두 명 등 이 수와 관련해 여러 전승이 있다(예수의 사도도 열두 명. 요한계시록에 나오는 천국의 찬양대 수인 144,000은 12×12=144에 충만 수인 1,000을 곱한 것이다).

이 열두 지파 공동체는 그리스의 역사에도 나온다. 그리스인들은 이 모임을 신전을 중심으로 가졌고 '암픽튀오니아'(지파 동맹. 페르시아에 대항하기 위해 제안된 그리스의 부족 연맹체)라고 불렀다. 유목민인 이슬람인들도 '옴마'라는 지파 동맹이 있다. 히브리 전승에 의하면 히브리인들도 모세의 후계자 여호수아 때부터 세겜 성소에서 열두 지파 모임을 가졌다.

아브라함 손자 야곱의 아들들에 의해 이스라엘 열두 지파가 생겼다는 이야기는 현대 신학에서 호응을 받지 못한다. 열두 지파는 히브리인들이 이집트에서 올라와 초기의 방랑생활과 가나안에 정착하는 과정에서 원주민들과의 결합 등을 거치며 동맹 형식으로 생겨났을 것이다. 어미 레아('멍청이, 들암소')와 라헬('암양')의 이름은 남북 지파를 상징하는 토템이었던 것 같다. 가나안 족속들은 부족마다 따로 섬기는 신들이 있었다. 가나안 신들의 이름과 유사한 야곱의 자식들의 이름은 개인의 것이 아니라 가나안에 존재했던 유목민 부족이었을 것이다.

히브리인들의 가나안 정착을 '하층민의 반란'이라고 해석했던 미국 신학자 고트발트(N. K. Gottwald)는 이 지파들을 중앙 정부에 대항하고자 했던 소수 하층민 집단으로 보았다. 성서의 주장대로 야곱 아들들의 후손이거나 혈육으로 맺어진 지파가 아니라는 것이다. 히브리 전승의 기록대로라면 지파 내에서 족내혼이 벌어졌는데, 고대의 씨족사회에서는 족내혼을 금지했기 때문이다.

야곱의 첩이라고 했던 빌하와 실바의 후손들은 히브리인이 아니었을 가능성도 있다. 또 야곱의 열두 아들 중 모든 아들은 시리아 땅 하란에서 낳았지만, 막내 베냐민만 가나안에서 낳았다. 어쩌면 베냐민 지파는 후에 생긴 신흥부족이었는지도 모른다. 고대 마리문서에 보면 가나안 북부에 살던 아모리 족속 중 히브리 전승에 나오는 베냐민 지파의 이름이 나온다. 또 그 문서에는 히브리 전승 족보 속 베냐민 후예들과 비슷한 이름들도 나온다. 마리 문서에는 이 베냐민 지파가 노략질을 주로 하는 족속으로 기록되어 있다.

히브리 전승에도 '베냐민은 물어뜯는 이리다. 아침에는 빼앗은 것을 먹고, 저녁에는 움킨 것을 나누리로다'라고 하여 약탈꾼으로 묘사되어 있다. 그렇다면 베냐민 지파는 이미 마리 때부터 중동 메소포타미아에 존재했고, 그들이 남하해 이스라엘 족속이 된 것을 의미하는지 모른다.

또 히브리 전승에 의하면 단 지파는 가나안 남쪽 지중해 해안 쪽에 있다가 해양 족속 블레셋인들에 의해 북쪽으로 쫓겨났다. 어떤 학자들은 이 단 지파를 이름도 비슷한 그 당시 지중해를 떠돌던 '다누나' 족속과 결부시킨다.

레위 지파의 기원

지파 구분의 원인이 된 이집트로 이주한 야곱의 열두 아들의 후예들은 그곳에서 수백 년 동안 지내면서 그 혈족 구분은 허물어졌을 것이다. 히브리인들 또한 중동인과 다름없이 다른 지파, 주변부족들과 그 핏줄을 섞었기에 '지파'라는 것은 단지 상징성일 수 있다. 야곱의 아들이 이스라엘 열두 지파가 되었고, 그중 한 명인 레위가 신의 택함을 받고 사제 계급인 레위지파의 조상이 됐다는 것은 후대에 기록된 이야기로 보인다.

모세는 신이 택한 지파라고 하여 레위 지파가 성막을 지키게 했다.[153] 이 '레위'라는 말은 '라바(연합하다)'라는 뜻을 내포하고 있는데, 어떤 족속과 히브리인과 결합을 의미하는 것이라고 학자들은 보기도 한다. 그렇다면 이 족속은 이집트에서 나올 때 결합한 장인 르우엘과 다른 미디안 제사장 무리인지도 모른다. 미디안 겐 족속은 토템으로 뱀을 섬기고 있었다. 레위 지파 후손 족보 중에서는 나흐손, 나하스, 수빔 등 뱀을 가리키는 이름들이 많다. 레위 지파에 속했던 모세도 미디안 광야에서 뱀 형상을 만들어 야웨 신의 상징처럼 섬긴 적이 있다.

모세가 시나이 산에서 율법을 받고 있는 사이, 히브리인들이 금송아지를 섬길 때 가장 반대해 그들을 주살한 지파는 레위 지파 사람들이었다. 레위 지파는 뱀을 섬겼던 겐 족속을 의미하는 것은 아닐까? 그래서 그들은 어떤 지파보다도 이집트인의 토템인 송아지 숭배를 받아들일 수 없었을지도 모른다. 즉 아론의 금송아지 사건은 토템이 다른 족속 간의 충돌은 아니었을까?

또 레위 족속은 시나이 산에서 가까운 남부 아라비아 지방 '미네아'[154] 제관들일 수도 있다. 발굴된 미네아 비명에 보면 제사장을 '라위아'라 불렀는데, 그 이름과 흡사한 레위가 제관을 뜻하는지도 모른다. 그렇다면 모세가 가나안에 처음 나왔을 때 유다 남부에서 그들과 결합했고, 그 제관들이 히브리인들의 제의를 담당했을 것이다.

또 레위 지파는 모세가 이집트에서 이주할 때 유입된 어떤 이집트 제사장의 무리인지도 모른다. 다른 지파의 사람들이 셈족의 이름을 가지고 있던 반면 레위 지파 사람들의 이름은 홉니, 비느하스, 므라리, 아론 등 이집트 이름이다. 당시 이집트에는 유일신을 신봉하는 아멘호텝 4세(아켄아톤)의 추종자들이 이단으로 몰려 존재했는데 그들이 아니었을까? 아니면 이집트 종교 도시 테베에서 밀려난 비주류 사제의 무리가 아니었을까? 금송아지 숭배는 아론이 주도적으로 실행한 것으로 보아 그가 아피스를 섬기는 이집트의 제사장이었을 가능성이 높다. 이집트에서 금송아지는 '풍작의 신'이었다. 히브리인들이 노예 생활을 하던 이집트 고센 땅에도 검은 황소를 섬기는 족속이 있었다.

레위 족속으로 알려진 모세의 족보를 보면, 그는 야곱의 아들인 레위 4대손으로 나와 있다(역대상 6장 1~3절 참조). 반면 모세의 후계자 여호수아는 야곱의 아들 요셉의 10대손으로 자세히 기록되어 있다(역대상 7장 20~27절 참조). 구약 전승의 가장 위대한 인물의 족보를 누락시킨 이러한 모순은 그가 레위인이 아니었음을 말해주는 반증일지도 모른다. 족보를 다루었던 히브리 전승은 훗날 레위 지파 제사장들에 의해 편집된 것이다. 그들은 민족지도자인 모세를 레위인으로 묘사해 자신들의 제사장 가문과 연결시키려고 했을지 모른다.

히브리 전승에서 보면 초기 광야 시절 제의에서 아론의 위치는 미미했다. 모세가 제의를 담당했을 뿐, 그는 제사장의 직분을 감당하지 않았다. 그런데 그 후에는 아론만이 대제사장의 반열에 오른다. 모세의 아들들에게는 권위가 물려지지 않고, 아론의 자손들만 영원히 대제사장으로 세습되게 된다. 아론 자손에게만 대제사장 특권을 부여한 오경의 내용 때문이다. 이것은 오경이 작성되는 과정에서 '아론의 후예'라고 일컬어지는 레위 지파가 깊이 관여했음을 말해준다.

아무튼 히브리인은 이집트에서 수백 년 노예생활을 했을 뿐 종교 제의에 관해서는 무지했기 때문에 어떤 종족의 도움이 필요했을 것이다. 레위인 지파가 행했던 제의는 이집트와 가나안 제의를 혼합한 형식을 띤다. 히브리인들은 중동 지역에서 그 제의 풍습을 본받은 것이 분명하다. 정체를 알 길이 없지만 그 과정에서 레위 지파가 앞장섰던 것 같다.

기원전 2800년경까지만 해도 메소포타미아 수메르인들의 도시에는 경제적 차이가 있었지만 계급 구분은 확실하지 않았다. 그런데 이때 사제가 최초로 도시의 특권 계급으로 자리 잡게 된다. 사원은 정신적, 정치적, 경제적 중심지가 되어 토지를 소유하게 되고, 창고에는 제물이 쌓이게 된다. 사제는 '엔시(신의 대리자)'로 불리며 최고의 권력을 누리게 된다. 그리고 신전에는 음유시인, 악사, 내시, 신전 노예, 신전 창기들이 생겨난다. 목동 히브리인들은 모세 때 비로소 이런 신정정치를 시작했다.

지금까지 히브리인들에게는 귀족이라고 부를 수 있는 조상이 없었다. 그런데 이제 사제 계급이 생겨났다.[155] 절대 신적 권위를 갖고 있던 모세는 자기 지파인 레위 지파를 성소 관리인으로 앉힌다. 그리고 그들 중 제사장을 신탁의 이름으로 뽑는다. 고대 족장 때는 가장이 제사장 역할을 담당했다. 이제 직업적인 사제와 그들을 통솔하는 수장이 생긴 것이다.

모세는 형 아론을 대제사장으로, 누이 미리암을 예언자로, 미리암의 남편 훌[156]을 측근으로 삼아 친정체계를 확립한다. 행정체계도 세워 장인 르우엘[157]이 건의한 분권(分權) 체제를 받아들이고 천부장, 백부장, 오십부장, 십부장 등을 임명했다. 모세의 친정, 신정정치 체계가 확립된 것이다. 이는 신과 종교를 앞장세운 정치체계로, 이미 수메르 시절부터 제왕들이 흔히 이용한 왕권 강화 방법이었다.

모세는 실존인물이었을까?

광활한 사막을 배경으로 절망적인 자연환경과 타민족의 압박 속에서 유목민들은 일찍 인간의 무력함을 체험했다. 그 속에서 발생한 야웨 종교(유대교)의 시작에는 영웅 모세가 있었다.

히브리 전승에 의하면 모세는 백성들을 이끌고 아모리인을 정복했다. 그러나 아모리 왕 시혼과 싸웠다던 시혼의 수도 헤스본에는 청동기 후기 사람이 살았다는 고고학적 증거가 없다. 이렇듯 초인 모세는 히브리 전승에만 기록되었을 뿐 근동 역사 속에 존재하지 않는다.

이집트 아나스타시에서 발견된 파피루스에는 이집트와 가나안 시나이 반도 사이에서 교역이 이루어졌고, 람세스 2세의 국고성 건설 작업에 하비루들이 종사했으며 2명의 노예가 시나이 광야로 도망친 사건도 기록되어 있다. 모세를 떠오르게 하는 광경이기도 하다. 어떤 학자들은 이 기록에서 모세의 비밀을 유추하기도 한다. 이 노예들 같은 잡족들이 이집트에서 미디안 광야로 도망해 그곳 부족 신인 야웨를 만났으며 가나안으로 도망해 자신들의 탈출을 극화시켰고, 야웨 신을 퍼뜨렸다고 주장한다.

모세 사후 천여 년이 지난 뒤에야 이방인들이 그와 관련된 기록을 남기기 시작한다. 그러나 이때 모세는 근동에 퍼져 살던 유대인들에 의해 이미 신화화되어 있었다.

고대 유대인 역사가 요세푸스의 기록에 의하면 기원전 268년 이집트의 사학자 마네토는 헬리오폴리스(태양신 라를 섬기는 나일강 하류의 중심도시. 이집트어로 '온'이라고도 불렀다)의 제사장이었던 오사르시프가 이집트 신을 배반하고, 문둥병 걸린 앗시리아 출신 노예들과 함께 예루살렘으로 갔다고 기록했다. 마네토는 이 오사르시프를 모세와 동일시했다(요세푸스는 마네토의 기록이 허무맹랑하다고 평가 절하했다. 요세푸스는 유대인이었고 마네토는 반유대주의자였다).

만일 모세가 실존인물이라면 그의 이름이 이집트 유형인 것으로 보아 이집트인이었을 가능성이 있다. 요세푸스는 그의 저서에서 모세를 에디오피아 원정에서 승리한 이집트 장군으로 묘사했다. 고대 그리스 역사가 헤로도토스는 모세를 유대인들을 이끌고 가나안으로 이주하기 전 그 유대인들에게 피살당한 이집트인으로 묘사했다. 더 훗날 그리스 및 로마의 저술가들인 체레몬 리시마쿠스, 디오도루스 시클루스, 타키루스 등도 더러운 전염병(문둥병) 때문에 히브리인들이 이집트에서 추방당했다고 역사에 남겼다.

히브리 전승에는 모세의 시신을 모압 느보산에 장사지냈다며 구체적인 지역이 명기되어 있다. 이 기록의 근거로 모세는 가나안을 침공하던 시기 어떤 역할을 했던 모압인이었다고 주장하는 마틴 노트 같은 신학자도 있다. 그는 모세의 설화를 일관된 역사 사실로 인정하지는 않는다. 근동에 떠돌던 여러 설화가 편집되었고, 어느 순간 모세라는 인물이 결합되어 출애굽기가 완성되었다는 것이다.

노트와 함께 현대 신학 이론을 이끌고 있는 또 다른 학자 올브라이트는 모세의 설화를 대체적 사실로 인정한다. 그러나 그도 문자적으로 모세의 설화에 오류가 없음을 인정하지 않는다. 그의 제자 존 브라이트도 출애굽한 히브리 족속의 숫자가 장정만 60만 명이 아니라 많아야 2~3천 명 정도라고 가정했다.

고대 중동인들은 40년을 한 세대로 보는 경향이 있다. 페니키아인과 카르타고인도 40년을 한 세대로 보아 시대 계산을 했다. 히브리 전승의 저자도 모세의 일생을 3세대로 나눴다. 이집트 왕자 생활 40년, 광야 목동 생활 40년, 이집트 탈출 후 가나안 진입 전까지 40년 등이다. 그는 결국 120년의 생애를 산 것인데, 저자의 의도대로 집필한 고의성이 짙다. 이 역시 세대를 40년으로 잡는 히브리인 인식대로 영웅 모세가 3세대나 살았다는 허구적인 기록일 것이다. 고대 근동인들의 최고 수명 기대치는 120년이 아니었을까? 수메르 설화인 '에마르 촌락'에서 나온 문서에 보면 신이 인간에게 부여한 최대의 수명은 120년이라고 기록되어 있다. 따라서 모세 임종의 나이는 문자적으로 받아들일 수 없다. 히브리 전승 시편에 모세가 지었다는 시가 나와 있는데 이렇게 기록되어 있다.[158]

우리의 연수가 70이요, 강건하면 80이라도 그 연수의 자랑
은 수고와 슬픔뿐이요, 신속히 가니 우리가 날아가나이다.

히브리 족속 이스라엘인들은 가나안을 떠돌던 평범한 유목민이었을 것이다. 한 씨족이 풍요한 나일강으로 내려왔다가 부족을 이루어 다시 이동한 이야기를 가지고, 이스라엘인들은 그들의 지도자 모세를 영웅으로 부각시킨 뒤 그 과정을 신화화시켰을 것이다.

다시 말해 히브리 족속뿐 아니라 여러 사연을 가진 여러 족

속들이 이집트 나일강의 풍요를 찾아 이주했다가 본향으로 돌아가며 겪은 이야기들이 신화화되어 떠돌았는데, 이를 히브리인들이 받아들여 조상들의 이야기로 삼았는지도 모를 일이다.

'아나스타시 기록(기원전 1200년경 나일강 동부 삼각지대 이집트의 관리가 쓴 보고서)'에 보면 에돔에서 온 유랑민들이 이집트 영토 고센 땅에 들어가도록 허락해달라는 기록이 남아 있다. 또 파라오들은 여러 번 가나안을 침공해 그 전투 중에 포로들을 이집트로 잡아와 노예로 삼았고, 특정 거주지 안에서 살게 했다. 이 이야기가 설화화 된 것인지도 모른다.

여호수아

모세의 후계자였던 여호수아는 히브리 민족을 이끌고 요단강을 건너 가나안을 침공한 인물이다. 모세가 야웨 신의 기적으로 갈대바다를 열고 이집트에서 탈출했듯, 히브리 전승에는 야웨 신이 요단강의 흐름을 멈추게 하여 여호수아 백성이 마른 땅을 밟아 건넜다고 전해진다. 여호수아의 행적 또한 신의 역사라는 것이다.

일설에 의하면 레바논 맞은편 산맥의 눈이 녹아 종종 요단강[159]에 홍수가 난다고 한다. 범람하는 물로 인해 낭떠러지 밑이 깎이거나 지진으로 인해 사태가 일어나고, 요단강의 물 흐름이 이따금 방해를 받는다. 1927년에 이런 일이 일어났고, 당시 이틀 동안 요단강 물이 막혔다고 한다. 이런 자연적 현상이 신화화되어 존재하다가 여호수아 설화와 결합했는지도 모른다.

어떤 신학자들은 여호수아의 실존과 행적을 의심한다. 여호수아의 모습은 모세를 많이 닮아 있다. 갈대바다 마른 땅과 요단강의 마른 땅을 밟고 건너는 장면(출애굽기 14장, 여호수아 3장 참조)뿐만 아니라, 약속의 땅을 정탐하기 위해 염탐꾼을 보내는 장면(민수기 13장, 여호수아 2장 참조), 떨기나무 앞에서 신발을 벗고, 환시 중에 신발을 벗는(출애굽기 3장, 여호수아 5장 참조) 등이 매우 유사하다.

현대 신학이 여호수아를 보는 관점 중 하나는 그가 이스라엘 에브라임 지파의 족장이었을 것이라는 의견이다. 그의 행적이 여러 민담들과 더해져 과장되어지고 전승 속 영웅이 되었다는 것이다. 수없는 기적 설화가 담긴 여호수아서가 완성된 시기는 그의 사후 800년인 바벨론 포로 기간이었다.

여호수아가 가나안을 침공할 때 첫 번째 만난 요새였던 여리고성을 함락시킨 장면 또한 신화적이다. 히브리 전승에 의하면 이스라엘 백성은 언약궤와 제사장들을 앞세워 성 주위를 빙빙 돌기만 했다고 한다. 그리고 7일째 되던 날 트럼펫을 불고 함성을 질러대니 성이 무너졌다고 전한다.

고대 근동에서는 전쟁 중 신이 선봉에 선다고 믿었다. 힛타이트 설화에서도 핫투실리스 3세는 이쉬타르 여신이 자기보다 앞서 나갔다고 주장했다. 이집트 파라오 투트모스 3세도 태양신 아몬 레가 군대 앞에 앞서 나갔다고 했다. 앗시리아의 주신 네르갈도 '전투의 왕'이고, 이쉬타르 여신은 '전쟁의 신'이다.

가나안의 바알과 바벨론의 마르둑도 '전사의 신'이다. 그들 역시 전쟁에 나올 때 신에게 기도하고 나왔다. 이스라엘도 신이 임재했다는 상징으로 언약궤를 앞세워 싸웠다. '전쟁의 신' 야웨를 신발로 세운 행위였다.

히브리 전승에는 백성들 모두 여리고성 주위를 돌았다고 전하고 있지만, 수백만의 인원이 작은 성을 돈다는 것은 불가능한 일이다. 또 수백만 명을 동원해 그렇게 작은 성읍을 위협했다는 점 또한 이상하다. 현대 고고학 증거는 당시 기원전 14세기쯤 가나안에 성읍을 가진 도시가 20개 정도 있었고, 그 성읍 사람들을 다 합쳐 25,000명 정도로 추정한다. 그중 대부분의 백성들은 성 밖에 살았고, 가나안 전체 인구는 20만 정도로 추산한다. 여리고 발굴팀이 탄소동위원소 연대 측정법으로 추정한 최초의 마을 형성 시기는 ±7800~±9216년 사이이며 2천 명 정도 규모의 주거 단지였고, 크기는 약 50k㎡였다. 돌로 만든 기초 위에 흙벽돌로 집을 짓는 형식이었다.

중세기 십자군이 예루살렘을 공격할 당시에도 여리고성의 경우를 그대로 모방했다. 21세기에 들어서도 2백만 명의 고함 소리에 성이 무너졌다는 전승을 문자대로 직해해 고대 성벽을 앞에 두고 음파를 쏘아 실험까지 한 적도 있다.

어떤 신학자들은 여리고 성을 돌자 성이 무너졌다는 것은 그 성을 포위한 채 시위하는 히브리인들을 보고 성 내부에서 반란이 일어난 것을 의미하는 것이라고 해석한다. 히브리 전승에 의하면 히브리 민족이 밀려오자 여리고 성 안에서는 창녀까지 마음이 돌아설 정도로 하층민에서부터 반란이 일어나고 있었다. 이렇듯 심한 봉건제도 체제 아래 착취당하던 가나안 하층민들은 오히려 여호수아 군대를 해방군으로 생각했다는 것이다.

히브리 전승은 여호수아가 가나안 본토민과 대결할 때 야웨 신이 하늘의 해를 하루 더 머물게 해 전투를 승리로 이끌었다고 전한다. 태양이나 지구의 축이 변했거나 두 행성이 공전, 자전을 멈췄다는 얘기다. 그러나 중동이나 세계 어떤 역사에도 그런 엄청난 천체 변화의 기록은 없다. 이는 단지 승리를 준 신을 찬양하기 위한 여호수아의 승전시였는데, 후세대의 작가가 뒤에 추가문을 달고 역사적인 사건으로 받아들여 산문화시킨 것은 아닐까? 히브리 전승에서도 여호수아서 외 다른 곳에서는 이 사건을 언급하지 않았다.[160]

신이 태양을 하늘에 붙잡아 놓았다는 신화는 고대의 흔한 소재였다. 기원전 1000년경 메소포타미아의 한 애가에도 하늘이 울리고 땅이 흔들리며 태양이 지평선에 누워있고, 달은 하늘에 멈춰있으며 악한 폭풍우가 땅을 휩쓸고 간다는 표현으로 신의 심판을 묘사했다. 그리스 헤라 여신이 전투에서 그리스인을 유리하게 만들기 위해 태양이 지는 것을 앞당기는 설화도 남아있다. 영국 켈트족 신화나 뉴질랜드, 아메리칸 인디언 신화에도 비슷한 설화가 남아있다. 인도의 리그베다에도 인드라 신이 다른 신과 싸울 때 태양의 수레바퀴를 끌어당겨 일몰을 지연시키는 장면이 남아있다.

히브리 전승에 등장하는 여호수아 군대와 싸운 민족들도 실존 여부가 의심스럽다. 히브리 전승에 의하면 그들은 거인족이었던 아낙 자손 장군들 '세새(태양)' '아히만(운명의 신의 형제)' '달매(가래로 땅을 일구는 사람)' 등을 죽였고, 군사와 주민 사만 명을 살해했다. 이들은 가나안 땅에서 신화적인 존재였다.

여호수아는 이스라엘 열두 지파에게 제비를 뽑게 해 정복한 땅을 나눠 주었다.[161] 이 분배는 야웨의 이름으로 행해져 히브리인들은 그 결과를 신의 뜻으로 여겼다. 당시 정복되지 않은 땅까지 분배해 그 후에도 전쟁은 계속되었고, 21세기 현재까지 이스라엘인들이 이 지역을 빼앗기 위해 '중동인'이라고 불리는 이 영토의 원주민들과 다투는 계기가 되었다. 그러나 현대 학계에서는 히브리 전승에 기록된 지파의 영역이 여호수아 때 기록된 것이 아니고, 700년 후 남왕국 요시아 왕 때 꾸며 기록한 것으로 보고 있다.

히브리 전승은 여호수아가 110세에 죽었다고 전한다. 이 연령은 이집트인들에게 있어 장수와 번영을 누리며 살았다고 할 경우 관례적으로 일컫던 수명이다. 이집트에 살았다던 히브리 전승 속 요셉도 같은 나이에 죽었다.

여호수아가 열두 지파를 모아 대규모로 가나안을 정복했다는 행적은 현대 신학에서 의심받고 있다. 여호수아가 정복했다던 여리고의 파괴된 흔적도 없었다. 영국의 고고학자 존 가르탱 등이 신의 기적으로 무너졌다는 여리고를 발굴해보니 성벽조차 없었다. 단지 후기 청동기 시대의 침식작용으로 토담집들이 붕괴된 흔적만 있었을 뿐이다. 여호수아 군대에 의해 파괴됐다던 기브온, 기르벨 라뭇 성읍 등의 파괴 흔적도 없었다. 아이성 또한 이미 기원전 26세기에 파괴됐으며, 그 후 기원전 1200년경 여호수아 때는 사람들이 살았던 흔적이 없었다.

아이 성은 1933년부터 고고학자 마르케 크로즈, 사무엘 예이빈 등에 의해 발굴되었다. 그 후에도 여러 고찰이 있었으나 모든 학자들이 여호수아 당시의 침공 사건이 발생하지 않았다고 의견을 모았다. 그리고 성서의 내용과도 많이 달랐는데 가나안 성읍 중 작은 편이었다는 아이 성터는 110,000m^2로 오히려 기브온 등 다른 성터보다 더 넓었다.

역시 파괴했다던 아랏과 호르마는 그 당시 존재하지도 않았다. 벤엘, 드빌, 기럇 세벨, 히솔 등은 13세기 후반 화재로 파괴된 흔적이 있었다. 발굴해보니 히솔의 높은 쪽 궁전은 화재로 파괴되었지만 낮은 쪽에 있는 노예, 서민 주거지는 파괴 흔적이 없었다. 하층민들의 반란으로 파괴된 듯 하다.

히브리 전승에 의하면 출애굽 당시 이스라엘인들은 가나안 족속을 두려워해 인적이 드문 산지에 정착했다. 히브리 족속이 평야에 자리 잡은 문명도시의 성읍들을 정복했다는 것 또한 의심스럽다. 당시 군사력이 강했던 이집트와 해양민족 블레셋인들의 침공으로 멸망한 흔적일 것이다. 이때는 이집트 역사 기록에도 남아있는 파라오 메르넵타의 가나안 침공 시기와 일치한다.

올브라이트는 여호수아서를 근거로 히브리 족속이 이집트

에서 올라와 가나안을 정복했다고 본다. 반면 독일 신학자들은 사사기서를 근거로 작은 전투는 있었지만, 히브리인들이 자연스럽게 본토민과 동화되어 가나안에 정착했다고 본다(히브리 전승 간에도 가나안 정복을 다룬 기사 중 출애굽기와 여호수아서와 사사기의 내용이 다르다. 여호수아에서는 열두 지파가 연합해 가나안을 단 시간에 정복했고, 사사기에서는 몇몇 지파, 몇몇 영웅들에 의해 여러 해 동안 가나안을 침공했다).

현대 신학은 가나안 정복이 각 지파 또는 몇 지파의 연합과 개인 투쟁으로 이루어졌다고 생각한다. 이 견해는 히브리 전승 사사기 1장과 5장 등을 토대로 하고 있다. 신학자들은 대체로 히브리 전승 중에서 사사기가 가장 역사성을 지니고 있다고 믿고 있다.[162] 만일 히브리인들이 가나안을 정복했다면 여호수아서가 묘사한 급습이 아니라, 기원전 12세기 후반까지 이어진 장시간의 사건이었고, 어느 정도 평화적으로 이루어진 정착이었다는 것이다. 사실 가나안 정복은 기원전 11세기 다윗 때비로소 완성됐다. 여호수아는 가나안 정착 어느 시점에서 민족지도자로 세워진 인물이고, 그의 행적은 다른 조상들처럼 신화화되고 미화됐다는 것이다.

또 미국 사회학자들은 가나안 천민들이 영주들에게 반란을 일으켜 히브리 족속이 되었다고 본다. 멘덴홀(G. E. Mendenhall)은 어떤 형태로든 출애굽 사건이 있었고, 가나안 농민 혁명의 이데올로기를 제공했다고 주장했다. 반면 노르만 고트발트는 출애굽 사건을 부인했고, 반란에 성공해 평등화된 사회에서 거꾸로 꾸며낸 이야기로 보았다. 21세기 현재는 고트발트의 견해가 고고학적으로 더 지지를 받는 것 같다. 왜냐하면 출애굽 초기 가나안 유적지에서 이스라엘인들이 살았던 흔적인 토기, 농기구 등을 살펴보니 당시 가나안 본토민들이 세웠던 하솔 등의 유물과 다름이 없었다. 즉, 이스라엘인들이 이집트에서 400년 동안 살던 문화적 흔적은 없고, 그들은 가나안인들이나 마찬가지인 것이다.[163]

이스라엘은 여호수아의 주도로 가나안 영토를 얻었다. 그러나 히브리 전승에 의하면 이스라엘이 차지한 곳은 내륙 중부 산악 지대에 불과했다. 전차를 가진 가나안 족속 본토민들이 평지를, 고대 국가 페니키아와 신흥국가 블레셋이 해안평야를 차지하고 있어 정복할 수 없었다. 그리고 내륙 산악 곳곳에도 정복하지 못한 족속들이 부지기수였다.

여호수아 사후 이스라엘의 남쪽 유다 지파와 북쪽 요셉 지파 외에 다른 지파들은 분배받은 영토마저 잃어가고 있었다. 히브리 전승은 이 시기를 이렇게 기록하고 있다.

대로는 비었고, 행인들은 소로로 다녔다.

이런 히브리 전승의 기록은 이스라엘이 아직 정부를 갖춘 나라를 이루지 못했음을 말해주는 것 같다. 그 이유 중 하나는 이집트의 가나안 침공이었을 것이다. 이때 이집트는 가나안 소국들에게 조공을 받고 있었다.[164] 이집트는 그들이 나라를 세우는 것을 방해하고 있었다. 그리고 이집트는 여호수아 당시로 추정되는 중요한 자료를 사료에 남겼다. 람세스 2세의 아들 메르넵타는 '승리의 시'를 남겼다.

> '왕자들(메르넵타가 정복한 성주들)'이 엎드려 평화를 간구했다. 아무도 고개를 드는 자가 없다.
> 리비아는 황폐되었고, 힛타이트는 평정되었다. 가나안은 모든 악을 저질렀기에 약탈당했다. …… 이스라엘은 '황폐해졌고' ……[165]
> — 기원전 1219년, 가나안을 출정했던 메르넵타의 비문. 테베 본인의 무덤 속에 세움. 28행의 시.[166]

그때 히브리인들은 파라오 메르넵타가 보낸 군대의 침공을 받아 큰 피해를 입었을 것이다. 이 또한 히브리인들이 가나안을 빨리 정복하지 못했던 이유였을 것이다.

히브리 전승은 단 며칠 만에 들어갈 수 있는 가나안 영토였으나 '불순종 때문에' 40년이나 걸렸다고 기록한다. 또 신이 경고하기를 이스라엘 백성이 가나안인과 혼례를 치르고 그들의 신을 섬겨 그 저주로 가나안인의 모든 족속을 옆구리의 가시처럼 남겨두었다고 한다. 그러나 실제 이스라엘인이 가나안을 정복하지 못한 이유는 이처럼 난적과 강대국들의 도전이 있었기 때문이다.

사사들

가나안땅 일부를 정복한 이스라엘인들은 여호수아 사망 이후 주변 강국의 침략을 받고 혼란에 빠졌다. 히브리 전승은 그것이 이스라엘 백성이 신 앞에 범죄한 결과고, 그 백성들을 징계하기 위해 야웨가 적들의 세력을 일으켰다고 기록했다. 바벨로니아의 '에르라와 이슘 신화'에서도 이쉬타르 여신이 자신의 도시 우룩을 공격할 적군을 일으킨다. 백성들이 자신을 섬기지 않았기 때문이다.

히브리 전승에 의하면 이스라엘 백성들은 신의 경고에 회개했고, 그때마다 신이 보내준 전쟁 영웅이 나타나 나라를 구원했다. 이들을 '쇼페팀(사사)'[167]이라고 하는데, 역시 신화적인 인물들일 가능성이 많다.[168]

이스라엘 사사들은 신의 영을 받아 초인적 힘을 발휘했다고 하는데, 메소포타미아에서도 왕들이 멜람무(신의 영)를 받으면 큰 힘을 얻는다고 생각했다. 신들의 영은 바람이나 망령(유령)으로 번역할 수 있다. 고대인들은 산 사람에게 망령이 씌우면 그 사람이 어떤 변화를 받는다고 생각했다. 일종의 '귀신들림'이다. 히브리어 원어인 '루으하 엘로힘(신의 영)'에서 '영'은 'ghost'다.[169] 그런데 사람의 망령이 아니라 'Ghost of God(신의 영)'이 씌워 사사들은 초능력을 발휘했다는 표현이다.

신의 영은 신약 시대에 와서 '성령(Holy spirit)'으로 번역된다. 삼위일체 교리상 성스럽게 의역된 것이다. 그러나 이스라엘인들은 기독교가 주장한 또 하나의 신적 인격체인 성령을 부인한다. 그들은 기독교의 삼위일체론을 다신교 교리라고 비판한다. 이스라엘인들에게 신의 영(성령)은 단지 야웨의 입김이나 바람일 뿐이다.[170]

신의 영을 받은 사사 기드온은 항아리와 횃불, 소수의 용사만을 데리고 가나안을 침공한 동방 족속(미디안 베두윈족)과 전투를 벌인다. 이때 신이 적진을 혼란시켜 자기들끼리 서로 싸우게 만들어 승리했다. 고대 근동 문서에 보면 신이 적들을 혼란에 빠뜨려 승리했다는 설화가 많이 남아 있다. 이집트 문헌에도 호루스 신이 적군을 혼란에 빠뜨려 한 명도 남지 않을 때까지 서로 싸우게 만들었다고 기록에 남겼다.

이 전쟁의 사실 여부는 알 길이 없다. 그러나 기드온이 300명의 병사로 쳐부쉈다는 사막 민족인 베두윈 족속 병사 13만 5천 명은 그 당시 존재할 수 없는 규모다. 동시대의 대국인 이집트도 총 병력이 만 명 정도였다. 이 사건은 신화화되었을 가능성이 농후하다.

히브리 전승에 의하면 신의 영을 받은 사사 '입다'는 침략군 암몬으로부터 조국을 구원하기 위해 전쟁터에 나간다. 그는 만일 승리를 주면 내 집 문 앞에 나와 영접하는 자를 야웨께 번제로 드릴 것을 서원한다. 그때 승전가를 부르며 환영하고 나온 자는 외동딸이었다. 입다는 서원을 지키기 위해 딸을 토막 내태우고 야웨의 단에 바쳤다. 그 후 이스라엘 여인들은 해마다 입다의 딸을 위해 나흘 동안 애곡하는 관례를 행했다고 전해진다. 히브리 전승 속 여인들의 애곡은 바벨론 신 담무스가 죽었을 때 여인들이 슬퍼했다는 고대 중동 신화에서 생겨난 풍습인지도 모른다.

입다의 설화와 비슷한 이야기가 또 있다. 입다와 동시대 인물인 그리스 크레테의 왕 이도메누스도 트로이를 약탈하고 돌아와 그를 위협하는 폭풍을 피하고자 서원을 해 결국 아들을 희생의 제물로 바쳤다.

사사 삼손[171]이 가나안 동편에 거주했던 블레셋 족속과 싸운 일화는 더 신화적이다. 히브리 전승에 의하면 삼손은 긴 머리카락에 힘이 들어 있어 초인적인 힘으로 블레셋인들을 물리친다. 고대 셈족은 남자의 힘이 머리카락에서 나온다는 생각을 갖고 있었다. 히브리 전승 율법에도 대머리는 부정한 것이요, 신의 저주에 의한 것이었다. 그런데 삼손은 블레셋 여인의 꾐에 빠져 머리카락을 깎이고 힘을 잃어 적의 조롱거리가 된다. 얼마 후 다시 그의 머리카락이 자라나 삼손은 블레셋 신전을 무너뜨리고, 그 안에 있는 적들을 몰살시켰다.

삼손은 싸울 때 '슈알(여우 또는 자칼)' 300마리를 잡아 꼬리와 꼬리를 매고, 두 꼬리 사이에 횃불을 단 후 블레셋인들을 곡물(블레셋의 다곤 신은 곡물의 신이다)밭으로 몰아 불사른 적이 있다. 또 나귀의 턱뼈를 뽑고 이를 무기 삼아 블레셋인 천 명을 죽였다.

삼손은 괴력을 가진 장발(長髮) 헤라클레스에 해당하는 인물이다. 어떤 학자들은 삼손 설화를 농경사회에서 발생한 신화와 우화로 본다. 삼손의 머리카락은 태양빛, 그 머리카락을 자른 것은 태양빛을 없애버린 '밤(이 단어를 가리키는 히브리어 '라옐라'는 삼손의 머리카락을 자른 삼손의 악한 애인 들릴라와 비슷하다)', 또 여우 꼬리에 불을 붙인 횃불은 농작물을 말려 죽이는 햇빛, 삼손 인생의 좌절과 승리는 식물의 죽음과 소생을 의미한다는 주장도 있다. 민족 의식을 갖고 보면 신이 준 능력을 낭비한 이스라엘 백성들의 모습을 삼손으로 표현한 것인지도 모른다.

히브리 전승 사사들이 참여한 전투는 야웨 신이 명령한 성전(聖戰)이다. 신이 선전포고를 하고, 대장이 되어 싸워준다는 의미이기도 했다. 신의 병사는 병력의 수나 무기의 우열에도 구애받지 않는다. 그 싸움은 승리할 수밖에 없었다.

마지막 사사 사무엘은 석녀였던 한나의 서원 기도에 의해 태어난 아들이다. 내세사상이 희미했던 고대 중동에서는 자식을 통해 그 생명이 이어진다고 믿었다. 우가리트 '케레트 왕의 서사시'에도 후손이 없음을 슬퍼하는 장면이 기록되어 있다. 그 시에서도 자손의 부재를 신의 가장 큰 저주라고 여겼다.

히브리 전승에 의하면 사무엘은 아비 엘가나가 에브라임 지파 영토에 살았다고 전하지만 그가 레위 지파라고 기록했다. 엘가나는 어쩌면 레위인이 아니고 에브라임 지파 사람이었을 것이다. 히브리 전승 역대기에는 그가 레위 지파 사람이라는 족보가 남아있지만, 그 기록은 위대한 예언자가 된 그의 아들 사무엘을 레위인으로 만들기 위한 조작이었을지도 모른다. 역대기 저자가 레위인이어서 다른 전승 속의 모든 성직자를 레위인으로 조작해 기록했다는 설도 있다. 예를 들어 훗날 다윗 시대 때 사독 제사장, 언약궤 관리자 오벳에돔, 신전 성가대원 등이 그렇다(히브리 전승에서 사무엘은 레위 지파, 에브라임 지파, 베냐민 땅 라마 출신 등 여러 모습으로 나타난다. 문서설을 지지하는 학자들은 여러 문서가 합쳐져 이런 설화 형식이 형성되었다고 본다).

역시 블레셋과 싸워 이긴 히브리 전승 속 사무엘의 전쟁 기록을 보면 신화적이다. 사무엘의 기도를 들은 신이 큰 천둥과 번개를 내려 전쟁에서 승리하게 했다고 전해진다(근동 신화에서 번개는 보통 신의 화살로 간주되었다).

고대 중동인들은 신이 하늘에서 내려올 때 번개나 폭풍, 불, 지진 등이 일어난다고 생각했다. 수메르나 아카드, 힛타이트, 우가리트 신화 등에도 이처럼 폭풍우, 구름마차, 번개화살 등을 타고 내려오는 신의 모습이 기록되어 있다. 전쟁의 여신 이쉬타르는 전쟁터에서 화염을 쏟아 붓는다.

사사 때 이스라엘군은 언약궤를 갖고 블레셋과의 전쟁터에 나갔다. 고대인들은 신의 형상, 동물, 화살, 왕 지팡이 같은 토템을 가졌고, 이 토템이 부족을 지켜줄 것이라 믿었다. 고대 페르시아 왕들도 여덟 마리의 백마가 끄는 태양신의 수레를 토템으로 앞장세워 전쟁터에 나갔다. 이스라엘의 토템은 바로 언약궤다. 히브리 전승에 의하면 언약궤는 신이 앉아 있는 궤짝으로 이스라엘이 가나안을 침공할 때 진(陣) 한가운데 있었다. 언약궤는 광야를 방랑하는 동안 안내자였고, 전쟁을 이끄는 주역(主役)이었다.

그런데 이 전투에서 이스라엘군은 언약궤를 빼앗겼고, 블레셋인들은 그 궤를 자신들의 신전으로 가져갔다.[172] 하지만 그들은 오히려 야웨가 내린 전염병에 시달려야 했다.[173] 블레셋군은 언약궤를 이스라엘로 돌려보냈지만, 궤로 인한 재앙은 끊이지 않았다. 벧세메스(예루살렘 서쪽 24km 성읍)에 도착한 언약궤 때문에 그곳 주민 5만 70명이 저주로 죽기도 했다. 그런데 원 사본에는 5만 70명으로 기록되어 있었으나 성경 의역 과정에서 규모는 축소됐다. 고대의 작은 마을에서 그러한 인구는 불가능하기 때문이다. 이는 신화적 기록 때문이든지 아니면 필경사의 오류이든지 둘 중 하나일 것이다. 성경 번역에서 이러한 예는 많다. 예를 들어 이스라엘 초대 왕 사울이 네 살에 왕이 됐다는 기록 등이다(사무엘상 13장 1절 참고). 이때도 마흔 살로 의역했다.

성경 원문은 단 한 줄도 남아 있지 않다. 그 후 수없는 사본이 제작되었는데 다소간 내용이 서로 다를 뿐더러 오류도 많았다.[174] 여기에는 두 가지 견해가 있다. 필경사가 실수해 원문을 왜곡시켰다는 것이다. 반대로 원문은 오류 투성이었지만 오히려 필경사들이 수없이 베끼는 과정에서 이를 바로잡아 편집해 오류가 적다는 것이다.

히브리 전승에 의하면 사무엘은 초대왕 사울과 내내 반목했다. 그러나 사무엘이 죽자 그의 힘이 아쉬웠던 사울은 그의 영혼을 만나기 위해 무당을 찾아간다. 그리고 지하에서 사무엘의 영혼을 불러낸다. 이때 사무엘이 땅 속에서 나타나 사울의 미래를 알려주었다고 한다.[175]

수메르 신화에서도 우르크 제국의 왕 길가메쉬가 땅에 있는 큰 구멍 뚜껑을 열자 죽은 자의 영인 엔키두가 솟아오른다. 그리고 지하세계의 존재들에 대해 말해주는 장면이 나온다. 힛타이트 제의(祭儀) 본문에서도 구멍 속에 음식과 은제품을 넣어 그 속에서 올라오는 신의 이야기를 듣기 위해 기다리는 인간의 모습이 묘사되어 있다.

사무엘은 장로들의 압박을 받고 신정정치(神政政治)를 끝낸 뒤 왕정정치(王政政治)를 연 인물이다. 히브리 전승은 이 사실을 부정적으로 다루고 있다. 이스라엘에서 왕은 인간이 아니라 야웨였기 때문이다. 이러한 인식은 이스라엘 주변의 셈족들도 마찬가지여서 그들은 신을 '밀곰(왕. 암몬 신의 이름)' 등으로 부르고 있었다. 원래 신을 왕으로 호칭한 곳은 바벨론이 먼저다. 바벨론의 국가 신 마르둑은 혼돈의 바다에서 승리를 거두고 자연 및 인류를 창조했다고 한다. 그래서 바벨론은 봄마다 그 신을 환호하며 왕으로 호칭했다. 이러한 관념은 시리아의 바알 신화와 숭배 의식에도 나타나며 이스라엘도 그 영향을 받아 '멜렉 예호바(야웨께서 왕이 되셨다)'로 찬양하는 등 야웨를 왕으로 호칭하기 시작했다.

그러나 동기가 어떠하더라도 이스라엘이 인간 왕을 세운 것은 역사의 필연이었을 것이다. 히브리 족속은 이미 유랑을 끝내고 반유목민으로 정착했으며, 씨족 및 부족의 권위는 붕괴되었다.

왕권이 요구된 가장 결정적이었던 자극은 절망적인 정치적 상황으로부터 나왔다. 사무엘 시대에 히브리 민족은 블레셋족과 대면할 수밖에 없었는데 고도의 전투력을 가진 그들에게 순종할 것인가, 도망할 것인가 하는 두 가지 선택만이 있었다. 또 암몬족의 공격, 아말렉 족속 같은 호전적인 유목민족과의 대결 속에서 그들은 계속 신음하고 있었다. 느슨한 열두 지파의 동맹만으로는 그 난관을 헤쳐가기가 어려웠을 것이다.[176]

역사 시대

사울

40년을 왕정정치로 통치했던 이스라엘의 초대왕 사울은 누구였을까? 사울의 기록은 히브리 전승에만 나와 있다. 그러나 이 기록 또한 기독교의 전통 해석대로 사무엘이 썼든 훗날 누가 썼든, 사울과는 반대되는 지파 누군가의 기록이다.

이스라엘도 비로소 신화의 시대가 가고 기록을 남기는 역사의 시대로 접어들게 된다. 청동기에 머물던 씨족, 족장 시대와 혼돈의 영웅 활거 시대인 '부족장 시대(히브리 전승에는 사사시대)'도 지나갔다.

사무엘은 사울의 머리 위에 기름을 붓고 그를 왕으로 삼았다. 기름부음은 고대 중동의 풍습이다. 이집트인과 힛타이트 족속은 기름부음이 저승의 신들로부터 보호해 준다고 믿었다. 이집트 제사장은 취임할 때 특별한 의복을 입고 기름부음 의식을 행했다(기원전 14세기 아마르나 문서에도 시리아 누하셰 왕에게 파라오가 기름을 부었다는 기록이 있다). 아라비아 유목민들도 족장을 임명할 때 머리를 쓰다듬으며 기름부음을 하는 풍습이 있다.

이스라엘의 초대왕 사울과 다윗 시대의 이야기는 비교적 신빙성을 갖고 있다. 기원전 9세기경 이스라엘 왕조에서도 궁중 서기관들에 의해 역사가 기록되기 시작한다. 히브리 전승에서도 신화화는 서서히 사라진다.

고대 중동의 역사나 히브리 전승뿐만 아니라 우리나라 역사도 이 과정을 거쳤다. 고려시대『삼국유사』에만 해도 단군신화 등의 전승이 환상적으로 펼쳐진다. 그러나 조선시대『조선왕조실록』등의 저술에 이르면 신화는 거의 사라진다.

이스라엘의 초대왕 사울의 기록은 숙적이었던 다윗의 역사 변두리에 있다. 그는 항상 다윗의 그늘 아래 있었다. 그러나 우리 손에 남아 있는 사울의 왕조 기록 '이스라엘 역사(히브리 경전인 사무엘서, 열왕기서, 역대기서 등)'를 쓴 저자는 그 시대 인물들이 아니다. 그들 역시 사건 후 700년 뒤의 서기관이나 사제들이다. 이들은 조상으로부터 들은 애기와 전해져오는 소소한 단편을 편집해 사울의 역사를 썼다. 또 집필 동기도 야웨 신을 찬양하기 위해, 또는 일방적으로 다윗 왕조를 칭송하기 위한 것이었다. 따라서 독자인 우리들은 그 당시를 상상하고 추리할 수밖에 없다.[177]

히브리 전승에 의하면 사사요, 예언자요, 제사장인 사무엘은 농사꾼 사울을 왕으로 지명해 왕좌에 앉혔지만 결국 그와 결별해 원수 사이가 된다. 사울이 사무엘에게 버림을 받은 이유는 그가 사제권을 침범해 제사를 집전했기 때문이다.[178] 그러나 사건의 본질은 세속권과 사제권의 세력 충돌이었을 것이다. 사무엘의 신본주의와 사울의 왕권주의가 갈등했을 것이다.

세속의 통치자와 사제와의 충돌은 수메르 시대부터 현재 사우디아라비아, 예멘, 이란 등 중동 정치에까지 이어져오고 있다. 1077년 이탈리아 카노사에서 교황 그레고리 7세에게 파문당한 신성 로마제국 황제 하인리히 4세가 그 앞에 무릎을 꿇기도 했다. 반면 1534년 영국의 왕 헨리 8세는 자신이 '영국 교회의 수장'이라는 칙령을 발표했다. 그는 여기에 반대한 저술가 토마스 모어를 살해하기도 했다.

히브리 전승 속에서 사울은 공을 많이 세운 다윗을 시기해 살해하려고 한다. 사울은 언제나 가해자고, 다윗은 피해자였다. 다윗의 덕을 칭송하는 최고의 사건은 그가 억울하게 쫓기면서도 원수 사울 왕을 살려줬다는 기록이다.[179] 그러나 이 전승 역시 다윗 왕조의 후예들이 기록한 글이라 그 사연이 많이 왜곡됐을 것이다. 히브리 전승에는 동굴과 천막에서 다윗이 두 번 사울을 살려준 것으로 기록되어 있다. 두 기록은 상황과 대사 등이 비슷하다. 한 설화가 두 사건으로 따로 기록되었는지도 모른다.

신정정치를 펼치려는 사무엘과의 갈등 속에 왕정정치를 추구했던 사울은 쇠퇴의 길을 걸었다. 결국 그는 히브리경전 속에서 악인으로 남는다. 고대사에 흔히 있던 종교 권력에 패배한 세속인의 말로다.

히브리 전승에서 사제권과 세속권의 충돌은 여러 번 일어난다. 모세 때부터 사울, 아사, 요아스, 웃시야 왕 등은 사제들과 대결해 신에게 버림을 받는다. 그런데 언제나 사제들이 옳았고, 세속 왕들은 그릇된 것으로 묘사된다. 기록한 자들이 사제들이었기 때문이다.

다윗

역사는 언제나 승자에 의해 쓰이고, 산 자에 의해 전달된다는 문제를 안고 있다. 그렇게 잘못 쓰인 역사는 얼마나 많을까? 역사에는 민족과 나라뿐 아니라 개개인의 역사도 있다. 그러나 이 또한 누군가 그를 알고 있는 자가 자신의 상관관계로 얽힌 느낌을 가지고 썼다면, 마찬가지로 주관적 오류의 가능성을 배제할 수 없다. 그러기에 완전한 역사는 존재하지 않는다고 보아야 할 것이다. 다윗의 역사 역시 이 연장선 상에 있다.

다윗 왕 때 히브리 전승 자료가 되는 일부분이 쓰였다면 그것이 왕의 비문이든 연대기이든 왕실의 후원을 받아 쓴 문헌들이다. 역사가가 객관적인 관심사를 가지고 쓴 것이 아니라 왕을 만족시키기 위한 것이다. 즉 왕과 왕조를 선전하기 위해 쓴 것이다. 그래서 사실에서 동떨어질 때가 많았을 것이다.

다윗의 행적을 알 수 있는 자료는 히브리 전승 사무엘서와 열왕기, 역대기 등이다.[180] 그런데 이 역시 소소한 부분들은 다윗과 아들 솔로몬 때 쓰였을지 모르나 전체를 편집해 완성한 시기는 그의 사후 기원전 400년경 바벨론 포로 이후다. 이 시기는 포로로 잡혀 온 이스라엘의 엘리트들이 과거를 그리워하며 왕정 복귀를 꿈꾸던 때다. 성서의 저자들은 과거 가나안을 지배했던 다윗 왕조를 높이지 않을 수 없었다.

'사랑스러움'을 뜻하고 있는 '다윗'이라는 이름은 아모리인이 메소포타미아 중부에 건설한 마리 왕국의 베냐민 지파 추장 '다위둠'에서 본뜬 것이라고 주장되기도 한다.

다윗의 조상 족보는 히브리 전승 룻기에 최초 기록되어 있다. 이 기록을 보면 다윗은 왕이 나올 것이라고 예언된 유다 지파[181] 가문의 후예다. 조상 중에는 아브라함에서부터 시작해 가나안 침공에 공이 많은 염탐꾼 살몬, 효부로 소문난 룻 등이 있다. 그러나 룻기는 사사시대를 배경으로 삼았을 뿐, 사사시대 이래로 500년이 지난 바벨론 포로 이후 저술되었다고 본다. 그렇다면 룻기에 기록된 다윗 가문은 훗날 조작되었을 가능성이 있다.[182]

히브리 전승에는 다윗의 아비인 이새의 아들이 7명이라고 기록된 곳도 있고, 8명이라고 기록된 곳도 있다. 구약성서가 여러 명이 쓴 합성문서이기 때문인지, 필사본의 오기 때문인지는 알 수 없다.

히브리 전승 속의 다윗은 소년 시절 궁중 악사로 사울의 궁에 들어가 수금을 탄다. 그는 아낙[183] 자손인 블레셋의 거인 장수 골리앗과 맞서 승리하고 출세가도에 오른 인물이다. 그런데 이 싸움부터 실제 역사적 사건인가를 의심하게 하는 여러 부분들이 있다.

특히 수를 과장해 표현하는 히브리 전승에 의하면 골리앗은 신장이 여섯 '아마(규빗, 바벨론과 이집트, 히브리 사람들 사이에서 사용된 길이 단위. 팔꿈치에서 중지까지의 길이로 약 41~46cm)'이니 약 3m에 해당한다. 입은 갑옷의 무게만도 오천 세겔(57kg)이었다고 전한다. 그를 죽인 다윗의 영웅담을 미화시키기 위해 많이 과장된 것이다.[184]

기원전 13세기 이집트 파피루스 아나스타시 문서에서 보면 약 2m에 달하는 무시무시한 가나안의 전사들에 대한 묘사가 있다. 골리앗의 신장에 대한 기록처럼 장수를 과장시킨 것은 고대 신화 기록의 전형적 특징이다. 조선시대 모하당 문집에도 일본에서 귀화한 왜장 사가야를 기록하기를 '신장이 아홉 척이요, 힘은 능히 사오백근을 들었다'고 했다. 1척은 30.3cm이니 2.7m가 넘는다는 얘기다.

히브리 전승에는 다윗의 신하인 엘하난이 골리앗을 죽인 것으로 기록되어 있다(사무엘하 21장 19절 참조). 그런데 현대 의역주의자들은 '골리앗'이란 말 뒤에 원문에 없는 골리앗의 아우 '라흐미'라는 말을 첨가했다. 골리앗을 죽인 장면을 세세히 묘사한 다른 히브리 전승 사무엘서 전기와 모순되기 때문에 부득불 그 이름을 첨가한 것이다. 열왕기를 참고해 다윗 왕조를 칭송하는 시각으로 기술한 또 다른 히브리 전승 역대기는 엘하난이 죽인 자는 골리앗이 아니라 그의 아우 '라흐미'라고 기록하고 있다(역대상 20장 5절 참조). 이것은 다윗의 골리앗 전승이 미화되었을 가능성을 시사하는 것이기도 하다.

엘하난이 일종의 왕의 명칭으로 다윗과 동일 인물이라는 설도 있지만, 다윗과 동향이었던 엘하난의 활약이 히브리 전승 다른 부분에도 나온 것을 보면 왕의 다른 명칭은 아닌 듯 하다. 또 엘하난이 죽인 골리앗이 다른 골리앗이라는 설도 있으나 그 구절의 설명에 있어 다윗이 죽인 골리앗이 가지고 있던 창 묘사까지 일치하는 것을 보면 다소 억지스럽다. 두 사건 모두에서 골리앗의 창자루가 베틀 채 같다는 표현 등의 묘사가 동일하다.

히브리 전승에는 다윗이 골리앗을 물리치고 돌아오자 사울이 자기 곁에서 수금을 탔던 그를 알아보지 못한 것으로 나와 있다. 사울은 그때 "저 소년이 누구냐?"고 물었다(사무엘상 17장 55절). 어떤 이들은 사무엘서가 한 작가에 의한 것이 아니고, 여러 명의 저자가 쓴 야사들이 합해진 작품이기 때문에 그럴 것으로 추정한다. 이렇게 내용이 모순된 경우는 창세기부터 많이 등장한다. 그래서 '문서설(여러 작가가 여러 시대에 걸쳐 쓴 것을 후세대에 집대성했다는 성경 작성 이론)'이라는 가설이 나온 것이다.

또 히브리 전승은 이 장면에서 다윗이 골리앗의 머리를 전리품으로 예루살렘에 가져갔다고 기록했다. 당시 예루살렘은 가나안 여부스 족속이 지배하던 땅이었다. 다윗은 훗날 왕이 된 후 예루살렘을 빼앗아 수도로 삼았다. 사무엘서가 후대의 기록이었기에 이런 오류를 범한 것이다.

그 후 다윗은 사울 밑에서 큰 공을 세웠으며, 사울의 경쟁자

155

가 된다. 다윗은 오랫동안 사울과의 치열한 권력다툼을 지속했다. 그 다툼은 예언자, 제사장들과 대적관계였던 사울과는 달리 종교 세력을 권력쟁취에 이용할 줄 알았던 다윗의 승리로 끝난다. 히브리 전승에는 유다 지파에서 왕이 날 것이라고 예언되어 있어 그 지파 출신인 다윗에게 야웨 종교는 큰 권력의 기반이었다.

그런데 왕이 된 다윗이 이집트에서 유일신 혁명을 일으킨 파라오 '아켄아톤(아톤 신을 모시는 사람)'의 영향을 받았다는 증거가 있다. 모세보다 한 세대 앞섰던 아켄아톤은 구 종교도시 테베에서 신 종교도시 아마르나[185]로 도읍을 옮기고, 신진 인재들을 등용했으며 다신론에 빠져있던 이집트에 '아톤'이라는 유일신을 소개한 자다. 아켄아톤은 이 혁명을 통해 왕조를 굳건히 했다. 다윗이 지은 시편을 보면 아켄아톤의 태양신 찬미와 아주 흡사하다.

> 태양은 아름답게도 빛난다. …… 태양이 서쪽 수평선으로 넘어가면 땅은 죽음처럼 어두워진다. 사자가 굴속에서 기어나오고 …….
>
> – 아켄아톤의 태양신 찬미 중에서

> 주께서 빛을 입으시고 …… 흑암을 만들어 밤이 되게 하시며, 사자가 부르짖으면 짐승이 기어나온다. …….
>
> – 다윗이 지었다는 히브리 전승 시편 104편 중에서

다윗이 채택한 정책 또한 아켄아톤의 정책과 흡사하다. 다윗은 구 종교도시 헤브론에서 신 종교도시 예루살렘으로 도읍을 옮겼다. 또 대제사장 아비아달과 국방장관 요압 등 구세력을 몰아내고 대제사장 사독,[186] 궁중 예언자 나단, 용병 장군 브나야 같은 신진세력들을 등용한다. 그리고 히브리 전승을 기록해 유일신 야웨를 부각시켰다. 다윗 역시 이 혁명을 통해 왕조를 창성케 했다.

어느 시대 어느 나라든 사제들은 역사 속에서 적지 않은 역할을 했다. 고대 사회일수록 그들의 영향은 더 컸다. 제정일치 사회였기 때문이다. 사제들 중심에 예언자가 있었다. 메소포타미아, 시리아, 아나톨리아에서 나온 문헌에는 수많은 예언의 말이 실려 있는데, 이 문헌들 중 가장 유명한 것은 '마리(기원전 18세기)'에서 발견된 약 50개의 문헌으로 여기에는 남, 여 예언자의 보고가 담겨 있다. 이 예언자들은 대부분 신으로부터 메시지를 받았다고 주장한다. 그 내용은 신이 왕을 택했다는 점지, 왕에 대항하는 음모에 대한 경고, 신전을 짓거나 제사에 쓸 제물을 제공하라는 신의 권고, 군사적 승리에 대한 확언 등이었다. 이스라엘에서 활동했던 예언자들 역시 이들과 유형이 같다.

히브리 전승에 의하면 다윗은 궁중 예언자 나단을 통해 신의 계시를 받는다. 다윗은 신의 택함을 받아 신의 장자가 된다.[187] 자손들 또한 죄를 범해도 신이 나라를 지켜준다는 약속이었다. 신이 다윗 왕조를 등불[188]처럼 끄지 않는다는 약속이었다. 다윗 왕국은 나단 예언자의 선포에 의하면 '신과 함께 영원히 존재하는 나라'의 의미를 지니게 된다. 이스라엘은 절대 멸망하지 않을 것이라는 얘기다.

나단이 보았다는 이 꿈 신탁은 훗날 다윗 후예에서 반드시 왕이 나와야 한다는 당위성을 주었다. 이 말을 믿고 후대에는 어떤 실정이 있어도 다윗의 후예들이 왕위를 이어갔다.[189]

다윗은 이스라엘에서 최초로 자식에게 왕권을 물려준 군주다. 수메르 왕조에서는 기원전 2700년경에 이르러서야 최초로 왕권이 세습되었고, 히브리 왕조에서는 기원전 1000년경부터 세습되기 시작했다.

수메르 시대 때부터 왕국은 권력을 유지하기 위해 백성들로부터 세금을 받고 부역을 착취했다. 왕과 함께 부귀를 누리던 심복들은 오랫동안 특권을 지키고 싶어 했다. 또 다른 세력이 반란을 일으킬까 두려워하기도 했다. 그래서 자신들이 누리는 권력을 유일한 힘으로 만들고 합법화 시키고자 했다.

이를 위해 수메르 귀족들은 종교를 끌어들인다. 이때 왕은 '신의 아들, 신의 대리자'가 되어버린다. 그래서 왕권은 '신으로부터 권한을 위임받은 신성한 직위'라고 주장하게 된다. 제왕들은 수메르의 신인 닙푸르, 엔릴의 부름을 받은 자들로 여겨졌고, 국가는 신의 이름으로 통치·통제됐다. 토지는 신의 영지였고, 주민들은 신의 일꾼이었다. 반면 왕은 신의 영지 관리자였다.[190] 다윗 왕조 역시 이 길을 걸었다.

이스라엘 남왕국이 멸망할 때까지 20명의 왕들은 모두 다윗의 후예들이었다. 반면 신이 왕을 택했다는 이데올로기 정통성이 없었던 북왕국에는 19명의 왕이 있었지만, 수없이 왕조가 바뀐다.

이집트나 메소포타미아의 왕들 역시 신으로부터 '신의 아들'이라는 신탁을 받았다고 주장했다. 그들은 여러 신화를 만들기도 했다. 아카드 왕 사르곤도 신의 아들이어서 여신 에아가 젖을 먹여 주었다. 함무라비도 아눔 신과 엔릴 신이 자신을 왕으로 택했다고 법전에 기록했다. 다른 중동의 왕들도 신의 아들이 되었으므로 신성 불가침적 권력을 누렸다. 마케도니아 알렉산더 대왕도 이집트를 정복한 후 그곳 아몬 레 신전에서 '신의 아들'이라는 신탁을 받았다. 고조선을 세운 단군('제사장'을 뜻하는 말)의 아버지도 하늘을 다스리는 환인의 아들 환웅이다. 동학을 세운 수운 역시 저서 『수운행록』을 통해 하늘에서 '너는 내 아들이다. 나를 아버지라고 불러라'하는 음성을 들었다고 한다.

나단은 또 다윗이 신전 건축을 계획했지만 자식(솔로몬)에 의해 신전 건축이 완성된다는 계시를 받았다고 했는데, 이와 비슷한 근동 신화도 있다. 신 바벨론 제국 황태후 아바드 구피가 신(神)에게 받은 꿈 얘기를 하는데, 그녀의 아들이 하르난 성에서 신전을 건축할 것이라고 말했다고 한다. 또 기원전 2000년 경 아카드 시대 우르 3왕조 때 우르 남무 왕이 건축하기 시작해 아들 슐기 왕이 완성한 난나 신전의 경우도 이와 같다. 그때도 난나 신이 신전 건축 신탁을 내렸다고 비석에 새겨 놓았다.

다윗 때 인구조사를 했는데 병기를 잡을 만한 장년의 수가 130만 명이었다. 무척 과장된 수치다. 히브리 전승 간에도 사무엘하 24장 9절과 역대기상 21장 5절의 기록이 다르다. 역대기에는 북쪽 이스라엘 젊은이가 110만 명이요, 남쪽 유다 젊은이가 47만 명이라고 기록되어 있다. 필사본의 오기라기보다는 다윗 왕국의 군사력을 과장시키려는 전승 작가의 의도였던 것 같다. 특히 군사의 수를 과장하는 기록은 히브리 전승뿐 아니라 고대 역사에서 흔한 일이다. 다윗보다 2세기 후 기원전 9세기와 8세기 근동의 초강대국 앗시리아 기록에 보면 앗시리아 군의 총규모는 살만에셀 3세가 이끄는 4만 5천 명에서 산헤립 때 20만 명으로 증강되었다.

보수적으로 보더라도 이스라엘의 총인구를 다윗 당시 60만 명, 솔로몬 당시 75만 명으로 본다. 발굴된 가구 수를 고려할 때 당시 예루살렘 인구가 몇 천밖에 안 된다는 고고학적 증거도 있다.[191]

이때 야웨는 인구조사를 노엽게 여겨 죽음의 천사를 보내 예루살렘 백성을 치게 했다. 메소포타미아에도 '지하의 여신'으로 에레쉬키갈 여왕이 있었고, 그녀의 아들이자 죽음의 소식을 전해주는 천사 남타르가 있었다. 남타르는 한 손에 사람의 머리털을 붙잡고 또 한 손에는 칼을 붙잡고 있는 형상을 하고 있다.

다윗의 아들 압살롬의 머리카락은 치렁치렁했는데 무게가 무려 '200세겔(약 2.3kg)'이었다고 한다. 만일 히브리 전승을 문자대로 해석한다면 그는 보따리만한 머리카락을 지고 다녔을 것이다. 히브리 전승의 다른 부분들처럼 과장됐다는 얘기다.

다윗은 이집트 국경에서 유프라테스 강 근처에 이르기까지

명실상부한 가나안의 주인으로 군림한다. 이스라엘 역사상 약속의 땅 전역을 통치한 왕은 다윗과 그의 아들 솔로몬뿐이다.

히브리 전승에 의하면 다윗은 신의 은총을 힘입어 가나안을 정복했다고 기록했다. 그런데 그 당시 근동은 다윗이 정복할 수 있는 최적의 역사적 현실을 맞이하고 있었다. 이집트 21왕조(기원전 1090년경)는 남쪽 종교도시 테베의 사제들과 나일강 삼각주에 있는 귀족들에게 권력을 내주었고, 파라오들은 실권이 없는 왕들이었다. 이들 두 세력이 서로 경쟁하며 분열을 일으키고 있었고, 파라오의 권위를 누르고 있었다.

메소포타미아도 북쪽 산악 민족에게 침공을 받아 강력한 세력이 대두되지 않을 때였다. 앗시리아도 침입하는 시리아 유목민들을 제압하지 못하고 허약하기 그지없었다. 소아시아에서도 2세기 전의 힛타이트 제국과 비교할 만한 강대국이 없었던 때다.

현대 신학에서 지지받는 학설에 의하면 기원전 9세기경 다윗 왕조 이후 비로소 히브리 전승(창세기를 비롯한 초기 전승 일부)이 쓰여 문서화되기 시작한다. 이 책의 내용은 창세기 에덴 설화에서부터 아브라함, 이삭, 야곱 등 족장의 시대, 다시 모세의 오경 일부 민수기까지 이른다. 아브라함이 받았다는 계시도 다윗 때 쓰였다는 것이다. 즉, 가나안 땅을 주겠다는 아브라함이 받은 계시가 있어 가나안을 정복하는 것이 아니라 다윗 때 가나안을 정복하고, 조상 아브라함이 받은 계시라고 히브리 전승에 꾸며 기록했다는 것이다. 가나안 정복이 신의 뜻이라는 당위성을 갖게 하기 위해서다.

문서설을 지지하는 신학자들의 생각처럼 다윗 때나 그의 후예들인 서기관들에 의해 창세기 등 초기 히브리 전승이 편집되기 시작했다면, 책 안에 있는 내용 중 유다 지파가 왕위를 계승해야 한다는 당위성도 조작된 것인지 모른다.

고대 왕조는 지배 이데올로기의 방편으로 역사를 이용했다. 우리나라의 경우 『삼국사기』 『고려사』 『동국통감』 등은 왕조의 정체성을 말해주는 역사책이다. 이 책들은 왕조에 의해 발행되었음을 유의해야 한다. 히브리 전승 역시 사무엘서, 열왕기, 역대기에서 보여주는 왕 중심의 역사는 지배층들을 위한 왕조사관이다. 그러한 역사들은 '신이 택한 왕조'라는 점을 강조하고 있다.

현대 신학에서는 히브리 전승이 전하는 다윗의 실존 여부에 대해 논란이 있다. 바르코 할폰 같은 대부분의 보수 신학자들은 성서의 내용이 상세한 것을 보면 다윗은 실존 인물이었을 것이라고 주장한다. 그러나 요세프 발텔 교수가 이끄는 히브리대학과 핑겔 스타인 교수가 이끄는 텔아비브 대학에서 최근까지 시도한 유물 발견 증거로는 다윗 왕의 실존 여부를 의심하게 했다.

성서는 다윗의 예루살렘 함락과 가나안 전체를 지배하는 엄청난 전과를 소개하고 있지만, 그의 공로가 실증적 유물로는 남아있지 않다. 1973년 비로소 석비에서 다윗의 이름이 발견되었다. '위대한 혈통 다윗의 후예 아하스 왕'이라는 문구였다.

이렇게 그의 이름은 사후 200년이 지난 후 남쪽 유다 왕국 아하스 왕 때 처음 등장하는데 이 시기는 다윗이 신화화 될 수 있는 기간이 지난 후였다.

그 후 1993년, 1994년 이스라엘 단에서 발견된 고대 시리아의 비문 중에 다윗의 이름이 나타난다. 시리아의 왕 하사엘이 이스라엘 왕 요람과 유다 왕 아하시야를 죽였다는 기록인데, 그 내용 중 '다윗 왕조'란 말이 들어 있다. 역시 다윗 사후 수백 년이 흐른 뒤의 기록이다.

무엇보다 성서가 말하는 다윗 왕의 존재를 의심하게 만드는 것은 그가 지었다는 예루살렘 왕궁의 흔적이 없다는 것이다. 성 안에서 발견된 소소한 도기들도 그가 살았던 기원전 10세기경이 아니라 9세기경의 유물이었다. 9세기 때 북이스라엘의 왕이었던 오므리의 이름이 들어간 비문(앗시리아 왕 산헤립의 비문), 그가 건축한 사마리아 성과 므깃도의 거대한 마굿간, 아들 아합 왕의 궁192) 흔적 등 당시의 유물로 세세히 나타난 반면, 위대한 인물이었던 다윗의 흔적은 없는 것이다. 현대 신학자들은 다윗이 왕이긴 했지만 성경이 묘사하는 그런 영웅은 아니었을 것이라고 추측하고 있다.

다윗은 유다 지파가 세운 이스라엘 왕조의 태조다. 히브리 전승은 유다 지파가 저술했고, 내용도 그들이 주인공이다. 다윗이 미화될 수밖에 없는 상황이었다.

히브리 전승 시편 대부분도 다윗의 시로 알려져 있다. 다윗이 수금과 시가에 능했던 것은 사실이었던 것 같다. 그러나 형식이나 내용을 살펴보면 그의 시가 아닌 것도 많은 것 같다. 아마 당시 궁중 시인들의 시가나 후대의 시가도 많이 포함됐을 것이다. 고대에는 다른 사람의 이름을 도용해 기록한 작품들이 많다. 히브리 전승 속 모세의 시, 솔로몬의 시라고 알려진 시편의 다른 시가들도 마찬가지다.

히브리 전승 중에서 가장 먼저 제작·전달된 것은 오경이나 예언서가 아니라 이 시가(시편의 노래들)였을 것이다. 원시시대에서 시는 가장 오래된 문학 장르이고, 말과 글로 전승되기 좋은 문체였기 때문이다.

솔로몬

다윗은 아들 솔로몬에게 왕위를 세습했다. 히브리 전승에 의하면 다윗은 솔로몬에게 가나안 대부분의 영토와 그것을 지킬 수 있는 군사력도 함께 주었다. 솔로몬은 북쪽 유프라테스 강에서부터 서쪽으로는 블레셋 사람의 땅에 이르기까지, 남쪽으로는 이집트 국경, 동쪽으로는 아라비아 국경까지 조공을 받으며 차지할 수 있었다.

히브리 전승에 의하면 예언자 나단이 기도 중에 야웨가 솔로몬[193]을 미래의 왕으로 택했다는 신탁을 받았다고 한다. 고대 수메르 시대부터 주로 왕은 신이 점지한다는 설화로 전해진다. 고대 이집트 여왕 핫셉슈트까지 왕들은 이런 신화를 만들어 자신들의 왕권을 지키기도 했다.

히브리 전승에 의하면 솔로몬은 다윗이 범한 유부녀의 아들로 태어나 의붓 형제인 왕자들을 물리치고 왕이 되었다. 아마 그가 왕권을 잡기까지의 역사적 사실 속에는 권모술수 등 수없는 궁중 비사가 있었을 것이다.

히브리 전승에 의하면 솔로몬이 가축 천 마리를 신전에 바쳐 제사를 드렸을 때, 신이 꿈에 나타나 그의 머릿속을 열고 지혜를 부어주었다고 한다. 그래서 솔로몬은 나라를 잘 다스렸고 젊은 시절 아가, 중년에 잠언, 말년에 전도서 등 히브리 전승 지혜서와 시가들을 지었다고 주장한다. 하지만 솔로몬은 젊은 시절부터 우상숭배와 여색에 빠지는 등 말년까지 책의 내용과는 전혀 다른 인생을 산 사람이다. 그의 어리석음은 백성들을 도탄에 빠뜨렸고 나라를 분열시켰다.

이집트 파라오 투트모스 4세(기원전 15세기), 힛타이트 왕 하투실리스(기원전 13세기), 바벨론 왕 나보니두스(기원전 6세기) 등도 꿈을 통해 신으로부터 왕권과 과업을 비준 받았다. 고대 그리스인들도 신탁을 받기 위해서는 신전을 찾았다. 그들은 아폴론 신전에서 신탁을 받았는데 이를 '델포이 신탁'이라 불렀다. 또 고대 근동의 왕들은 신이 지혜를 준다고 믿었다. 앗시리아의 왕 앗슈르바니팔도 자신의 높은 지혜를 태양신 쉐마쉬와 폭풍의 신 하닷의 은덕으로 돌렸다. 그가 발휘한 지혜는 신전 재건, 관개 사업, 제의 의식 수행이다. 솔로몬의 업적과 비슷하다.

꿈속에서 신을 통해 얻었다는 솔로몬의 지혜는 어린 시절 궁전에서 자라며 뛰어난 선생들로부터 배운 지식이 바탕이 되었을 것이다. 솔로몬의 성장 배경을 보면 그는 다윗의 전성기 시절 궁중에 있었고, 그 안에서 학자들에게 교육을 받은 자다. 솔로몬이 교육을 받은 다윗 궁에도 이집트와 메소포타미아 가나안 등 중동의 지혜서들이 많이 있었을 것이다.[194] 솔로몬이 지혜로운 왕이 되는 데 이 책들이 도움이 되지 않았을까?

솔로몬은 지혜로웠고, 그 이름이 중동과 에디오피아 신화에까지 퍼졌다고 하지만 그 지혜는 학습된 것이고, 알려진 이름은 다윗 때 물려받은 강한 이스라엘 국력의 모습일 것이다.

솔로몬의 이름으로 발표된 히브리 전승 아가('노래 중의 노래'라는 뜻)는 누구의 저작인지 불확실하나 이스라엘 궁중 혼례 중 연극이나 가극으로 사용된 것 같다. 솔로몬 저작설은 현대 신학자들로부터 전혀 지지를 받고 있지 못한다. 바벨론 포로 시절의 언어들이 사용되었기 때문이다. 구전으로 떠돌던 상류층의 연가가 솔로몬 사후 기원전 500년경 편집된 것 같다.

아가 같은 연가 형식의 종교 서적은 고대 메소포타미아에서도 나타난다. 기원전 3000년경 '두무지에 관한 수메르 신화 문학'에서도 찾아볼 수 있다.[195] 또 이집트 19왕조와 20왕조(기원전 1300~1150년)에서 축제 때 연주했던 노래의 형식이다.

또 신학자들은 솔로몬의 이름으로 발표된 잠언이 그의 시대가 아니라 수백 년이 지난 알렉산드로스 대왕 때 집필된 것으로 본다. 이웃 나라 이집트는 마아트(진리)를 숭상했고, 여러 지혜서들을 남겼는데 잠언의 내용과 매우 유사하다.

이스라엘인들이 책 서두에 누구의 책이라고 말하는 것은 그가 썼다는 것이 아니라 그에게 바치는 증정물이라는 뜻이다. 모세의 오경, 솔로몬의 전도서와 잠언, 아가 등이 이런 유형에 속한다.

허무주의를 노래한 히브리 전승 전도서 역시 솔로몬의 이름을 도용해 이 시기에 집필된 것으로 본다. 전도서는 비관적인 문학으로 알려진 아카드의 설화 '비관주의자의 대화', 이집트의 설화인 '하프 연주자의 노래' '어떤 사람과 그의 영혼의 논쟁'과 허무주의 사상을 같이한다.

신앙과 인간의 전통 지혜가 합해진 잠언을 보면 '아멘 엠 오펫 지혜'[196], '오노마스티콘'[197]과 아주 많이 닮아 있다. 아멘 엠 오펫와 솔로몬의 잠언 내용을 비교해보자.

경작지의 경계에 있는 지계석을 옮기지 말라. 척량줄의 위치를 침범하지 말라. 땅을 잰 후에 탐하지 말라. 과부의 재산을 빼앗지 말라.

　　　　　　　　　　　　　 - 아멘 엠 오펫의 교훈서에서 인용

네 선조가 세운 옛 지계석을 옮기지 말라. …… 옛 지계석을 옮기지 말며, 고아들의 밭을 침범하지 말지어다.

　　　　　　　　　　　　　 - 잠언 22장 18절, 23장 10절 인용

또 다른 근동 지혜서와의 유사점은 이렇다.

아이를 훈계하지 아니하려고 하지 말라. 채찍으로 그를 때
릴지라도 죽지 아니하리라. 네가 그를 채찍으로 때리면 그의
영혼을 지옥에서 구원하리라.

- 잠언 23장 13~14절 인용

네 아들에게서 매를 거두지 말라. 그렇지 않으면 그를 구원
할 수 없다. 내 아들아, 내가 너를 때리더라도 너는 죽지 않겠
지만, 내가 만일 네 마음대로 하게 내버려두면 너는 살지 못
할 것이다.

- 아히카르의 아람어 잠언 인용

술 취하고 음식을 탐하는 자는 가난하여질 것이요, 잠자기
를 좋아하는 자는 헤어진 옷을 입을 것이다.

- 잠언 23장 21절 인용

가난과 친구가 되지 않으려면 탐식하지 말라.

- 이집트 지혜 문헌 인싱거 파피루스 인용

솔로몬 시대 최고의 업적은 신전 건축이었을 것이다. 초대
교회 시절 작은 가정교회를 이루었던 기독교가 화려한 대형교
회를 지향하는 동기가 된 이 신전 건축은 다른 방향으로 볼 수
도 있다.

솔로몬의 신전 건축은 이집트 피라미드에서 보는 바와 같이
민초들을 희생시켜 왕과 왕조를 이어가려는 종교정책의 일환

이었다. 중동의 왕들은 더 거대한 신전을 지어 자신의 내세를
신으로부터 보장받기 원했다. 히브리 전승이 전하는 기록대로
라면 야웨 신은 유목민의 신으로 염소 천막에 거하는 것을 기
뻐했지, 거대한 신전에 가둬 놓는 것을 원치 않았다.[198]

고대 중동에서 제왕들은 왕궁 옆에 신전을 지어 신이 자신의
왕조를 지켜 준다는 것을 백성들에게 드러내 보이는 게 관례였
다. 수메르의 고대 도시 닙푸르 왕들도 '에쿠르(닙푸르의 수호신 엔
닐의 신전)'를 건축함으로써 엔닐이 자신의 왕조를 지켜준다고 믿
었다. 그리고 백성들 앞에 권력을 신성화했으며 합법화시켰다.

솔로몬 신전은 가나안 원주민들과 이스라엘인까지 강제부
역을 시켜 지은 건물이었다. 또 고대 신전처럼 왕조를 지키기
위한 왕궁의 부속 건물에 불과했다. 이 신전은 다른 이민족의
신전을 모방해 지은 것이다.

텔 타이낫에서 발견된 고대 시리아의 에블라 신전(기원전
2300년경에 지어짐)도 솔로몬 신전처럼 울람(현관), 헤칼(외부 성소),
데빌(내부 성소)의 삼분법 형태였다.[199] 신전의 내부 성소는 신이
거하는 지성소를 가리키며, 그 안에는 신이 앉는 언약궤가 있
었다. 그리고 그 앞에 제물 음식을 차려 놓았다. 고대 근동에서
는 신전 꼭대기에 방을 만들어 그곳에 침대를 놓고 음식을 차
려 놓았다. 신이 강림해 원기를 회복하는 장소였다.

그런데 히브리 전승에 의하면 이 신전은 야웨가 다윗에게 가
르쳐 준 설계대로 지었다고 한다. 신전은 신이 사는 집이므로
고대인들은 신이 원하는 대로 지어야 된다고 생각했다. 그래서

중동에는 신전을 지을 때 계시를 받고 지었다는 이교도 신전들이 많이 있다. 광야 시절의 장막도 모세에게 계시된 신의 설계대로 지은 것이다. 수메르 신화 '아카드 저주'에서는 아남신 왕이 신전을 지어도 된다는 허용의 표시로 징조를 구했다. 신 바벨론 시대 나보니두스 왕은 신들의 동의 없이 신전을 건축해 신전이 붕괴되었다고 기록했다.

솔로몬은 자신이 세운 신전에서 제사장이 되어 제의를 집전한다. 제의를 집전해 버림받은 사울 왕과는 다른 양상이다. 고대 중동의 왕들은 신권정치 아래 그 태도에 있어 세 분류로 나뉜다. 먼저 하급 단계로 자신을 그저 세속의 정치인으로 생각하는 왕이다. 초기 히브리 왕조 사울 왕의 모습이다. 중급 단계로 자신을 신과 교통하는 대리사로 여기고, 신과 백성 사이의 중재자로 생각하는 왕이다. 메소포타미아 왕들의 모습이다. 그들은 자신을 가리켜 신의 종이니 신의 아들이니 하며 사제권까지 주장하고 나섰다. 상급 단계로 이집트 파라오처럼 자신을 신과 동급으로 여겨 숭배하도록 하는 왕이다. 이 단계에서는 왕의 권력이 강할수록 요구 정도가 높아지곤 했다.

그럼에도 불구하고 솔로몬의 신전에 관한 기록 역시 역사성을 의심받고 있다. 히브리 전승 열왕기와 역대기 간에도 다윗이 준비했다는 신전 건축을 위한 보물의 양이 다르다. 다윗은 솔로몬에게 신전 건축을 위해 금 10만 달란트, 은 100만 달란트를 준비했다고 말한 적이 있다. 오늘날로 환산하면 56조 원의 가치다(역대상 22장 14절 참고). 이는 다윗을 높이려는 역대기 저자의 과장된 조작이었을 것이다.[200] 당시 히브리 전승이 전하는 솔로몬의 연간 세입금이 금 666달란트였다.

히브리 전승에 의하면 솔로몬은 신전을 짓기 위해 노동 감독관으로 이스라엘인 550명을 두고, 그 밑에 이스라엘인 3,300명의 중간 간부를 두었다. 가나안 원주민은 벌목꾼 30,000명, 짐 나르는 자 70,000명, 채석공 80,000명 등 총 183,300여 명을 두었다. 공사기간은 7년이 걸렸다.[201] 그런데 이 신전의 높이는 15m, 폭은 10m, 길이 40m였다. 앞뜰의 넓이는 종이 5m, 횡이 10m였다. 히브리 전승 문자대로라면 신전의 크기는 100평 정도밖에 되지 않는다. 이 정도의 신전을 짓기 위해 그 많은 수고가 들었을까 하는 의문이 든다.[202]

쓰인 못 하나까지 온통 금박을 하여 지었다는 솔로몬 신전의 장관은 글로 묘사한 것이지, 사실 그렇게 정교하지는 않았을지 모른다. 히브리 전승을 최후로 편집한 전승 작가들도 신전을 보지 못하고 전해들은 얘기만으로 썼기 때문이다. 현재 솔로몬의 궁전 위치는 가늠할 수조차 없다. 그 곁에 있었다는 신전 역시 마찬가지다.[203]

솔로몬 신전은 에덴동산을 상징하는 건물이기도 했다. 에덴동산의 입구가 동쪽으로 나 있듯 신전의 입구 역시 예루살렘 동쪽에서 들어가게 되어 있었다. 에덴동산에서 생명나무를 그룹들이 지키고 있었듯이 신전 언약궤 역시 그룹들의 형상들이 지킨다. 또 에덴동산에 금이 많았듯이 신전도 금으로 만들었다. 에덴동산에 많았다는 보석 호마노는 신전 제사장의 옷을 치장하고 있다. 야웨가 아담과 하와로 하여금 가죽옷을 지어 입혀 부끄러운 곳을 가리게 했듯 제사장들 역시 하체를 단정하게 가려야 했다. 어떤 학자들은 에덴을 상징하는 예루살렘 신전이 솔로몬 때 지어진 것이 아니라 그의 사후 500년 후 성서 집필자에 의해 그 신전 묘사가 꾸며져 히브리 전승 속에만 존재한다고 믿기도 한다.

히브리 전승에 의하면 신전을 건축하고 봉헌식을 주관한 솔로몬의 기도가 끝났을 때, 하늘에서 불이 내려와 번제물과 제물들을 태우고 신전 안에 연기가 가득했다고 한다. 고대 근동 신화에서는 신의 모습이 보통 연기나 구름에 가려 나타난다. 아카드에서는 이러한 연기나 구름 묘사를 '멜람무'라 했고, 가나안 신화에서는 '아난'이라 표현했다.

이때 제물로 바쳐진 소가 2200마리요, 양이 120,000마리였다. 예루살렘 인구와 비교해보면 많이 과장된 수다. 고고학자 올브라이트는 솔로몬 사후 천년 후 예수 시대 때 예루살렘 인구를 5만 정도로 보았다(참고로 솔로몬 시대보다 500년 후, 훨씬 인구 밀도가 높았던 그리스 아테네는 성인 남자가 약 3만 명 정도였다).

남북 분열 이후의 왕들

자연신을 섬기는 종교의 경우, 신화는 있지만 역사가 없다. 야웨 종교는 역사를 가진 종교라고 말한다. 경전인 히브리 전승이 역사 배경을 깔고 있기 때문이다. 그러나 히브리 전승 역시 역사를 왜곡하고 있다.

솔로몬의 실정 이후 이스라엘은 남북으로 분열된다. 그 후 남과 북 동포들 간에 또는 침략하는 이민족들과 전쟁이 벌어진다. 히브리 전승은 이 사건을 기록했는데, 이집트도 솔로몬의 아들 르호보암 때 남왕국을 침공한 기록을 남겼다.

이집트어로 쓰인 기원전 10세기 전승비를 보면, 파라오 시삭(기원전 945~924년)은 가나안 정벌 후 이집트로 귀환해 전리품을 태양신 아몬에게 바쳤다고 기록했다. 그는 테베 근처 카르낙에 신전을 세우고, 그 벽에 가나안을 정복한 기록을 새겨놓았다. 그리고 여기에는 벧호론, 기브온, 므깃도 그리고 아얄론 등 남왕국와 북왕국 이스라엘 원정 동안 침공한 성읍 156개를 나열했다. 그런데 이상한 것은 침공한 성읍의 이름을 적은 이 비문에 남왕국의 수도 예루살렘은 없다. 히브리 전승 열왕기와 역대기의 기록은 시삭이 예루살렘을 침공했지만 신의 은총으로 멸망을 면했다고 했는데, 그 사실을 그대로 믿기는 힘들다.

남북 분열 왕조 때도 히브리 전승이 신화적 기록에서 완전히 벗어난 것은 아니다. 특히 전쟁사에서 신화적 표현은 떠나지 않는다. 환상이 곁들여진 후대의 기록이기 때문일 것이다.

북왕국 초대 왕 여로보암[204]과 남왕국 2대 왕 아비야의 전투 장면을 보면 북쪽은 80만, 남쪽은 40만이 격돌한다. 이때 아비야가 승리해 북왕국 50만 군사를 주살했다고 기록했다. 두 쪽 모두 상당히 과장한 수다. 훗날 이 사건을 기록한 히브리 전승 저자가 신이 많은 적을 쳐부수어 위대한 일을 했다고 칭송하는 과장된 표현에서 연유했다(약 1500년 후인 신라와 백제가 지금의 연산인 황산벌에서 국가 병력을 다해 전쟁을 치른 적이 있다. 그때 양국의 영토는 남북 이스라엘의 영토와 넓이가 비슷했고 더 기름졌으며 인구밀도는 훨씬 높았다. 그렇지만 양측의 병력은 35,000명에 불과했다). 1394년 태조 이성계가 천도할 때 한양 인구는 20만에 불과했다. 18세기 후반 산업혁명이 한참인 영국에서도 인구 5만을 넘는 도시는 런던을 비롯해 네 곳에 불과했다.

남왕국 3대 왕 아사 때 아라비아 족속이 침공한다. 이 전쟁에 참여한 군사가 아군은 58만이고, 적군은 100만이라고 했는데 역시 역사적으로나 지리적으로 양국 다 불가능한 숫자다.

아사 왕보다 100년 후인 기원전 700년경 앗시리아 왕 산헤립이 남긴 비문에는 이스라엘의 전체 인구를 가늠할 수 있는 기록이 남아있다. 그 당시에도 남왕국의 주요 46개 성읍 합계 인구가 20만을 넘지 않았다. 남왕국의 총 추정 인구는 30~90만 정도였을 것이다.[205]

히브리 전승은 이 승리를 신이 '마하네임(별들의 군대, 즉 천군의 무리를 가리킴)'을 보내 싸워주어 아사 왕이 승리했다고 기록하고 있다. 모든 전투는 신이 개입했다고 믿는 신화일 것이다.

고대인들이 바라보는 밤하늘의 별은 경의 그 자체였을 것이다. 특히 천문학에 밝았던 메소포타미아에서는 별을 바라보면서 다른 세상을 꿈꿨다. 그들은 별들을 보석 조각으로 이해했는가 하면 신들의 집, 신들의 군대로 생각하기도 했다. 이스라엘 예언자들도 별을 신의 부하들로 보았다. 야웨를 그 군대의 수장인 천군장으로 생각하기도 했다. 기원전 3000년경 아카드 왕 사르곤 문서에 보면 해가 희미해지고, 별들이 적군을 대적하는 내용이 나온다. 이집트 파라오 투트모스 3세의 게발 바르칼 기념비에도 홑족 적군을 혼란에 빠뜨려 죽이기 위해 별들이 반짝이면서 도와주었다는 내용이 있다.

히브리 전승은 아사 왕이 이민족과 싸워 승리했으나 자신이 병들었을 때 신을 의지하지 않아 말년에 신에게 버림받았다고 전한다. 바벨론이나 이집트처럼 이스라엘도 병을 신의 저주로 보았다. 따라서 인간의 힘으로 병을 고치려는 노력은 그 자체가 불경한 것이었다. 당시에는 사제만이 '로페(의사, 꿰매는 사람)' 역할을 대신했다.

군사를 과장하는 기록은 히브리 전승에 계속된다. 역대기는 남왕국 여호사밧 때 무려 116만의 거대한 군대를 거느리게 되었다고 전한다. 하지만 이때는 북왕국에게 군사적으로 종속되어 있어 불가능한 군사 수다.

남왕국에서는 '아달랴'라는 사악한 여왕이 다스리고 있을 때 요아스 왕자가 쿠데타를 일으킨다. 이때 '여호야다'라는 제사장이 거사를 주도한다. 역대기 저자 에스라는 여호야다의 임종 나이가 130세라고 기록했다. 이집트에서는 110년을, 메소포타미아에서는 120년을 최고 장수 연령으로 보았다. 역대기 저자는 제사장 여호야다를 군주처럼 높이기 위해 임종 나이를 조작했을지 모른다. 레위지파요, 사제였던 그가 사제의 위상을 높이려는 의도가 아니었을까?

남왕국 히스기야 왕 때, 예루살렘은 앗시리아의 침공을 받아

포위되는 풍전등화 상태에 빠졌다. 히브리 전승 저자는 예언자 이사야의 신탁처럼 신이 보호해주어 예루살렘이 살아남았다고 기록했다.

고대 중동인들은 모든 승패가 신의 뜻에 달려 있다고 믿었다. 기원전 8세기경 시리아 북부 도시 국가 하맛 왕 자키르의 비문에도 그들의 도시가 포위됐을 때 다음과 같이 바알의 예언자들이 기도한 내용이 새겨져 있다.

두려워 말라, 내가 너를 왕으로 삼았나니 내가 너와 함께 있어 너를 대적해 포위한 모든 왕들로부터 구원할 것이다.

이 글은 이스라엘 열왕들과 이사야 등 예언자들이 사용한 기도문을 닮아 있다. 한편 역대기 저자는 앗시리아 왕 산혜립이 당시 예루살렘을 포위했다가 철수한 이유를 이렇게 말하고 있다.

야웨께서 한 천사를 보내 앗시리아 왕의 진영에서 모든 큰 용사와 대장과 지휘관들을 멸망시켰다. 앗시리아 왕이 낯이 뜨거워 그의 고국으로 돌아갔다.

열왕기의 저자는 이 천사가 앗시리아 군사 18만 5천 명을 도륙했다고 전했다(열왕기하 19장 35절 참조). 아마도 그 기록은 신화일 것이다.

비문에 남아 있는 산헤립 연대기는 예루살렘 전투에서 그가 오히려 히스기야를 제압했고, 많은 조공을 받아갔다고 구체적으로 기록했다.

나는 남녀노소 200,150명[206]과 말, 나귀, 낙타, 소 등을 전리품으로 빼앗았다. 그리고 히스기야를 새장에 갇힌 새처럼 가두어 놓았다. 그의 비정규군과 정예부대는 도망쳤다. 나는 30달란트의 금과 800달란트의 은, 홍옥, 상아로 만든 침대, 상아 안락의자, 코끼리 가죽, …… 그의 딸들, 궁녀, 여자 가수 등을 니느웨(앗시리아의 수도)로 데리고 왔다. 그는 조세를 전달하며 나에게 충성을 표시하기 위해 사절단을 보내왔다.

히스기야 때 적군들에 의해 예루살렘이 포위되고 수세에 몰린 것은 사실이었던 것 같다. 그때 장기전을 펴기 위해 지하수로를 통해 실로암 연못의 물을 성 안으로 끌어들이는 작업을 했는데, 여기 기록이 하나 남아 있다. 기원전 8세기 후반에 쓰인 비문을 보면, 당시 남왕국의 한 노동자가 예루살렘 물 공급을 위해 시행했던 지하 도관 공사를 언급한 것이다.

석수장이들은 연장으로 작업을 할 때 각기 동료들을 향해 마주보고 파고들어갔다. 도끼와 도끼가 마주쳤다. 관통하기 전 3규빗 남았을 때, 한 사람이 동료를 부르는 소리가 들렸다. 이는 그 오른편에 갈라진 틈이 있었기 때문이다. …… 또

관통하는 날에 석수장이들이 상대편 동료를 만나기 위해 연
장과 연장을 마주 대하여 파들어 갔다. 그리고 나서 샘에서
못까지 물이 흐르니 그 길이가 '200규빗(524.7m)'이요 ……

그 후 히스기야 왕은 중병에 걸렸다. 히브리 전승에 의하면
이사야는 그가 15년 더 살 것이라는 신탁을 전한다. 이때 이사
야의 기도를 들은 야웨가 히스기야의 생명을 연장시켜 준다는
징표로 해시계[207]의 그림자를 거꾸로 움직이는 기적을 보여주
었다고 한다. 위급한 순간에 태양이 진로를 바꾼다는 것은 고
대인들의 흔한 신화 소재. 히브리 전승에 여호수아 때도 신
은 태양의 진로를 바꿨다.

고대 중동인들은 모든 불운이나 질병을 신의 재앙으로 생각
했다. 앗시리아 왕 앗슈르나시팔 1세(기원전 1052~1033년)의 석
비로 된 기도문을 보면, 파괴된 신전들을 재건하고 신상들을
복구했고 회개했는데 이쉬타르 여신이 왜 자신의 병을 고쳐주
지 않는지 묻고 있다. 북시리아 우가리트 문서에도 케레트 왕
이 병들었을 때 중동 최고의 신 '엘'이 사제 샤타카트를 보내
낫게 했다는 기록이 있다.

샤타카트는 한 손으로 죽음을 쳐부수고, 다른 한 손으로는
효험을 가져오게 했다. 땀으로 왕의 몸을 적셔 깨끗하게 하고
입맛을 회복시켰다.

이에 대해 심리학자들은 이런 견해를 드러낸다.

고대 의사들은 성직자들이었다. 그들은 절대 신임을 받는 자들이다. 처방대로 따라하면 대부분의 병이 나았을 것이다. 확신과 믿음 때문이다. 히스기야 역시 신처럼 따르던 이사야의 말이 그를 열병으로부터 일으켰을 것이다.

아마도 일종의 '위약효과'였으리라는 추측이다. 또 히브리 전승은 히스기야의 아들 므낫세의 기도문을 기록하고 있다.

열조와 의인들의 신이요, 만물의 창조자요, 명령자, 죄악에 대한 처벌자, 은총의 신이시여, 만일 신께서 자비를 내리사 나를 본국으로 귀환하게 해주시면 내 생명이 있는 한 끊임없이 찬송하리다 ······.

'므낫세의 기도'라고 알려진 이 글은 므낫세가 죽은 지 700년 후 기원전 1세기에 누군가에 의해 창작된 기도문이다. 므낫세는 남왕국의 왕 중에서 가장 긴 기간인 55년 동안 왕위에 있었다. 그러나 그는 왕들 중에서 가장 사악한 자였다. 히브리 전승의 저자는 이를 설명해야 했다. 그래서 그 누군가가 므낫세가 회개하여 야웨에게 장수의 복을 받았다 가상하고 '므낫세의 기도'를 썼고, 역대기 저자가 그의 회심에 관한 기사를 썼는지도 모른다.

역대기 기자는 므낫세가 열조의 신 앞에 겸손해짐으로 인해 앗시리아 포로에서 해방되어 예루살렘으로 돌아와 왕위를 되찾았다고 기록하고 있다. 그러나 열왕기 저자는 므낫세의 회개를 기록하지 않았다. 보다 객관적으로 기술하고 있기에 200여 년이 앞선 열왕기를 더 신뢰할 수 있을 것이다. 역대기는 열왕기를 참고해 쓴 작품이다.

히브리 전승에 의하면 기원전 500년경 남왕국 요시야 왕 때 예루살렘 신전에서 성서가 발견되었고, 이를 토대로 종교개혁을 실시했다(열왕기하 22장 8~13절 참조). 신학자들은 요시야 왕의 종교개혁 내용을 볼 때 그 성서가 오경 신명기의 일부일 것이라고 생각한다.

신명기는 '책망의 책'이라고 불린다. 이 책은 모세의 고별 연설이요, 그가 광야에서 방황할 때 권고한 규례와 법도들을 반복해서 요약해 놓은 것이다. 보수주의 해석으로는 히브리 전승의 이 신명기 부분이 모세 때 쓰인 것으로 본다. 그러나 바벨론 포로 이후 편집되어 오늘날에 이른 것으로 보는 견해가 현대신학의 대세다. 아마 모세 사후 5세기가 흐른 뒤 다윗, 솔로몬 때 단편이 작성되었고, 세월을 거치며 첨가·수정되었을 것이다.

현대신학에서 신명기는 예루살렘에 살던 한 제사장이 모세 시대로의 회귀를 갈망하며 썼다고 본다(신학자 마틴 노트는 신명기가 여호수아, 사사기, 사무엘상하, 열왕기상하를 저술한 바벨론 포로 이후 역사가의 또 다른 작품이라고 주장했다. 그 역사가가 기원전 722년과 586년의 남북 이스라엘이 멸망한 이유를 설명하려는 저작이라는 주장이다. 즉 야웨에게 순종치 않고 회개하지 않아 멸망한 이스라엘의 역사를 밝히려는 의도로 작성된 작품이라는 것이다).[208]

또 어떤 신학자들은 요시야 왕 때 모세의 이름을 도용해 신명기를 썼는지 아니면 발견된 신명기 내용에 다른 내용을 첨가했고, 이를 토대로 개혁을 진행했을 것이라고 주장한다. 요시야 때는 이스라엘을 침공했던 앗시리아가 그 세력을 잃고 종교개혁에 박차를 가할 수 있는 시점이었다.

신학자 F. H. 우드도 요시야 때 경건한 거짓말로 신하들이 이 문서를 보완했을 것이라고 주장했다(어떤 신학자들은 성경이 원본에서 어떤 이유로 삭제되거나 첨가되는 것까지 '신의 뜻'으로 여기기도 한다. 신학자 브레바즈 차일즈도 첨가되고 삭제된 이유를 찾아보고, 그 변형된 성서를 받아들이는 것 또한 신의 뜻이라고 말했다).

요시야 왕은 가나안을 침공한 파라오 느고와의 전쟁에서 죽음을 당했다. 그런데 히브리 전승은 느고의 침공을 '야훼의 뜻'이라고 해석했다. 그리고 항복하라는 야훼의 뜻을 전한 느고의 말을 거역한 죄로 요시야가 죽음을 당했다고 기록했다(역대하 35장 22절 참조).

역대기는 유대인이었지만 페르시아의 신하였던 에스라의 작품으로 알려져 있다. 그는 대국에 대해 사대주의 사상이 있었다. 그 시각으로 요시야의 참전을 해석했는지도 모른다(『삼국사기』를 쓴 김부식도 사대주의 사상에 젖어 대국인 중국과 전쟁을 벌인 왕들을 어리석게 묘사했다).

에스라는 다윗 시대 대제사장이었던 사독의 자손이며 제사장이요, 율법학자요, 극렬한 유대주의자였다. 그는 사실상 구약 성서를 집대성한 인물로 여겨진다. 에스라 또는 그의 제자들에 의해 역대기, 에스라, 느헤미야가 씌어진 것으로 알려져 있다. 그는 야웨 신앙의 부활과 다윗 왕조의 부활을 위해 여러 곳에서 성서 집필 자료를 수집·편집했으며 추가 또는 변형시킨 것으로 보인다.[209]

왕조 시대의 예언자들

고대 중동에는 여느 지역과 같이 점[210], 마술[211], 주문[212], 부적이 성행했다. 특히 별점은 천문학이 발달했던 메소포타미아에서 흥행했다.

고대 근동인들은 별자리 징조를 보고 그 싸움의 승패를 예견했으며, 누군가의 별이 사라지면 목숨을 잃는다고 생각했다. 수메르 신화 '에르라와 이슘'에 보면 에르라가 자신이 하늘의 별을 떨어뜨릴 것이라고 말한다. 반면에 메소포타미아에서는 거성이 나타나면 큰 인물이 날 것을 예견하기도 했다. 동방박사도 큰 별을 보고 베들레헴을 찾아왔다.[213]

지금은 미신이라고 일컬어지는 이런 일들이 히브리 전승 속에서는 수없이 남아 있다. 아브라함의 현손 요셉은 은잔(銀盞)을 보고 점치는 자로 묘사된다(이집트인들은 은잔에 술을 부은 후 기름 혹은 잎새를 집어넣고 흔들어 그 모양새를 보며 점을 쳤다. 이를 '레카노점'이라고 부른다. 창세기 44장 5절 참조). 또 모세뿐만 아니라 그와 대항했던 이집트 마술사들도 지팡이를 뱀으로 변하게 하고, 나일강을 피로 물들였다는 기록이 있다.

히브리 전승 속의 야웨 제사장들까지도 옷에 방울을 달아 귀신을 쫓고자 했고, '아세살'이라고 불리우는 귀신을 달래기 위해 양을 잡아 광야로 쫓아내기도 했다. 또 그들은 윗주머니에 넣고 다니던 일종의 제비돌을 던져 신의 뜻을 물었고,[214] 신명(神名) 속에 능력이 있다고 믿어 전투 중이나 병환 중에도 야웨의 이름을 불렀다. 심지어는 야웨 예언자도 활을 바닥에 치며 신탁을 받았다.[215] 일종의 마술이요, 주문이요, 점이다. 히브리 종교 역시 원시 미신의 배경 아래 진화한 종교임을 알 수 있다.

고대 그리스인들도 아폴론 신전에서 신탁을 받았는데, 신탁을 받기를 원하는 자가 제물을 바치면 월계관을 쓴 여자 무당이 뿌얀 먼지가 찬 신전 안에서 몽롱한 정신으로 웅얼거렸다. 사제는 그 말을 글로 받아쓴 뒤 해석했는데, 당시에도 그 뜻은 불문명해 사제의 판단에 의지했다.

히브리 예언자들이 받았다는 신탁 역시 다른 고대 예언자들처럼 안개같이 희미하다. 상징적이고 모호하여 해석하기 나름이고, 이해하기 어렵다. 신은 왜 불분명한 언어로 신탁을 보내야 했을까?[216]

신약의 대표적인 예언서인 '요한계시록'[217]도 그 범주에서 벗어나지 않는다. 사도 요한이 썼든 누가 썼든 신의 암호 같은 난해한 글 때문에 후대에 이르기까지 파문을 낳았다. 칼뱅까지도 주석 쓰기를 주저했던 이 책 때문에 수없이 많은 이단이 생겨나고, 시한부적 종말론자도 생겨났다.

이스라엘 남북 분열 왕국 시기에는 궁중 '예언자(선지자, 선견자)'[218]들이 많이 나타난다.[219] 이들은 모두 신탁(계시)을 받았다고 말한다. 계시의 종류는 환상, 꿈, 제비뽑기 등이고, 히브리전승은 그들의 예언이 다 이루어진 것으로 전하고 있다.[220] 그러나 예언의 성취는 히브리 전승뿐만 아니라 모든 고대 예언서들의 특징이다.

예언자들의 예언이 다 이루어졌다고 믿었던 전승은 수메르시대 때부터 있었다. 그들도 나라나 왕조의 존망, 생활의 사사로운 일들이 예언자들의 신탁으로 이루어진다고 믿었다. 기원전 5세기 헤로도토스의 역사책에도 수없는 예언과 신탁이 나와 있는데 모두 이루어졌다.

그러면 히브리 전승의 예언은 정말 모두 이루어졌을까? 그러나 그 결과 또한 모호하다. 이사야 예언자는 남왕국 왕 므낫세가 태어나기 전부터 그가 바벨론으로 잡혀가 환관이 될 것이라고 예언했다. 그러나 므낫세는 잡혀갔다가 풀려난 뒤 돌아와 왕직을 이어갔다. 또 남왕국 왕 요시야는 평안한 죽음을 맞이할 것이라는 예언을 받았지만, 이집트와의 전쟁에서 처참하게 죽는다. 남왕국 왕 고니야는 자식이 없을 것이라는 예언을 받았지만 일곱 명의 자식이 있었다. 아들들의 이름은 고대 바벨론의 역사 자료 '고니야의 배급표'[221]에서도 발견된다.

그러나 성서를 문자 그대로 해석하는 사람들은 므낫세가 바벨론 포로생활에서 수치를 당한 세월이 환관 생활과 같지 않느냐고 해석한다. 또 요시야가 제 나라 남왕국이 멸망하는 것을 보지 않았기에 평안한 죽음이었다고 해석했다. 아울러 고니야의 아들들은 양자였을 것이라고 해석한다.

히브리 예언자들의 예언이 다 이루어지지 않았다는 역사적 증거도 있다. 기원전 9세기, 남북 이스라엘 연합세력과 이웃의 작은 나라 모압 사이에 전투가 벌어졌다. 이 사건은 히브리 전승에 기록됐지만, 신기하게도 모압 왕이 그의 전승 비문에도 남겼다. 성서와 이방의 역사 기록을 서로 비교할 수 있는 아주 드문 일이 벌어진 것이다. 히브리 전승에 의하면 그때 남북 연합군이 모압 영토로 침입했는데, 그 행로에서 골짜기의 식수가 말라 군사들이 패배할 지경에 처한다. 남북 왕들은 예언자 엘리사에게 찾아가 싸움의 결과를 묻는다. 그때 엘리사는 승리할 것이라는 신탁을 준다. 반면 메사가 남긴 비문에서도 그날 전투상황을 소상히 기록했다.

…… 야간작전을 감행해 새벽부터 한낮이 되도록 싸워 이스라엘군 7천 명을 살해했다. ……

- 메사의 석비 내용 중 직역 일부

메사가 이스라엘을 물리쳤다는 내용이다. 그때 이스라엘 백성들이 이주해 살던 모압 땅 아다롯 성읍을 빼앗고, 그 주민들을 모압의 신 그모스의 제물로 바쳤으며, '아리엘(화로)'을 빼앗아 모압 수도 그리옷으로 가져왔다는 세세한 기록도 있다. 비문대로라

면 분명 그 전투에서 모압이 승리했다. 그런데 히브리 전승 저자
는 야웨가 일으킨 기적으로 그 전투에서 크게 승리한 이스라엘
연합군이 격노해 돌아갔다고 기록했다(열왕기하 3장 27절 참조).[222]

히브리 전승의 예언 성취는 그 사건이 있고 수백 년 후대의
기록이다. 얼마든지 착색되고 분식될 수 있다. 예언 또한 그렇
게 이루어지기를 믿는 신앙의 갈망이었을 것이고, 이루어졌다
고 믿고 싶은, 아니면 그렇게 믿었던 후대 편집자의 치장이었
을 것이다.

엘리야와 엘리사

히브리 전승이 전하는 북왕국 최고의 능력 있는 예언자는
'엘리야'와 그의 제자 '엘리사'다. 엘리야는 북왕국 아합 왕이
야웨의 뜻을 어겨 3년 동안 가뭄이 들 것이라 예언한다.

고대 중동인들은 비가 하늘의 가죽부대 속에 담겼다가 신이
그것을 기울여 비운다고 생각했다. 또 고대 중동인들은 땅을
신처럼 숭배하기도 했다(우가리트 라스 샤므라 문서에도 최고의 신 중
하나인 에르치투는 '땅의 신'이었다). 가나안인들 역시 땅을 여자로,
신은 단비를 내려 그 땅을 수태시키는 남자로 생각하기도 했
다. 그래서 땅에 가뭄이 찾아온 것은 신의 분노로 생각했다.

가나안은 지중해의 영향으로 겨울에는 비가 오고, 여름에는
가뭄과 더불어 사하라 열풍이 온 지역을 뒤덮는다. 대체로 물
이 부족하지만 아침마다 내리는 이슬이 식물 해갈에 도움을 주

기도 한다. 그런데 그 비와 이슬이 내리지 않는다는 신탁이다.

고대 이스라엘인들은 세계와 자신을 이해하는 방식에서 원시인들과 유사했다. 과학 이전의 인간들로서 사건이 일어난 원인을 알지 못했다. 한줄기 비와 한 뼘의 햇빛까지도 모든 것이 경이로웠고, 초자연적인 신의 개입으로 믿었다(기원전 636년 태어난 그리스의 자연철학자 탈레스는 비가 신들의 장난에 의해 내린다는 원시적인 사고를 탈피해 천체와 기온의 변화라고 이해했다. 그러나 비슷한 시기 이스라엘을 비롯하여 중동은 아직도 신화에 젖어 있었다).

엘리야는 가뭄이 들자 시냇가로 피신해 그곳에서 까마귀가 날라다 준 떡을 먹고 생존한다. 고대에는 짐승을 통해 인간이 사육되는 설화가 많이 있다. 로마 시조 로물루스도 베스타 여신이 보내준 이리의 젖을 먹고 살아남았다. 페르시아 왕 키루스(히브리 전승에서는 고레스)도 암캐에 의해 양육되었다고 전해진다. 그를 양육한 양어머니는 키노(그리스어로 '개'란 뜻으로 당시에는 흔한 여자 이름)였는데 그 말이 잘못 전해져 그런 전설을 낳은 것이리라.

히브리 전승의 내용대로라면 엘리야는 지진, 번개, 천둥, 큰비를 내리고 수백 명의 이교도 제사장들을 초자연적인 능력으로 주살했다. 또 축지법도 썼다. 그런데 너무 평범한 인간의 모습으로 사악한 왕비 이세벨을 피해 도망치는 장면도 있다. 엘리야의 초자연적 능력이 꾸며졌을 가능성이 있다.

고대 중동인들은 땅은 평평한 것이며 네 기둥이 받치고 있는데 신이 그것을 흔든다고 보아 지진을 두려워했다(이집트 파라오 투트모스 3세 비문에는 '태양신 아몬 레가 지진을 내렸다'고 새겨져 있다. 또 앗시

187

리아와 바벨론 문서에는 '적들의 마음에 공포를 일으키려 신들의 전사들이 몰려온다'는 말로 지진을 묘사했다. 바알 신도 벼락을 움켜잡고 있는 형상이다).

고대 근동에서 불과 바람, 지진, 번개는 신 현현의 상징물이다. 수메르 신화 '이난나의 부활', 힛타이트 신화들, 아카드와 우가리트 신화들에서도 자연현상은 신의 현현으로 나온다.

히브리 전승에 의하면 엘리야가 동굴에 숨어 있을 때 신의 사자가 나타났다고 한다. 사자는 40일 밤낮을 굶은 그에게 떡과 물을 주면서 재우고, 다시 일어나면 떡과 물을 주어 재우기를 반복하며 기력을 북돋아주었다고 한다(고대 신화에는 기진맥진한 영웅들에게 정령이 먹을 것을 주고 기력을 돋우었다는 민담이 많다. 중동인들에게 '40'이라는 숫자는 고난의 숫자다).

히브리 전승에 의하면 엘리야 시대 때 예언자의 뜻을 어긴 사내가 사자에게 찢겨 죽었다는 기록이 있다(열왕기상 20장 36절). 히브리 전승에는 종종 신의 심판 도구로 사자가 등장한다. 열왕기상 13장 20~24절에도 금지한 떡을 먹은 예언자가 야웨가 보낸 사자에 찢겨 죽는 모습이 묘사된다. 훗날 북왕국이 멸망하고 우상숭배가 만연하자 야웨가 보낸 사자가 나타나 백성들을 괴롭힌 기록도 남아있다(열왕기하 17장 25절 참조). 이런 설화는 아마도 중동 신화의 영향을 받아 꾸며진 기록일 것이다.

고대 근동에는 신이 굶주린 들짐승을 보내 저주한다는 내용의 문서가 여러 개 있다. 기원전 8세기 아람 비문 '데이르 알라'와 이집트 문서 '네페르티의 환상'도 같은 내용이다. 앗시리아에도 신이 사자와 늑대를 보내 황폐하게 만든다는 문서들이 있다. 사자는 고대 중동에서 '신의 심부름꾼'이었다. 앗시리아 최고의 신 앗슈르 신은 사람의 얼굴에 사자의 몸뚱이를 한 형상이다. 사자 형상은 고대 중동 왕들의 왕좌 대부분에 새겨져 있다. 사자를 '신의 부하'라고 믿었기 때문이다.

엘리야는 수없는 기적을 행하다 어느 날 갑자기 불타는 수레를 타고 하늘로 올라갔다. 인간이 죽음을 보지 않고 하늘로 올라갔다는 설화는 히브리 전승 초기에도 있었다. 에녹이란 인물이 신과 함께 다니다가 신이 그를 데리고 갔다는 전승이다.

불붙은 수레를 타고 승천했다는 엘리야의 설화는 이웃인 이집트의 태양 숭배 신화와 닮아있다. 이집트 종교에서는 태양신이 가장 중요한 신이었고, 신을 태양과 빛으로 보기도 했다. 그들은 '라, 레, 아몬, 아톤'이라 불리는 태양신이 인간과 동물, 토양의 비옥도, 인간의 사후 세계까지 지배한다고 여겼다. 왕이나 영웅들은 그 태양신의 아들이었고, 죽으면 태양신이 보내준 불마차를 타고 불멸의 세계로 간다고 믿었다.

고대 근동인들은 신이 수레를 타고 다닌다고 생각했다. 메소포타미아 태양신 쉐마쉬를 섬기는 아카드인의 찬가를 보더라도 그 신의 이름을 '라키 브 나르카브티(수레를 타는 자)'로 표현했다. 젠지를리에서 발굴된 비명에서도 신의 호칭은 '라캅(신의 수레)'으로 쓰여 있다.

심지어 히브리 전승 속 야웨도 합성 동물로 만들어진 바퀴 달린 보좌를 타고 움직였다(에스겔 1장 19절 참조). 이스라엘 발굴에서도 신의 수레로 여겨지는 흙으로 만든 말과 수레 모형이 발견되었다. 기원전 400년경 가나안 가사에서는 날개 달린 말과 전차를 몰고 하늘로 오르는 형상이 새겨진 주전이 통용됐다.

북왕국에서 엘리야는 영웅이었고 신성시되는 비범한 인물이었다. 백성들은 그의 죽음을 평범하게 받아들일 수 없었을 것이다. 엘리야의 죽음은 당시 최고로 숭상되던 태양과 연관시켜 미화되었을 것이다(신약에서도 예수가 십자가에서 죽자 태양이 기울어 어두워졌다).

히브리 전승에는 엘리사가 스승 엘리야의 겉옷으로 내리쳐 요단강을 갈랐다고 기록했다. 초기 히브리 전승에서 바다와 강을 갈랐다는 모세, 여호수아의 신화와 비슷하다.[223] 또 히브리 전승은 엘리사의 무덤 속에 시체를 던지자 시체가 살아나 걸어 나왔다고 전한다. 능력 있는 예언자는 그 육골도 효험이 있다는 설화다.

고대 중동인들은 꿈을 꾸면서 영혼을 생각하기 시작한다. 그리고 영혼에 대한 신비와 두려움도 갖는다. 위대한 예언자나 추장, 왕 등의 영혼은 더 힘이 있다고 믿었다. 그래서 그것들을 받들어 추앙하며 영적 힘을 받길 원했다(이집트에서도 파라오 투트모스 3세가 죽은 뒤, 그의 이름을 쓴 부적을 지닌 자에게는 권세가 주어지고 위험으로부터 지킴을 받는다는 신앙이 있었다). 죽은 엘리사의 영혼이 신화화된 것은 그런 생각 때문 아니었을까?

엘리사나 예언자들은 가야금이나 악기의 소리를 들으며 신탁을 받았다(사무엘상 10장 5절, 열왕기하 4장 5절 참조). 고대 중동에서는 반수면의 몽롱한 상태나 음악, 춤, 묵상에 의해 인위적으로 자극을 받고 신의 계시를 받는 예언자들이 많았다. 이들은 때로 횡설수설하거나 발작적인 몸짓을 동반해 '미친 자'라는 별명도 얻었다. 고대 종교에서는 입문 과정에서 황홀감을 느꼈다는 전승 기록도 많이 남아 있다. 메소포타미아에서도 황홀경에 빠진 예언자를 '무후'라고 불렀다. 고대 그리스 델타 신전에서 신탁을 받는 자들도 황홀경을 체험했다(성녀인 아빌라의 테레사도 '오르가슴을 일으키는 듯한 환영을 보았다'고 고백했다).[224]

엘리사는 요단강에 일곱 번 씻겨 줌으로써 시리아 장군 나아만의 나병을 고쳐 주었다.[225] 고대 근동인에게 물은 정결의 의미였다. 메소포타미아 '남부르 의식'에서는 상류 쪽을 향하고 강에 일곱 번 몸을 담근 뒤, 하류 쪽을 향해 일곱 번 몸을 담그면 정결해진다고 믿었다. 이 의식 과정에서 물의 신 '에아'를 위해 강물에 예물을 던졌다.

나아만이 답례로 가져온 것은 은 10달란트와 금 주화 6천 개 등 오늘날 구매력으로 환산하면 9,750억 원이다(1달란트는 34kg, 3,000세겔. 1세겔은 노동자 4일 품삯). 엘리사는 그 예물을 받지 않았으나 사환 게하시가 받았다. 히브리 전승에 보면 이 사실을 안 엘리사가 저주를 내려 게하시와 그 후손까지 문둥병자가 되도록 했다고 한다. 그러나 게하시는 그 후에도 엘리사를 따랐다. 다른 해석은 이런 모순을 들어 이 이야기는 여러 설화가 편집된 것이며 나아만의 문둥병 치료는 신화로 본다.

북왕국은 엘리사 때 시리아의 침공을 받고 위기에 처한다. 이때 히브리 전승이 전하기를, 엘리사가 기도하자 신은 '내가 너와 함께 하나니 두려워하지 말라'고 신탁을 준다. 그리고 천군(天軍)인 불 붙은 말과 불 붙은 전차를 보내 시리아 군대를 물리쳐주었다고 전한다. 또 포로들의 눈을 멀게 해 사마리아까지 16km를 끌고 왔다고 한다. 고대에는 신이 개입해 적의 눈을 가리는 신화가 많다. '투쿨티 니누르타 서사시'를 보면 태양신 쉐마쉬가 앗시리아 적들의 눈을 멀게 했다는 기록이 있다.

엘리사에게 내린 신탁은 동시대 기원전 8세기 북부시리아 도시국가 하맛 왕 자키르가 그의 신에게 받은 신탁과 닮아있다. 그의 전승비에 보면 이렇게 기록되어 있다. '두려워 말라. 내가 너를 왕으로 삼았나니, 내가 너와 함께 있어 너를 대적하여 포위한 모든 왕들로부터 너를 구원할 것임이라!(열왕기, 역대기 시기보다 2000년 후대의 역사서인 『조선왕조실록』에도 '천군' 이야기가 나온다. 조선 군사가 여진족과 싸울 때 정체를 알 수 없는 천군이 나타나 여진족을 물리쳤다는 기록이다. 『조선왕조실록』은 국정원 사사들이 그날그날 보고되는 내용을 기록하는 형식이었지만, 이런 신화적인 기록을 남기기도 했다).

신학자들은 민담으로 전해 내려오는 여러 설화들이 미화되어 히브리 전승 속에 들어왔고, 그것이 엘리야와 엘리사의 기적 이야기가 되었다고 믿는다. 특히 예언자들의 기적 설화가 아합 왕 시대를 배경으로 많이 생성된 것은, 당시 그 왕가로 시집온 페니키아의 공주 '이세벨'이라는 여인이 왕비 자리에 앉아 야웨 종교를 말살하려 하자, 그 반작용에 의한 것이라고 믿고 있다.[226]

요나

독자들에게는 인기가 있지만 학자들에게는 역사적 사실성으로 볼 때 가장 신뢰받지 못한 기록이 요나서다.[227] 물고기 뱃속에서 요나가 삼일 동안 갇혀 있었으며, 그가 앗시리아 수도 니느웨로 가 포교를 했고, 왕과 신하들을 회개시켰다는 이야기를 신학자들은 후대에 꾸며진 신화로 본다.

현대 신학자 중에서 요나서를 역사적 실제 사건이라고 보는 시각은 없다고 해도 과장이 아니다. 구약신학자 카이저(Walter C. Kaiser, Jr)는 요나서가 북왕국 궁중예언자 요나의 이름을 도용한 누군가의 저작이라고 주장했다. 신학자 쿤츠(J. Kenneth Kuntz)는 요나 저자가 그 당시 전설을 이용해 요나서를 썼다고 주장했다.

요나가 신의 뜻에 의해 물고기 뱃속에 들어갔다 나왔다는 그 과정도 다소 희극적이다. 신이 보낸 동물에 의해 인간이 구원 받는 내용은 신화의 모티브 중 하나다. 헤로도토스의 역사 책에 실린 '리디아 신화'에 보면 가수(歌手) 아리온이 바다에 던져졌을 때 돌고래가 그를 구해주었다고 한다.

요나서의 내용을 사실로 보는 입장에서는 예수가 요나의 얘기를 거론했던 것을 예를 들어 사실성을 주장한다. '요나가 밤낮 사흘을 큰 물고기 뱃속에 있었던 것 같이 인자도 밤낮 사흘을 땅속에 있으리라'는 구절이다(마태복음 12장 40절 참조). 그러나 예수도 우화로 내려오는 요나의 이야기를 단지 예를 들어 인용했을 수 있다.

고고학적 물증으로 니느웨의 성벽 둘레는 5~13km에 불과하다. 요나가 그 성을 한 바퀴 도는 데 3일이 걸렸다는 히브리 전승은 신뢰성이 없다. 또 그 규모의 니느웨 성읍에 좌우를 분별하지 못하는 어린 아이 12만 명이 살았다는 기록도 믿기 힘들다.[228] 그리고 당시 앗시리아의 수도는 니느웨가 아니고 칼라였다.

요나 당시 기원전 8세기 때 니느웨는 큰 도시가 아니었다. 니느웨는 앗시리아 도시 중 하나에 불과했다. 니느웨는 기원전 7세기 앗시리아 왕 산헤립에 의해 비로소 도성이 되었다. 발견되는 고문서에서 앗시리아를 니느웨로 표기한 때는 요나 사후 수백 년 뒤 바벨론 포로 때다.

히브리 전승에 의하면 요나의 포교에 감동해 앗시리아 왕이 크게 회개한 내용이 기록되어 있다. 그런데 앗시리아 문서에서 어떤 왕도 야웨 종교로 개종했다는 기록이 없다. 제왕이 야웨 종교로 개종한 것은 중세 초 로마 콘스탄티누스 황제가 처음일 것이다. 따라서 요나의 니느웨 방문은 포교를 위한 방문은 아니었을 것이다. 당시 어느 히브리 예언자도 이방인들에게 야웨 신을 전한 자는 없었다. 이스라엘인들의 생각으로 야웨는 히브리인들만의 신이었고, 다른 이방인들은 그들 신을 믿는 것을 당연하게 여겼기 때문이다.

요나가 물고기 뱃속에서 썼다는 기도문도 다분히 시적이고 우화적이다. 그는 위액이 끈적거리고, 음식물이 썩는 고기 내장 속에서 '바다풀이 내 머리를 감쌌나이다'라고 기도했다.

요나가 실존인물이라면 여로보암 때 궁중예언자가 되어 앗슈르단 왕 치하 앗시리아에 평화특사로 파견되었을 것이다. 조선시대 임진왜란 후 평화사절로 사명대사를 일본 조정에 파견한 적이 있다. 종교인을 보낸 것은 평화를 상징하기 때문이었다. 그때 사명대사는 일본의 왕을 회유해 조선인 포로들을 데리고 귀국했다. 「임진록(壬辰錄)」은 그가 수없이 많은 기적을 일으켰다고 전한다. 요나를 떠올리게 하는 장면이다.

당시 북이스라엘과 앗시리아는 비교적 화평한 관계였다. 단지 소국이 대국을 상대로 당당하게 특사를 보낸 놀라운 일이었기에 신화화되었을 것이다.[229]

현대 신학자들은 야웨가 예언자를 보내 악한 이방인들에게까지 인자를 베푼다는 내용의 요나 전승을 달리 해석한다. 야웨는 이스라엘만의 신이라는 국수주의에 젖어있던 제사장들을 깨우치기 위해, 의식이 깨인 누군가가 우화적 표현을 쓴 저작이란 것이다.

히브리 전승 속의 요나는 자신의 포교로 원수의 나라 니느웨(앗시리아의 수도)가 회개했을 때도 기뻐하지 않았다. 그의 진심은 그 나라가 멸망하는 것을 원했기 때문이다. 요나는 언덕에 초막을 짓고 니느웨를 바라보며 멸망하기를 기다렸다. 그때 야웨 신이 '박 넝쿨(아주까리가 정확한 번역)'을 피워 올려 그늘이 되어 주었다. 그리고는 곧 벌레로 줄기를 갉아먹게 하여 시들게 한다. 요나가 박 넝쿨을 아껴 항의하자, 야웨는 요나에게 자신 또한 어린아이만 12만 명인 니느웨 백성을 아끼는 것이 합당하지 않느냐고 묻는다. 박 넝쿨은 국수주의에 빠진 요나를 깨우치기 위한 야웨의 시청각 교육인 셈이다.

'요나'라는 이름의 뜻 자체가 이스라엘을 상징하는 비둘기다. 저작 시기와 관련해서도 사용된 언어가 후기 가나안에서 사용된 아람어(시리아어)이고, 그 내용을 보더라도 바벨론 포로 이후 지어진 것이라 생각된다. 물고기 뱃속에서의 생활은 고난 속의 포로 생활이며, 밖으로 나와 돌아온 것은 포로 귀환으로 상징되는 우화 소설이라고 학자들은 규정한다.

이사야

남왕국의 위대한 궁중 예언자 이사야는 신전에서 기도하던 중 소명을 받았다고 한다. 그는 신의 성물을 지키는 스랍들을 본다. '불타는 자'라는 뜻을 가진 스랍은 신의 보좌를 지키는 천사로 야웨의 경호원이다(스랍은 이집트 무덤을 지키는 수호신으로 두 날개가 달린 괴수 세레푸를 닮아 있다. 또 메소포타미아에서도 인간 형상에 네 개의 날개를 허리 아래 두고, 두 개의 날개는 어깨에 달려 있는 수호신들이 있었다).[230] 이 영물들은 여섯 날개가 달려 있었는데, 두 날개로는 신의 모습을 감히 바라볼 수 없어 눈을 가리고, 두 날개로는 '부정한 다리(히브리인의 어법으로는 성기를 의미할 수 있다)'를 가렸으며, 다른 날개로는 날아다니며 언약궤 곁에서 신을 찬양하고 있었다.

이사야는 신을 보고 두려워했다.[231] 고대 중동인들에게는 죄 많은 인간이 신성한 신을 보는 것만으로도 재앙을 받아 죽는다는 신앙이 있었다. 이스라엘 야웨 신앙도 다름이 없었다.[232] 그러자 스랍 하나가 불젓가락으로 제단의 불붙은 숯을 가지고 날아와 그것을 그의 입에 대며 부정을 없애주었다. 메소포타미아 제의를 다룬 바벨론 문서에도 제사장의 경우, 송진으로 자신의 입을 씻는 내용이 있다. 바벨론 주문에도 '슈르푸(뜨거운 불)'는 범죄나 부정을 제거하는 것이다.

이사야서에서는 신이 나타나자 문지방의 터가 요동하며 신전에 연기가 가득했다고 한다. 이사야가 체험했다는 이 신의 임재 광경은 고대 중동의 종교 상징에서 벗어나지 않는다. 불과 연기, 지진, 천사의 등장은 중동 종교에서 흔히 보는 신의 강림 모습이다. 이사야는 앗시리아의 침공을 받고 위태로운 조국을 향해 예언을 외친다. 조국을 구원할 영웅이 태어난다는 것이다.

처녀가 잉태하여 아들을 낳을 것이다.[233] 그는 '임마누엘('신이 우리와 함께 계신다'는 뜻)이라 이름 지어질 것이다. 그는 모사요, 지략가요, 전능하신 신이요, 영존하시는 아버지요, 평강의 왕이 될 것이다. 그가 이 나라를 구원할 것이다.

이사야가 말한 임마누엘이 누구를 가리키는지 신학자들 사이에 많은 논란이 되었다. 그런데 그가 예언한 영웅의 어머니인 '처녀'라는 단어는 원어로 살펴보면 '베툴라(처녀, 동정녀)'가 아니라 '알마(결혼할 젊은 여자)'였다.

이 히브리어 '알마'를 그리스어로 번역하는 과정에서 기독교 번역 역사상 가장 큰 오류를 범하게 되는데, 젊은 여자가 아닌 '파르테노스(동정녀)'로 번역한 것이다. 번역자의 오류가 아니라면 신에 의한 기적적인 탄생을 강조하고, 남녀의 성교를 죄악시 여기는 동양의 풍조가 번역 과정에 의도적으로 도입되었는지도 모른다. 아무튼 후대 사람들은 처녀에게서 난 아들 임마누엘을 인간이 아닌 초인적 신의 아들로 해석했다. 그러나 유대교에서는 이 기독교 해석에 강력 반발했고, 그들이 번역한 그리스어 해석에도 '파르테노스'를 '네아니스(결혼한 젊은 여자)'로 대치시켰다. 번역상의 실수였을 이 사실은 신약 전승에 와 의심 없는 사실로 받아들여졌는데, 영웅이 기적적으로 동정녀를 통해 나온다는 그리스 신화 때문이다.

동정녀 사상은 예수의 어미가 처녀여야 한다는 당위성을 낳게 했고, 훗날 마리아는 원죄를 가져온 하와의 불순종과 상대되는 순종의 인물로 선포되며 원죄가 없는 숭배의 대상이 된다. 이 교리는 1854년 12월 8일 로마 교황 피우스 9세 교시에서 확정되었다.

처녀 잉태 신화는 고대 중동에서 먼저 시작되었다는 견해가 우세하다. 이집트의 여신 하토르가 그리스로 넘어가 미의 여신 아프로디테가 되었고, 가나안 처녀의 여신인 아나트는 그리스로 가 아테네의 여신이 되더니, 다시 성모 마리아로 되살아났다는 주장이다.

처녀에게서 영웅이 난다는 전승은 세계 여러 신화에도 남아 있다. 이란의 사오쉬얀트 전승과 베르질리우스의 목가를 보면 새 시대를 이끌어갈 영웅 아이가 처녀로부터 탄생한다는 전승이 있다. 푸에블로 인디안 설화에도 태양신이 대지로 생명의 불꽃을 보내 인디안 처녀의 몸에서 사내를 낳게 했다는 전승이 있다. 동양 고대 전승에도 시조가 인간이 아닌 햇빛이나 달빛을 안고 처녀의 몸에서 태어났다고 생각하는 신화가 많다.

이사야는 야웨 신이 이 땅에 신천지를 창조할 것이라고 예언한다.

보라, 내가 새 하늘과 새 땅을 창조하나니 이전 것은 기억되거나 마음에 생각나지 아니할 것이라. …… 그때 이리와 어린 양이 함께 먹을 것이며, 사자가 소처럼 짚을 먹을 것이며, 뱀은 흙으로 식물을 삼을 것이니 나의 성산에서는 해함도 없겠고 상함도 없으리라.

이 노래는 고대 수메르의 낙원 신화 '딜문의 이야기'를 닮아 있다.

딜문에서 늑대는 양을 잡아먹지 않고, 새끼 염소를 탐하는 들개가 없으며 …… 내 눈이 아프다 말하는 사람이 없고, 내 머리가 아프다 말하는 사람도 없고 ……

그 밖에도 다른 수메르 신화인 '엔키와 닌후르삭 신화'나 '엔메르카르와 아랏타의 주(主)'에 나오는 유토피아 상상을 보면 뱀이나 전갈, 사자, 여우가 없는 세상이 그려져 있다.

이사야는 신화 속 동물들의 이름을 자주 들먹이면서 기도를 올렸다. 그가 그 신화를 믿었는지 아니면 우화로 사용했는지는 알 길이 없다.

> 야웨의 팔이여, 깨소서! 능력을 베푸소서. 옛날 옛 시대에 깨신 것 같이 하소서. '라합(신화 속 바다 괴물)'을 저미시고, 용을 찌르신 이가 주가 아니십니까?

이사야는 야웨를 깨우고 있었다. 고대 중동에서는 신도 잠을 잔다고 생각했다. 바벨론의 식물 신 '담무스(바벨론의 식물 신)'[234]가 겨울잠을 자듯, 그리고 봄에 다시 생물과 함께 소생하듯 신도 그럴 것이라 생각한 것이다.

이사야서는 남왕국 궁중 예언자 이사야의 단독 저작이 아니라 최소한 둘 이상의 작가가 쓴 합작 문서라고 보는 것이 정설이다. 제2의 인물은 현재에 이르러 '제2의 이사야'라고 부르는데, 예언이 이사야서 후반에 기록되었기 때문이다. 이 자는 이사야 40~55장에서 바벨론 붕괴 직전 예언을 하고 있다. 그러나 이사야서 34, 35장이나 56~66장은 이사야나 제2이사야의 저작이 의심되고, 현대 신학자들은 다른 3자 또는 4자, 5자의 저작으로 이해한다.

이스라엘 예언자들은 한결같이 '야웨의 날'이 도래할 것이라고 전했다. 이 야웨의 날은 예언자 이사야, 요엘, 스바냐 등에 의해 외쳐진다. 야웨의 날에 심판 받는 대상은 이방의 신들, 이방 민족들, 범죄를 저지른 야웨의 백성들이며 예언자들은 야웨가 심판의 방법으로 칼, 기근, 전염병, 불, 지진 등을 사용한다고 경고했다.

그래서 이스라엘 백성들은 야웨의 날이 가까웠다고 말했을 때, 적들은 망하고 이스라엘에는 영광이 주어지는 희망의 날로 생각했다. 이 '야웨의 날(주의 날)'은 먼 훗날 신약 전승인 누가와 바울 서신, 요한계시록 등에 새롭게 선포되는데, 그때는 메시아의 강림과 말세의 때로 사용되었다.[235]

그런데 야웨의 날은 원래 가나안 신 바알이 물(水)의 신과 싸워 승리한 뒤 왕권을 장악한 신화의 날에서 생겨난 것이다. 이 말은 발전되어 고대에서는 어떤 왕이 적을 물리치고 승리를 거두었을 때를 기념해 '신의 날'이라고 불렀다.

미가

미가는 농부 출신의 남왕국 예언자였다. 미가는 메시아가 다윗의 가문에서 나와 그의 고향 베들레헴에서 탄생할 것을 예언한다. 미가의 이러한 예언은 후대 신약 전승 저자들에게도 지대한 영향을 미쳤다.

마태는 예수의 부모가 베들레헴에 살아 그곳에서 아기가 탄생했다고 기록했다. 반면 누가는 예수가 갈릴리에 살았으나 천년 전 조상이었던 다윗의 고향인 베들레헴으로 호적하러 갔다가 그곳에서 불시에 아기를 낳았다고 기록하고 있다(그러나 그

호적 조사는 로마의 왕 가이사 아우구스투스가 식민지 전체를 대상으로 한 것이 아니었고, 일부 지역에서만 실행되었다. 그 시기도 기원후 6년이다. 예수는 기원전 3년에 출생한 것이 정설로 받아들여지고 있다. 또 신약성서에는 예수 탄생 시 시리아 총독이 '구레뇨'라고 기록되어 있으나 역사적으로 당시 총독은 '사트르니우스'였다). 아마도 메시아는 히브리 전승의 예언대로 다윗의 후손이어야 했기에 두 저자는 임의로 예수의 족보를 만든 것 같다(배화교에도 구세주인 사오니안트가 그 종교의 창시자 조로아스터의 족보에서 태어난다).

이때 백성들은 미가가 예언한 베들레헴에 태어날 메시아도 신이 아니라 '인간'으로 해석했을 것이다. 미가도 메시아는 앗시리아와 니므롯 땅, 즉 바벨론을 황폐케 할 자라고 예언했기 때문이다(미가 5장 2절 6절 참조).

예레미야

남왕국 멸망 직전에 나타난 예언자 예레미야는 독특한 인물이다. 이사야를 비롯해 야웨 예언자들은 외세와의 타협을 극력 저지했다. 반면 정치적으로 바벨론파처럼 보이는 예레미야는 이스라엘이 범죄하여 자초한 결과이니 야웨가 징계의 채찍으로 사용하고 있는 바벨론 속국의 멍에를 메라고 예언했다. 포로 생활을 하며 참고 견디다보면 언젠가 다시 야웨가 나라를 회복시켜준다는 것이다(동시대에 활약했던 에스겔 예언자도 비슷한 예언을 했다).

예레미야는 히브리 예언자들 중 가장 많은 신탁 자료를 남겼다. 그리고 히브리 전승 예언자들 가운데 실존했을 가능성이 가장 높은 인물이다. 또 현실적이고 합리적인 내용으로 신탁을 전한 인물이다. 그가 받았다는 신탁처럼 당시 남왕국 백성들이 생존할 수 있는 길은 오로지 바벨론에게 항복하는 것 밖에 없었다.

예레미야는 어미 뱃속에서 나오기 전부터 신이 예언자로 예정했다고 한다. 인간의 일생이 출생 이전에 결정된 것이라는 내용은 고대 신화의 특징이다. 기원전 3~2세기 푼족의 신화 비문에는 이렇게 기록되어 있다.

> 태초부터 신들이 태어날 사람의 이름 및 특징을 기록해 놓았다.

보수적인 시각에서 히브리 전승 예레미야서는 예레미야가 받은 신탁을 제자 바룩이 쓴 것으로 본다. 그러나 신학자 모빙켈 (Sigmund Mowinckel)은 바룩 저작을 부인했고, 기원전 580~480년 예레미야 사후 이집트에서 누군가에 의해 작성된 것이라고 주장했다. 신학자 메이(Rollo May)도 예레미야서는 예레미야 동시대에 나올 수 없으며 5세기 초의 작품으로 본다. 특히 예레미야가 지었다는 히브리 전승 예레미야 애가는 그 전승 자체가 예레미야의 이름이 언급되거나 시사된 것이 없을뿐더러, 두 사람 이상 시인들의 합성 작품으로 본다(기원전 2000년경 수메르의 문학 '우르의 파멸에 대한 애가'와 예레미야 애가는 문체가 많이 닮았다).

나훔

남왕국의 나훔 예언자는 북왕국을 멸망시킨 앗시리아 도성 니느웨가 함락될 것이라며 다음과 같이 묘사했다.

용사들의 방패는 붉고, 무사들의 옷도 붉으며 그 항오를 벌이는 날에 전차의 철이 번쩍이고 노송나무 창이 요동하는도다. 전차는 거리에 미치게 달리며 대로에서 이리저리 빨리 가니 그 모양이 횃불 같고 빠르기가 번개 같도다. 강들의 수문이 열리고 왕궁이 소멸되며, 왕후가 벌거벗은 몸으로 끌려가며, 그 모든 시녀가 가슴을 치며 비둘기 같이 슬피 우는도다 ······.

히브리 전승은 나훔이 미래를 예언하고 쓴 글이라고 했지만, 이런 세세한 묘사를 보면 그 전투상황을 소상히 들은 자의 글이다. 나훔은 니느웨가 멸망할 당시 동시대 사람이다.

다니엘

이스라엘은 건국 500년 역사 동안 주위에 강대국이 없어 제국으로 독립을 유지할 수 있었다. 다윗, 솔로몬 때는 가나안을 호령하기도 했다. 그러나 기원전 8세기 중엽부터 앗시리아와 바벨론이라는 초강대국이 다가왔고, 이후 이스라엘은 무자비한 침공을 받는다.

이스라엘의 멸망 원인을 역사적으로만 생각한다면 상대인 앗시리아와 바벨론이 너무 강했기 때문이다. 그들은 근동 대소국을 모두 지배했다. 소국 이스라엘은 초강대국에 맞서 상대도 되지 않는 전쟁을 해야 했다.

그런데 고대 메소포타미아 문명권 안에서는 국가적인 재앙의 원인을 지도자의 삶과 연관해 생각하는 것이 통념이다. 왕이 신의 뜻을 따르지 않았기 때문에 도래한 비극으로 생각했다. 사무엘서, 열왕기, 역대기 등의 히브리 전승 역시 다를 바 없다. 저자들은 한결같이 나라가 고난을 받는 원인을 왕에게 묻고 있다. 불신앙 때문이란 것이다.

왕의 불신앙 때문에 신이 노해 나라를 멸망시킨 예는 고대 중동 신화에 수없이 많다. 수메르 전승에 의하면 사르곤 1세의 아들 '나람신'이 '닙프르(수메르의 종교 도시)'를 약탈하고 '에쿠르(닙프르의 수호신 엔릴 신전)'를 모독하자 신이 산악 야만족속 구티족을 동원해 아남신이 세운 나라 아카드를 폐허로 만들었다고 전해진다.

북왕국과 남왕국은 모두 멸망했다. 도성 사마리아와 예루살렘도 철저히 파괴되었다. 히브리 전승 저자는 신을 잘못 섬겨 저주받은 것으로 해석한다. 신에 의해 도시가 파괴된다는 신탁은 고대 수메르 시절부터 자주 있었다. '웨이드너 연대기'의 기록에서는 마르둑 신이 바벨론 도성의 멸망을 선언한다. 바벨론의 왕 나람신의 범죄 때문이었다.

다니엘서와 에스더서, 에스겔서, 느헤미야, 에스라 등 후기 히브리 전승은 왕조가 멸망하고 이방에 포로로 잡혀 온 유대인(당시 이스라엘인들을 이렇게 불렀다.)의 에피소드를 다루고 있다.

히브리 전승 속 다니엘은 요셉과 같은 전철을 밟은 인물이다. 그는 요셉처럼 적국에 노예로 끌려왔고, 해몽을 잘해 총리에 오른 자다. 그러나 다니엘 역시 역사적 고증으로 실존 여부를 강하게 의심받는 인물이다.

히브리 전승에 의하면 다니엘은 바벨론 왕 느부갓네살의 꿈을 해몽했다고 한다. 느부갓네살은 꿈속에서 거대한 신상을 보았는데, 그 신상은 여러 강대국이고 바벨론이 그 모든 국가들을 멸망시켜 세계 통일 국가를 세운다는 것이었다. 그때 느부갓네살은 다니엘의 해몽에 놀라 엎드려 절을 하며 야웨만이 '참신'이라 찬양했다고 한다. 그러나 바벨론 왕조의 수많은 기록 어디에도 느부갓네살이 개종했다는 내용은 없다. 요나에 의해 앗시리아 왕이 개종했다는 기록이 없는 것과 같다.

다니엘은 바벨론 왕이 내린 이교도 음식을 먹지 않고 채식을 했으며, 그들의 종교를 따르지 않아 사자 굴에 갇히기도 했다. 우리에게 잘 알려진 사자가 우글거리는 굴 속에서 그가 살아남은 이 설화 또한 사실성을 의심받고 있다.

히브리 전승은 다니엘을 핍박한 왕을 다리우스[236]라고 기록했다. 그러나 이 왕은 다니엘서의 내용과 다르게 아하수에로 왕의 아들이 아니고 캄비세스 2세의 아들이었다. 또 다리우스는 바벨론 왕이 아닌 페르시아 왕이다. 다니엘과는 시대적으로 만날 수 없다. 다니엘서의 저자가 오류를 범한 것이다. 이 이야기가 신화였음을 강력하게 반증한다.

원래 그리스어로 번역된 70인역에 전승되어 내려오는 다니엘서 뒷부분에는 '세 아이의 노래'[237] '수산나'[238] '용과의 싸움'[239] 등으로 부르는 내용들이 있었다. 그러나 후대에 와서 너무 신화성이 강해 없었거나 외경으로 처리하기도 했다. 그만큼 다니엘서는 사실성이 떨어진다.

묵시문학인 다니엘서는 종말 사상을 기록했으며, 신앙을 지키는 자에게 영광스러운 세월이 온다는 약속이 실린 예언서다. 그런데 본문의 내용을 보면, 전제되었던 것 외에도 다른 왕조였던 나보니두스 왕이 느부갓네살의 아들이라고 기록되는 등 모순이 많다.

현대 신학자들은 다니엘서를 다니엘 때(기원전 580년경)가 아니라 기원전 166~163년 사이 그리스가 이스라엘을 지배하던 때의 저작으로 본다. 당시 그리스 총독 안티오쿠스가 유대인들을 다스리며 돼지고기를 먹으라 강요했고, 제우스 경배를 강요했는데 다니엘이 겪은 내용과 너무도 흡사하다. 한마디로 그때는 종교 핍박의 절정기였다. 따라서 어떤 저자가 박해를 받는 이스라엘인들에게 소망을 주기 위해 지난날의 역사를 배경 삼아 창작한 기록일 것이다(주후 3세기 신학자 포르피리부터 현대에 이르기까지 신학자들의 주장이다).

다니엘이 실존인물이라면 바벨론 포로 중 출세한 이스라엘인이었을 것이다. 당시 식민지를 다스리던 왕들은 포로를 인질로 삼아 자국의 인재로 사용하기도 했다.[240] 그는 권력 가까이에 있었지만 거세된 환관장이었을지도 모른다.

에스더

　에스더서는 유대인들이 가장 좋아하는 히브리 전승이다. 그 내용은 바벨론 느부갓네살 왕 때 예루살렘에서 포로로 잡혀간 모르드개가 조카 에스더를 페르시아의 황후로 키워 포로였던 유대인을 구원한다는 설화다.

　그런데 고대 로마의 역사가인 플루타르크의 역사서를 보면 크세르크세스 1세(히브리 전승의 아하수에로와 동일 인물)의 이야기가 나온다. 그러나 그의 아내는 히브리 전승에 나오는 와스디도 아니고, 훗날 왕후가 된 에스더도 아니다. 그녀는 '아메스트리스'다. 어떤 신학자들은 아메스트리스가 와스디라고 생각한다. 아메스트리스가 워낙 아름다워 별명인 와스디(아름다운 여인)라 불렸다는 것이다. 반면 다른 신학자들은 히브리 전승 에스더서가 꾸며진 이야기라고 본다.

　히브리 전승 속의 모르드개는 왕후궁을 마음대로 출입했던 것으로 보아 환관이었던 것 같다. 에스더서 2장 6절에는 모르드개가 기원전 597년에 남왕국 고니야 왕과 함께 포로로 잡혀 왔다고 기록되어 있지만, 그렇다면 그가 섬긴 페르시아 아하수에로 왕 때 그의 나이는 120살이 넘는다. 에스더와 모르드개가 꾸며진 인물일 수 있다는 가능성을 의미한다.

　또 에스더의 동포인 유대인들을 죽이려 했던 페르시아의 군대장관 하만이 아하수에로 왕에게 뇌물로 바친 예물의 양이 히브리 전승에 기록되었는데, 그것이 은 1만 달란트(34만 kg)라든가, 하만이 유대인들의 목을 매달기 위해 세운 장대가 23m라든가, 모르드개가 유대인을 핍박한 본국 페르시아인 7만 5천 명을 죽였다는 내용을 보더라도 에스더서가 허구일 가능성이 많다고 일군의 신학자들은 주장한다.

에스더서는 사용된 언어와 내용으로 보아 기원전 125년경 저술로 보는 것이 현대 신학자들의 정설이다. 또 에스더의 이야기는 바벨로니아 신 마르둑(히브리어 발음으로 모르드개)과 바벨로니아 여신 이쉬타르(페르시아어로 스타라. 즉 별을 뜻하는 에스더)와의 신화적 기담이 엮어진 이야기가 아닌가 생각된다. 상대자 하만 또한 엘람의 신 홈만에서, 그의 아내 세레스는 엘람의 여신 키리샤에서 그 이름이 유래되었다. 와스디 또한 엘람의 신 마쉬터에서 유래된 것을 보면 이 이론이 신빙성이 있다. 바벨로니아 신화에서도 마르둑과 이쉬타르는 모르드개와 에스더처럼 삼촌지간이었다.

만일 에스더가 실존 인물이라면 황후가 아니라 포로로 잡혀온 유대인의 후예로 출세한 비빈이었을 것이다. 정실이 아니기에 에스더는 왕 뵙기를 요청할 때 히브리 전승 내용대로 목숨을 걸어야 했을 것이다.

욥기

바벨론에 의해 멸망해 포로로 잡힌 이스라엘인들은 이제 바벨론을 제압한 페르시아와 그리스의 지배를 받게 된다. 당시 그리스는 종교에서 철학으로 관심이 전환되고 있었다. 고대 그리스인들의 신관은 기후, 산, 숲, 나무 등에 정령이 있고, 자연현상이 변덕스러운 신의 행위라고 생각했으나 이제 그것이 자연법칙의 문제임을 깨닫기 시작한다. 그리고 그 문제를 종교가 아닌 철학으로 풀고자 했다. 지혜와 지식은 그리스 철학의 관심사였다. 이 영향을 받고 유대인 저자들에 의해 그리스 철학, 근동 정신, 야웨 신앙이 합쳐진 잠언, 전도서, 욥기 등 지혜 문학이 편집된다.[241]

히브리 전승에서 예언서 저술이 주류를 이루었다가 지혜서 저술로 바뀐 이유 중 하나는 예언서의 내용대로 이루어지지 않았기 때문인 측면도 있다. 이스라엘과 예루살렘이 복구되어 근동을 지배할 것이라는 예언이 끝내 이루어지지 않은 데 대한 실망 때문이다.

신은 정의로운가? 정의롭다면 왜 이 세상에 악이 있는가? 신은 전지전능한가? 그렇다면 왜 악을 제거하지 못하는가? 이러한 문제를 거론하는 것이 '신정론'인데, 히브리 전승에서는 욥기가 이 주제를 가지고 쓴 책에 속한다.

욥기에는 한 의인이 죄와는 무관하게 고난을 당하는 이야기와 친구들이 찾아와 그 고난의 이유를 나름대로 해석하는 이야기가 기술되어 있다. 현대 신학자들은 욥기가 기원전 6~4세기 작품이라는 데 의견을 모으고 있고, 고대 이집트 설화 '말 잘하는 농부 이야기'와 고대 바벨론의 시 '나는 지혜의 주인님을 찬미하련다'와 유사성을 가지고 있다고 본다.

고대로부터 인간들은 고난 문제의 해답을 두 가지 방향에서 찾고자 했다. 먼저 페르시아의 종교인 조로아스터교 이원론적 사고가 주는 답이다. 즉 '아리만'이라는 악신이 악과 불의의 원인이 되어 고통을 주고, '오르마즈드'라는 선한 신이 정의와 미래의 보상을 약속한다.

반면 이스라엘에서는 고난도 유일신인 야웨가 악의 세력을 사용해 인간에게 내렸다는 생각을 가졌다. 처음에는 이스라엘인들도 이원론적으로 생각해 고난은 마귀나 귀신의 세력에 의해서 들어왔다고 해석한 것 같으나 유일신론이 정립된 후에는 이 문제도 야웨의 뜻으로 해석했다. 그러나 유일신론이나 이원론이나 악이 선을 이기는 불합리한 세계 역사, 불합리한 인간의 인생에 관해서는 어떤 답도 제시하지 못한다. 고난의 문제를 다룬 히브리 전승의 욥기 내용도 '왜 고난이 왔는가?'[242]에 대해 토론만 할 뿐 결론은 내리지 못하고 있다.

대부분의 종교는 해결책으로 '악한 세력에 의해 의인은 일시적으로 고난을 당하지만, 내세에는 좋은 생활을 누린다'는 답을 제시한다. 기독교와 이슬람('신 앞에 순종'이라는 뜻)교, 힌두교, 불교 모두 표현 방법은 다르나 결국 동일한 결론을 제각각의 방식으로 변주한 것이다.

고대 바벨론에서는 욥기처럼 신의 정의에 의문을 제기하는 신정론이 발달했다. '인간과 그의 신'이라는 수메르 작품에도 고난을 받는 자가 신에게 겸허하게 굴복해 구원을 찾는 내용이 기록되어 있다.

인도의 전설 가운데 '하리스칸드라 이야기'를 보면 욥기와 유사한 부분이 많다. 신들이 완전한 인간을 찾고자 하여, 하리스칸드라 왕에게 고난을 주지만 그가 신을 배신하지 않고 끝까지 믿음을 지킨다는 이야기다. 이 설화는 욥기서의 내용과 매우 유사하나 거리나 시대적으로 너무 멀기 때문에 욥기서와 서로 영향을 받았다고 여겨지지는 않는다. 시대와 인종을 초월한 인간의 공통 인식이 비슷한 작품을 낳았을 것이다.

진화한 야웨 종교

헤겔은 변증법적으로 정신의 진화를 주장했다. 그는 기독교 사상이 기독교 이전의 사상에서 발달해왔다고 믿었다. 그는 기독교가 '자연 원시종교(다신론적 정령종교)'에서 '절대 종교' 유일신교로 발전했다고 보았다.

야웨 종교의 유일신관

어쩌면 지능이 높은 생명체일수록 신을 그리워하고, 신을 부르는 종교심이 본능처럼 내재되어 있는지도 모른다. 고릴라나 오랑우탄, 침팬지 등 유인원들까지도 천둥소리가 울리고 번개가 친다거나 큰물이 쏟아져 내리는 폭포 앞에 서면 어떤 공포감을 느껴

괴성을 지르고 돌, 나뭇가지를 던지기도 한다. 이 공포심이 종교심의 시작일 것이다. 20만 년 전에 생겨나 소멸된 원시인 네안데르탈인도 죽은 자를 매장하는 종교의식을 행했다.

원시인들은 생물계와 무생물계를 사실상 구분하지 않고 인격적으로 보았다. 전 우주에서부터 길섶 돌 한 개, 개미 한 마리까지 인격을 가진 정령이 깃든 것으로 보았다. 고대 메소포타미아 사람들 역시 치통을 일으키는 벌레(?)에까지 만물에 내재하는 정령이 존재한다고 생각했다. 그래서 이 정령에게 비가 오게 해달라거나 병을 낫게 해달라거나 그 어떤 것을 바라기도 했다.

이 정령사상이 진보해 인간들은 조상을 섬기기 시작했다. 망령에 대한 두려움이다. 처음의 신들은 바로 이 망령, 즉 죽은 자들이었다. 죽은 자가 나쁜 정령이 되지 않게 하려면 달래야 했다. 그래서 무덤을 만들어 주고, 저승에 가서 삶을 계속하도록 물건을 넣어 주기도 했으며 산 자를 같이 묻기도 했다. 이때까지는 종교라기보다는 미신에 불과했다.[243]

그러나 구석기 시대에는 '인격신을 인지하는 종교'가 없는 시대였다. 죽음과 굶주림, 적들의 침입 등으로부터 공포감을 느끼고, 미신의 수단으로 이를 피해보려는 노력은 있었을 것이나 어떤 인격화된 힘은 믿지 않았다. 이제 인간은 조상숭배에서 진보해 고고하고 추상적인 인격신을 섬기게 됐다. 이 신은 바로 청동기 시대 이후 문명화된 거의 모든 지역에서 생겨난다. 이때 중동의 히브리 신 야웨도 나타났다. 처음 원시 신앙에서는 유치하고 비논리적이고 비도덕적인 것까지 신성시했으나 차차 도덕적이고 정교한 신앙으로 발전한 것이다. 그런데 이 인격신도 처음에는 다신(多神)이었다.

처음 누군가 이상한 상상을 품게 될 때 그것은 망상일 수 있지만, 여러 사람이 그 망상을 품고 이를 세월 속에서 다듬어 가면 신화가 된다. 그 신화를 처음 종교로 만든 자들은 수메르인들이다. 수메르인들은 농경민이었기에 하늘의 신, 달의 신 외에도 비와 바람, 우레 등을 내려주는 많은 신을 숭배했다. 그들은 농사의 풍요가 어떤 특정 신만으로 이룩되는 것이 아니라, 한 가지 능력을 가진 여러 신들이 모두 도와주어야 하는 것이라 믿고 다신을 섬겼다.

그 후 신에 대한 생각은 더 광범위하게 사고되고 바뀌게 된다. 그리고 신은 무소불능한 정령이라고 생각한다. 그러다보니 원시신앙에서 보이는 신의 경쟁자나 신의 아내, 신의 아들 등 신과 대등한 것이 존재한다면 그것은 무소불능한 신의 개념과 어울릴 수 없었다. 신은 모든 것을 지배하고 초월한 존재여야만 했다. 그래서 전지전능하고 무소불능한 신이 탄생한다. 바로 유일신이다. 신은 하나만으로 충분했다. 다른 경쟁자가 있다면 그것은 완전한 신으로서는 부족했다. 모든 것은 하나의 신에서 나왔고, 그 신은 모든 것을 지배하는 것이다. 악과 악마의 존재까지도 신의 주권 아래 부하 역할로 활동하는 존재다. 가장 오래된 다신교 바벨론 신앙도 후기에 와서는 단일신교와 유일신교로 바뀌게 된다.

신들 중 하나였던 바벨론 최고신 마르둑도 후기에는 유일신처럼 호칭된다. 전날 비는 폭풍의 신 하닷이 내려주었지만 그 비도 마르둑이 내려주고, 달은 월신인 신(Sin)이 비춰준다고 생각했지만 나중에는 그 달빛 또한 마르둑 신이 내려준다는 생각을 갖게 된다. 종교의 진화다.

세상에는 수많은 다신교가 생겨났지만 모두 소멸됐다. 그러나 유일신교는 여전히 존재한다. 셈족 문화권을 배경으로 한 유대교, 기독교, 이슬람교가 그것이다. 힌두교 또한 다신교가 아니라 다르게 표현된 일신교다. 창조자인 브라흐마, 수호자인 비슈누, 파괴자인 시바와 또 수없는 여신들, 코끼리 형상을 한 가네슈가 있지만 그들은 하나의 신의 서로 다른 모습이거나 화신이다.[244] 그리고 유교나 불교는 종교라기보다는 종교의 옷을 입힌 철학이다.

신이 유일하다는 생각은 종교인의 사상만이 아니다. 예수가 오기 500년 전, 이교도였던 그리스의 철학자 크세토파레스나 이집트 현자 트리스메기스투스 역시 '신은 하나'라고 말했다.

히브리의 유일신은 청동기 후기 종교다. 유대교나 기독교 이후 세계에 알려진 다신교는 없었다. 훨씬 후에 생긴 조로아스터교[245]와 이슬람교는 이 히브리 종교에서 영향을 받은 유일신교다. 유일신교는 다신론교에서 진화한 우월한 종교다.[246]

모세 이전의 가나안 원주민들은 나름 지방신들을 숭배하고 있었으나 자신들의 신이 절대적 존재라거나 유일한 신이라는 의식은 없었다. 다른 족속들의 신을 인정했으며 그 신들의 능력을 따져 우세한 신과 열세한 신을 가렸다. 그런데 이스라엘에서는 야웨 신을 받아들인 후, 처음부터 야웨 신 이외의 다른 신을 섬기지 못하게 했다. 야웨는 경쟁자를 용납할 수 없는 질투의 신이다. 야웨의 능력은 너무나 엄청나 다른 어떤 신도 대등한 위치에 있을 수 없었다. 그는 홀로 우주를 창조했으며 배우자나 자손도 없다.[247] 그는 유일신이다.

모세 당시 메소포타미아에는 400여 개의 신이 있었고, 이집트에는 240여 개의 신이 존재했다. 중동 서남아시아에서 유일신을 숭상하는 족속은 히브리인뿐이다. 이 유일신교는 이스라엘을 단일민족으로 강하게 묶어 놓았고, 동시에 그 지역에서 타민족들로부터 고립시켜 놓기도 했다.

하지만 유일신교는 어쩌면 이스라엘인들이 자연스럽게 택한 사상인지도 모른다. 히브리 족속은 가나안에 들어와서도 수없이 많은 이방족들에게 둘러싸여 있었다. 언제든지 그들과 동화되지 않도록 지도자들은 끈질긴 투쟁을 계속해야 했다. 이러한 상황은 점차 배타적으로 발전해 나갔으며 그들의 종교는 다른 어떤 다신교와도 타협할 수 없는 종교로 이어졌을 것이다.

그런데 이 유일신 사상은 모세가 처음이 아니다. 이 사상은 신들의 나라였던 이집트에서 이미 생겨난 바 있다. '아켄아톤(아멘호텝 4세)'은 아톤 신을 믿는 유일신론자였다. 그는 아톤이 이집트 신만이 아니라 모든 인류와 생명을 우주와 함께 조성한 창조신이라고 선포한다. 한때 풍미했던 이 유일신 사상은 이단으로 몰렸지만, 백년 후 그 사상의 추종자들과 역사 기록에 의해 파라오 궁의 왕자였던 모세에게 알려졌을 것이다. 이집트에서 유일신 혁명이 일어났을 때는 모세가 파라오 궁에 살던 시기에서 불과 두 세대 지난 다음이다. 그 유일신론은 이단으로 정죄되었지만,[248] 이후에도 사상은 멸절되지 않고 이집트 신앙 가운데 이어져 왔다. 테베의 종교문서 묘사에도 유일신 사상이 나타나 있다.[249]

심리학자 프로이드도 1939년의 논문에서 모세가 이집트 유일신을 모방해 야웨 신을 만들었다고 발표했다. 그는 모세가 이집트인이며 이스라엘 노예들의 감독관이었는데, 그들을 이끌고 가나안으로 향했다고 주장했다. 신학자 캠벨(Joseph Campbell) 역시 유일신론은 모세가 이집트에서 가져온 사상이라고 주장했다.

그러나 아켄아톤의 유일신과 모세의 유일신에는 차이가 있다. 이집트 유일신은 태양신의 햇빛에 감사하는 자연숭배사상에서 멈췄다. 그러나 모세의 유일신은 절대 유일신 사상에 인격을 부여해 야웨를 지(知), 정(情), 의(意)를 갖춘 인격신으로 만들었다. 반면 구약성서가 집필될 당시 이스라엘인들이 바벨론에 포로로 잡혀왔을 때, 바벨론 왕 나보니두스의 영향을 받고 야웨 종교가 유일신 종교로 되었다고 믿는 신학자들도 있다. 나보니두스는 이집트 파라오 아켄아톤처럼 유일신교를 주장한 왕으로 알려져 있다. 이 자는 하란의 월 신을 유일한 신으로 선포했다(정확히 말하면 많은 신 중에 최고의 신으로 섬기는 단신교였던 것 같다). 이 유일신론이 포로였던 유대인들에게 영향을 주어 그들도 야웨를 유일신으로 정립시켰다는 것이다.

엄밀히 보면 모세가 선포한 신도 고대 중동의 영향을 받았으므로 초기에는 완전한 유일신이 아니다. 초기 히브리 전승도 야웨를 가리킬 때 가나안 사람들의 다신론 표현이었던 '엘로힘 (신들)'250)이라고 불렀다. 그리고 그 전승에도 야웨 스스로가 인간 창조에 대해 말할 때 '우리 형상대로 만들자'라는 표현 등을 사용했다.

또 히브리 전승에는 '브네 엘로힘(신의 아들들)'이란 말도 나오는데 그 아들들은 천상의 존재를 지칭하는 것으로 신과 동급의 존재들을 말하는 것이다.251) 또 야웨가 차폰 산(북쪽의 산)에서 여러 신들과 회의를 했다는 표현도 있다.

> 신은 신의 회의에 계신다. 신들 가운데 서서 심판하신다.
>   - 시편 82편 1절 참조252)

십계명에도 '나 외에 다른 신을 섬기지 말라'는 계명이 있고253), 모세의 노래 중에도 '야웨여, 신 중에 주와 같은 자 누구오니이까' 또는 '야웨는 모든 신보다 크도다'라는 표현이 있다. 이 또한 다른 신을 인정하는 것이다. 모세 때도 엄밀히 말하면 유일신이라기보다는 '일신숭배'254) 신앙이었다.

또 아브라함과 롯이 만났던 천사의 수는 언제나 여러 명이었다. 도대체 전지전능한 신과 함께 하는 사자가 왜 여러 명 몰려다닐 필요가 있단 말인가? 이는 중동 여행자들이 토착민 적들을 두려워해 여럿이 모여 동행하는 풍습에 기인한 것이지만,

신의 현현(顯現)을 전승한 이 사건들 또한 다신론에서 나온 사상이다.

초기 히브리인들은 다른 중동인들처럼 다른 신을 인정한 면도 있었다. 그들이 생각하기에 야웨는 이스라엘의 신이며, 이스라엘 백성은 그 신을 반드시 섬겨야 하지만 다른 백성들은 다른 신을 가져도 되고 섬겨도 된다고 믿었다.[255] 그러나 세월이 흐르고 왕정시대에 와서 야웨 신은 더 위대해지고, 예언자들에 의해 천상천하에 유일한 신이라고 정의된다. 다신이 단일신론 [256]을 거쳐 유일신이 된 것이다. 족장신이 부족신으로, 또 민족신으로, 다시 우주적인 신으로 진화한 것이다.

야웨 예언자들은 '만방의 모든 신은 헛것이요, 야웨가 하늘을 지었다'고 선포한다. 다른 신들은 '엘릴림(헛것)'이 된 것이다. 이제 그들은 다른 신들이 모두 '로 엘로힘(신이 아니다)'이라 선포한다. 그리고 입과 문서를 통해 '나는 신이다. 나 외에 다른 신이 없다' '나는 야웨다. 나 외에 다른 신이 없다'라고 외친다. 유일신론이 정립된 것이다.[257]

중동에서 신은 처음에 유형의 존재였다. 귀신과 신은 구별이 되지 않았고, 때로 신들은 가나안에서 아사셀[258]이고 흉흉한 '얌(바다 귀신)'이었으며 '리워야단(바다의 뱀)' '라합'[259]이었다. 신은 '베헤모드(사막의 용)'였으며 바벨론 신화에서는 신의 이름이 '티아맛(커다란 바다뱀)'이었다. 또 에디오피아인들은 신을 들창코 흑인으로 보았고, 트라키아인들은 신이 푸른 눈에 빨간 머리칼을 했다고 전하는 등 민족이나 족속마다 나름 그 형상을 상상했다.

히브리인들은 신도 인간의 형상을 하고 있다고 믿었다. 히브리 전승에 보면 인간은 신의 '체렘(형상)'을 따라 '드무트(모양)'대로 만들어졌다고 한다.[260] 그들은 인간이 신의 모습으로 지음 받았다고 믿었다. 이는 바벨론에도 있는 사상으로 그들의 왕은 마르둑이나 벨 신의 '살무(아카드어로 '형상'이라는 뜻)'라고 생각했다.

히브리 전승 저자들도 일명 신인동형설(神人同型說)적 표현을 자주 썼다.[261] 야웨가 에덴동산을 거닐고, 노아 방주의 문을 열어주고, 그가 바친 희생제물의 향내를 맡고, 하늘에서 내려와 인간이 쌓는 바벨탑을 바라보고, 야곱과 씨름을 하기도 했고, 모세와 얼굴을 맞대어 보기도 했고, 손가락으로 십계명을 쓰는 등 신을 인간의 한 모습으로 생각하기도 했다.

히브리 전승에 나타나는 신의 모습을 가리켜 전기에는 '신의 출현'이라 말하고, 후기의 전승은 '신의 사자(천사)의 출현'이라 말한다. 더 위대해진 신은 이제 감히 인간이 볼 수 없는 존재이고, 보면 죽는다고 믿은 것이다. 그리하여 처음에는 그 자신이 나타나다가 후기에는 부하인 사자를 인간에게 보낸 것이다.

그러나 이 유형의 신은 세월이 지나면서 무형의 존재로 바뀐다. 신이 시공간에 얽매인 듯한 형상을 갖는다면 이미 불완전한 모습이기 때문이다. 그리고 그 초월적인 위대한 신을 어떻게 글로 묘사할 수 있단 말인가?[262] 그러나 마귀 사탄[263]의 존재는 여전히 괴물로 남았다. 그 존재는 불완전 존재이기 때문이다.

고대인이나 현대인이나 정보량은 달라도 뇌의 인식은 다름이 없었을 것이다. 오히려 과학 정보가 없던 그들이 자연현상에 대한 고민이 더 깊었을지도 모른다. 청동기 후기 인물인 모세를 비롯한 당시의 인간들도 우주를 보고 생성원인을 생각하고, 창조자를 생각하지 않을 수 없었을 것이다. 처음에는 신들이 그것들을 만들었다고 믿었다. 그리고 그 다음에는 그 신들을 만든 최고의 신이 있다고 믿었을 것이다. 유일신이다.

야웨 종교의 윤리관

성경을 처음 집대성한 교회지도자 말시온은 야웨 신이 가나안 인에게 저지른 잔혹한 기사에 놀라 구약을 성경에서 제외시켰다.

고대 인간들은 우주의 원활한 운행을 보며 '정의'라는 질서를 생각했던 것 같다. 일부 신의 경우 제의과정에서 인신제사의 흔적이 있고 난잡한 성교의 흔적까지 있지만, 모든 민족의 국신(國神)은 고대로부터 정의(선)를 추구하고 있다. 이렇듯 인간의 심성 속에 선을 추구하는 본능이 있기에 인류가 보편적으로 받들었던 최고의 신은 언제나 선신일 수밖에 없었다. 어느 시대 소수 집단이 악신을 숭배한 적도 있었으나 그런 신들은 인간 내면 속에 정착하지 못하고 사라져 갔다.

히브리 전승 속 야웨 신 역시 보편적으로 선한 신이다. 그러나 야웨는 잔혹한 명령을 내리는 폭군이기도 하다. 약탈을 일삼던 야만적인 유목민 시대에 설화가 형성되었고, 히브리 전승은 그 후에 그 설화를 토대로 쓰였기 때문이다.

기독교 전통윤리는 야웨 신은 선하고, 그 속성을 성경을 통해 나타냈다고 말한다. 또 도덕적 행위와 성경에 나오는 야웨의 행위를 동의어로 이해하기도 한다. 그러나 구약의 내용 역시 다른 경전처럼 고대 야만의 역사를 거쳐 온 유물이다. 아이를 조각내 제물로 바치라는 야웨 신의 요구나, 그러기 위해 아들을 산으로 끌고 가는 아브라함이나, 가나안 땅을 침공해 남녀노소를 잔멸시키라는 야웨의 지시나, 그렇게 실행한 히브리인들의 태도는 종교적 신념과 관계없이 현대의 도덕으로는 지지받기 어려울 것이다.

고대 중동에는 각 도시마다 기거하는 신이 있다고 믿었다. 그리하여 그곳을 침공하는 것은 그 지역 신을 노엽게 하는 일로 보았고, 영토 전쟁을 피했다. 그런데 히브리인들의 가나안 침공은 무차별적이고 무자비한 공격이었다. 유일신 야웨가 원한 전쟁이기 때문이다. 히브리 전승은 이 가나안 정복과 가나안인 말살을 가리켜 신이 일으킨 '성전(聖戰)'이라고 가르친다. 성전은 신이 기뻐하고 명령한 정의로운 싸움이다.

성전은 아라비아어 '혜렘'에서 파생했으며 '살육'을 뜻한다. 그러나 이 말은 '성스러운 전쟁'을 일컫는 말로 변해 히브리인들은 '파괴를 통해 신에게 봉헌한다'는 뜻으로 해석했다. 한 영토 안에서 두 종교가 만나면 반드시 싸움이 벌어졌다. 그것이 인류의 역사였다. 이러한 전쟁을 가리켜 '성전'이라 일컫는 것도 종교의 같은 양상이다. 문명 비평가 헌팅턴(Samuel Huntington)

의 말처럼 현대에도 '문명충돌론'은 진행 중이다.

여호수아와 동시대에 있었던 북쪽 앗시리아에서도 '성전'이라는 이름으로 전쟁이 벌어졌다. 그들은 천둥과 번개의 신인 앗슈르 신이 잔혹한 전쟁을 원하고 있다고 생각했다. 앗시리아군은 도시를 불태웠고, 반항하는 자가 어린아이라도 목을 잘랐다. 그리고 그 행위들을 신 앞에 의롭게 여겼다.

히브리 전승은 가나안 본토민과 성전(聖戰)을 치른 후 야웨가 이렇게 복을 줄 것이라고 기록했다. 신의 말씀이라지만 현대적 윤리로는 쉽게 납득하기 힘들다.

> 야웨께서 네가 채우지 아니한 아름다운 물건이 가득한 집을 얻게 하시며, 네가 파지 아니한 우물을 얻게 하시며, 네가 심지 아니한 포도원과 감람나무를 얻게 하사 너로 배불리 먹게 하실 것이다.

가나안 정복을 신탁 받은 여호수아의 전략은 이러했다. 빼앗으려는 땅에 사는 사람들은 모두 전멸시키고, 멀리 떨어진 지역에 사는 사람들에게는 항복을 요구했다. 항복을 거절한 남자들은 죽이고 여자들은 납치해 노예로 삼았다.

히브리 전승이 모세, 여호수아 사후 1000년 후의 기록이고, 이스라엘 후예들에 의해 꾸며진 것이라면 가나안을 잔인하게 침공하는 묘사는 그들의 이방인에 대한 증오심에서 나왔을 것이다. 성경 집필 당시 이스라엘인들은 바벨론, 페르시아 등에 의해 포로로 잡혀와 고난을 당하고 있을 때였다.

아브라함과 모세, 여호수아 등에게 이교도를 정복하고 가나안 땅을 차지하라는 구약의 성서 글귀는 훗날 역사 지대한 영향을 미쳤다. 더 큰 문제는 후세에 히브리 전승을 문자적으로 믿고, 추종자들이 그 전쟁을 답습했다는 것이다. 중세의 십자군 운동, 이교도 말살, 마녀 사냥이나 라틴 아메리카 정벌, 아메리카의 노예 제도 등이 대표적인 예다.

교황 우르바누스 2세의 명령으로 모집된 십자군은 예루살렘의 유대인과 무슬림 교도들을 향해 진군했다. 그들은 예루살렘에 도착해서 주민들의 얼굴에 칼로 십자가를 긋고 학살했다. 당시 참전했던 종군기자 아질레 레이몽은 그 전쟁을 이렇게 묘사했다.

적군의 머리와 손, 발이 산더미처럼 쌓였다. 십자군은 무릎까지 피가 잠긴 채 진군했다. 이것은 정당한 신의 심판이었다.

로마 교황 이노센트에 의해 반포된 칙령으로 기독교도들은 1252년부터 1542년까지 300여 년 동안 이교도들을 투옥하고, 재산을 몰수한 뒤 산 채로 화형시켰다. 중세 그리스도교 수도사들도 약 1000년 동안 이교도의 문화적 업적을 잿더미로 만들어 서구 문명을 퇴보시켰다. 하지만 그들 모두 거룩한 전쟁을 치르고 있다고 믿었다.

1532년 돼지치기 출신 스페인 제독 피사로는 군사 170명을 이끌고 라틴 아메리카에 도착해 마야 문명을 파괴시켰다. 그 역시 성직자를 앞장 세웠다. 사제는 마야 왕 아따왕빠에게 기독교로 개종할 것을 요구했고, 아무 것도 모르는 그가 거절하자 참혹하게 살해했다.

당시 마야 문명은 청동기 시대에 머물고 있었다. 스페인군은 말과 철기와 총까지 가지고 있었다. 그들은 헤아릴 수 없이 많은 인디오들을 죽이고 착취했다. 또 스페인군이 퍼뜨린 천연두는 저항력이 없던 인디오들에게 치명적 고통을 주었다. 이어 스페인 정복자들은 '엥꼬미엔다(Encomienda)'라는 제도를 두고, 인디오들을 기독교 교인으로 받아주는 대가로 노예생활을 강요했다. 인디오들은 기독교 내세관에 위로를 받으며 현세의 힘든 노동을 감수했다. 그 후 마야인이 섬기던 태양신 제단 위에 산토도밍고 성당이 세워졌다.

스페인 제독 코르테스도 멕시코 고대 아즈텍 문명을 파괴하고 원주민들을 살해했으며 노예로 부렸다. 스페인군들은 자신들의 행위가 가나안 정복과 같다고 생각하며 전혀 양심의 가책을 느끼지 않았다.

18세기 워싱턴과 제퍼슨을 비롯한 계몽운동가들도 노예를 소유했다. 노예 해방은 1920년 미국에서, 1928년 영국에서 비로소 실시되었다. 기독교 국가의 시민인 이들은 노예제도를 용인한 성경 기록을 도덕 지침서로 생각해 노예 제도를 부끄럽게 생각하지 않았다.[264] 또 일부 기독교 신자들은 자기 믿음대로 성경을 해석해 비윤리적인 행위를 일삼기도 했다. 아우구스티누스는 그의 저서 『신국론』에서 아벨을 예수로, 가인을 유대

인으로 정의했다. 그런 까닭에 이노켄티누스 등 교황들은 옷과
표식 등으로 유대인들을 구별하게 했고 핍박했다. 식민지 개척
시절 영국은 가인의 표를 검은 피부로 해석해 아프리카 흑인
들을 노예로 삼았다. 또 히틀러의 심복 괴벨스는 유대인들에게
가인의 표를 상징하는 노란 별을 달게 해 학살했다.

교황 파우스 12세는 히틀러가 반공주의자였다는 이유로 그
의 유대인 학살을 방관했다. 바티칸이나 루터의 후예들은 신을
부정하는 공산주의자들을 최고의 적으로 여겼다.[265] 그때 나치
의 허리띠 고리에는 '신이 우리와 함께 한다'라는 글귀가 새겨
져 있었다.

어느 종교, 종파든 '신의 책'이라 믿고, 그 선입견으로 경전
을 본다면 모두 완벽한 진리처럼 읽힐 것이다. 히브리 전승이
그렇고, 코란이 그렇다. 무슬림 교도 중 극단적인 신도인 '탈레
반(신학생을 의미)'은 지금도 코란의 문자대로 이교도 탄압과 이
교 문화를 말살하고 있다. 만일 기독교인들도 구약성서를 문자
대로 믿는다면 우상으로 일컬어지는 불상이나 이교도의 신전,
탑 등 인류 문화 유적까지 파괴하고, 이교도들을 말살해야 신
실한 신도가 될 것이다. 그래서 경전은 자구 그대로 따르는 것
이 아니라 현대 사회에 맞게 해석되어야 한다.

이스라엘 남북 왕 중 가장 잔인한 자는 북왕국의 예후였다.
그는 전 왕조 아합 왕 가문의 수없는 인명을 살해하고 왕좌를
차지했다. 그러나 예후의 왕위찬탈은 야웨의 명령에 의한 것이
었기에 히브리 전승 기자는 그를 이렇게 평가했다.

야웨께서 예후에게 이르시되 '네가 나보기에 정직한 일을 행하되 잘 행하여 내 마음에 있는 대로 아합 집에 다 행하였은즉, 네 자손이 이스라엘 왕위를 이어 4대를 지나리라' 하시니라.[266)

이러한 예는 히브리 전승 전반에 나타난 윤리의식을 보여준다. 신의 뜻이라면 목적도 수단도 정당화시키고 있다. 신정정치 아래 원시종교에서 자주 나타나는 행태다.

이 외에도 히브리 전승에는 폭군 신과 폭군 예언자의 모습이 여럿 숨어 있다. 다윗 왕이 신이 원하지 않는 인구조사를 하자, 야웨는 천사를 보내 이스라엘 백성 7만 명을 죽였다. 엘리사 예언자는 자신을 대머리라고 놀리는 42명의 아이들을 저주해 곰을 불러 찢어놓기도 했다.

히브리 전승에서도 후기에는 아모스, 이사야, 미가 등 정의를 외치는 윤리적인 예언자들이 나타난다. 이들은 신전에서의 형식적인 경배와 화려한 제물로는 신을 기쁘게 하지 못하니 오직 정의를 실행하라고 외쳤다.

이들의 사상은 모세보다 백 년 앞섰던 이집트 파라오 아켄아톤의 주장과 일맥상통한다. 피라미드와 거대한 신전을 짓고, 요란한 제사를 드림으로써 신을 기쁘게 해 부활할 수 있다는 옛 이집트 신앙을 개혁한 것이다. 아켄아톤은 '마아트(이집트어로 '정의'라는 뜻. 진리와 정의의 여신이기도 하다)'를 내세웠다. 신이 진정 원하는 것은 선(善)이고, 이를 실행할 때 부활할 수 있다는 신념이었다(어느 종교의 경전이나 예언자의 가르침 모두 후대에 올수록 윤리와 도덕성이 강해졌다). 이집트의 '메리카레의 교훈서'를 보더라도 신은 행악자가 황소를 바치는 것보다 의로운 사람의 성품을 더 좋아하신다고 기록하고 있다.

이스라엘 예언자들은 동족에 대한 전쟁을 꺼렸고(열왕기상 12장 21~24절 참조), 동족들에 대한 자비를 설파하기도 했다. 이자를 받지 말라는 율법 조항도 동족에 한해서다. 그러나 이민족들에 대한 태도는 잔인했다. 개인적인 윤리를 보더라도 히브리 전승은 그 시대의 산물일 뿐, 현대에 있어 이상적인 책은 아니다.

고대 이스라엘에서는 히브리 전승 내용에 근거해 여자는 남자에 비해 홀대되었다. 선악과를 딴 것은 여자였고, 그것을 건네 먹은 자는 남자다. 그 후 모든 인류의 고통은 여자로부터 시작되었다 믿고 여자를 죄악시했다.

아브라함의 조카 롯은 두 명의 방문객이 찾아오자 비역질(동성애)을 하려 몰려든 소돔 사람들에게서 그들을 보호하기 위해 딸의 순결을 넘겨주려 했다. 또 사사기 때 기브아 성읍 노인은 레위인 사제가 집으로 찾아오자 역시 비역질을 하기 위해 몰려온 동네 사람들로부터 그를 보호하기 위해 딸과 레위인의 첩을 내어주고 마음대로 욕보이라 말했다. 여기서 아브라함을 찾아온 두 방문객은 천사였고, 기브아 노인을 찾아온 자는 레위인 사제였다. 신권(神權)을 가진 이들을 살리기 위해 인간 처녀를 바친 것이다. 사제들이 기록했기 때문일 것이다.

히브리 전승에서도 일부다처제는 아브라함 전부터 시작된

다. 일부다처제는 남녀 인구의 불균형, 가축을 돌보기 위해 많은 자녀를 낳아야 할 필요성, 동맹을 맺기 위한 계약결혼, 신부를 약탈하는 풍습 등에 의해 생겨난 제도다. 율법에서도 일부다처제를 죄악시하지 않았다. 모세의 율법 역시 상황이 만들어낸 법칙이기 때문이다.

율법 아래 있던 히브리인 여자들은 남편을 주인으로 섬겼다. 남편은 여자의 머리였으며 '바알(가나안 신으로 '주인'이라는 의미를 가지고 있다)'이라 부르기도 했다. 또 아내를 흔히 '라함(자궁)'이라고 불렀는데 단지 '성적인 존재'라는 의미다. 남편은 첩을 얻을 때 동의를 얻지 않았고, 여자 포로와 노예를 마음대로 소유할 수 있었다. 마음에 들지 않으면 언제든지 본처와도 이혼할 수 있었다. 또 서원을 할 때도 남편의 동의가 필요했다. 남편은 아내가 신께 한 맹세도 취소시킬 수 있었다. 율법은 딸을 파는 것도 허용되었다(출애굽기 21장 7절 참조). 또 남자가 처녀를 강간했다면 그는 처녀의 아버지에게 50세겔의 결혼 예물을 지불하고 그 여자와 결혼할 수 있었다. 그 남자에게 내리는 벌이라고는 평생 그 여자와 이혼할 권리가 없다는 것뿐이다.[267] 이렇듯 히브리 전승 안에서 여자는 남자의 부속물이다. 남자는 만물을 다스리는 권세를 얻은 반면, 여자는 남자의 갈비뼈에서 나온 한 부분이다.

율법에서 남성이 우위가 된 것은 야웨 종교가 남성 종교이기 때문이다. 원래 최초의 원시종교는 원시사회의 형태인 모계 중심에서 생겨나 신을 어머니라고 생각했다. 고대 바벨로니아 종교나 중동 다신교에 여신이 많은 까닭이 여기에 있다. 중동에서는 아기를 출산하는 자세로 웅크리고 있는 여신상도 많이 발견된다. 모신 숭배사상이다. 그런데 히브리인들이 신을 아버지라고 부르는 이유는 청동기 이후 부계 중심의 사회에서 야웨 종교가 생겨났기 때문이다. 히브리인들은 인간이 흙으로 만들어졌지만 하늘에서 내려온 신이 그 코에 숨, 즉 정자를 불어 넣어 하늘은 아버지가 되고, 자궁인 땅(흙)은 어머니가 된다고 생각하는 사상이 있었다. 이러한 여성 비하주의 사상은 신약시대에까지 이어진다.

> 여자는 교회에서 잠잠하라. 그들에게 말하는 것을 허락함이 없나니 율법에 이른 것같이 오직 복종할 것이다. 만일 무엇을 배우려거든 집에서 자기 남편에게 물을지니 여자가 교회에서 말하는 것은 부끄러운 것이라(구약 율법에서 여자는 신전 마당까지만 들어갈 수 있었다).
>
> - 고린도전서 14장 34~35절

신약 시대 당시 영지주의자의 작품으로 유행했던 '막달라 마리아 복음서'에는 이 여인이 사도요, 예언자요, 예수의 비밀을 맡은 중요한 인물로 묘사된다. 그러나 이 복음서는 다른 성경과 여권(女權)의 위치가 다르다는 이유에서 외경으로 취급되었다. 신약 정경에서 막달라 마리아는 귀신 들린 여자요, 창녀일 뿐이다. 그것이 당시 교회의 분위기였다(M. 데일리 같은 여성 신학자는 성서의 내용이 남성들에 의해 쓰였기 때문에 여성에게 억압적으로 작용했다고 본다).

그러나 시대가 흐르면서 히브리 전승 안에서도 이 의식은 완화되고 변화된다. 이성의 진보요, 도덕과 윤리의 발전이다. 히브리 전승 초기 가나안 족속을 잔멸시키는 야만의 시대가 가고, 왕정시대에는 긍휼과 정의를 외치는 윤리적인 예언자들이 나타나기 시작한다. 나단, 이사야, 아모스[268] 호세아[269] 등이 그들이다. 요나서나 룻기 저자는 다른 신을 믿는 이방인마저 사랑하라고 가르친다. 또 구약보다 신약이, 야웨보다 예수가 더 높은 도덕관을 가지고 있는 것도 이런 형태다. 아비 야웨는 가나안인을 남녀노소 불문하고 멸절시키라고 했지만, 아들 예수는 이렇게 말했다. "네 원수를 사랑하라." 또 아비 야웨는 가나안을 정복하라고 했지만, 아들 예수는 이렇게 말했다. "속옷을 달라하면 겉옷까지 벗어주라."

초창기의 성서는 절대윤리가 지배했지만, 후에는 변화무쌍한 상황 속에서 상황윤리가 오히려 앞서게 된다. 구약 야웨의 율법은 절대윤리가 강한 반면, 신약에 나타난 예수는 상황윤리적인 면이 강했다. 예를 들어 구약 율법의 명령으로는 신의 성물을 만지기만 해도 죽임을 당했다. 그러나 예수는 쫓기며 굶주렸던 다윗이 율법으로 금한 신의 성물인 제물떡을 먹은 사건을 용납했다. 또 구약 율법에서는 안식일에 금식을 하지 않는 것도 죄에 해당됐지만, 예수는 그 날 제자들이 밀 이삭을 잘라 먹은 일을 옹호했다. 구약 율법에서는 간음한 여인을 죽이라고 했지만, 예수의 아비 요셉은 자신과 관계를 갖지 않은 약혼자

마리아가 임신했을 때도 관용했다. 신약은 요셉의 그러한 행위를 '의롭다'고 표현했다.

종교 진화론적 학설에 의하면 짐승과 다름없던 인간의 도덕과 윤리관도 진화했다. 따라서 그 인간이 만든 종교도 진화했다. 신의 도덕 개념도 진화했다. 종교 진화론자들에 의하면 신은 인간 이성의 투영이기 때문이다. 인간이 요청한 최고의 도덕적 존재가 신이 된 것이다. 그러므로 원시종교에서 괴물에 불과했던 신은 사라지고, 청동기 이후 진화된 종교에서의 모든 신은 도덕적이고 선한 신이 된다.

야웨 종교의 역사

히브리 전승은 기원전 4000년경 최초 인간 아담의 손자인 에노스부터 당시 사람들이 야웨를 섬겼다고 기록했다(창세기 4장 26절). 그런가 하면 청동기 후기 기원전 1900년경 아브라함으로부터 야웨 종교가 시작된 것처럼 시사하고 있지만, 현대 신학자들은 그렇게 보지 않는다.

고대 근동에서는 왕들의 이름 속에 자신들이 믿는 신의 이름을 집어넣었다. 수메르 왕들의 이름을 보면 아마르신(왕의 이름 끝에 붙은 '신'이라는 말은 '달 신Sin'을 의미한다. 자신들이 신의 이름으로 왕위에 올랐음을 선포한 것이다), 수신, 이비신 등이었다. 이집트 왕들의 이름에도 투트(이집트 아이의 신)모세, 람세스('태양신 라가 낳았다'는 뜻) 등 그들이 섬기는 신의 이름이 들어갔다. 그런데 이스라엘에

233

서는 왕조 초창기 사울, 다윗, 솔로몬, 르호보암 등에서도 야웨 이름은 나와 있지 않다. 야웨 이름이 들어간 것은 기원전 870년 경 유다 왕 여호사밧('야웨가 심판했다'는 뜻)이 처음이다. 이방인의 문서에서도 '야웨'란 말은 기원전 850년경 이스라엘과의 전투에서 승리한 모압 왕 메사의 승전 기록 비문에 처음 등장한다.

알려진 것과는 달리 야웨 종교는 그리 오래된 종교가 아니다. 야웨 종교는 기원전 500년경 바벨론 포로 이후 구약성경이 집필되면서 정립되었고, 그 후 창성한 종교다. 이 시기에 인도의 석가(기원전 약 560~480년), 중국의 공자(기원전 551~479년), 그리스의 소크라테스(기원전 470~399년)가 활동했고, 역사의 아버지 헤로도토스(기원전 485~425년경)가 오리엔트와 그리스의 충돌 역사를 기록한 것도 이때다. 이즈음 세계의 정신이 정립되었다.

메소포타미아와 이집트 문명 사이에 위치한 가나안. 동쪽으로는 아시아, 서쪽으로는 유럽, 남쪽으로는 아프리카의 중간 지대에 끼어 생존해야 했던 이스라엘. 이 지역들은 강대국의 침략 요충지였기 때문에 히브리인 민족이 가장 많은 수난을 받았다. 과거에서부터 현재까지 이스라엘인이 그 어떤 민족보다 두각을 드러내는 이유를 사회학자들은 그들의 역사에서 찾는다. 이스라엘인만큼 핍박 받은 민족이 없기 때문이다. 고통과 목숨을 위협받는 상태는 오히려 더 강한 결집을 낳는다. 그것을 피하려는 자의식 또한 생겨난다. 그러나 이러한 결집과 자의식도 절대 정신이 밑바탕 되지 않고는 오래 갈 수 없다. 이스라엘이 그런 이유에서 유일신 야웨 종교를 탄생시켰다는 것이다.[270]

이스라엘에서 일어났던 전쟁은 신화와 같은 기적만 빼면 약소민족이 겪은 다른 민족과의 평범한 싸움이었다. 히브리인들의 전투는 패한 만큼 이겼다. 확률적으로 결코 많이 이기지는 않았다. 야웨 신은 전쟁에서 결코 위대하지 않았다. 히브리 전승 저자가 이 모든 사건을 야웨 신과 연관해 해석하는 것이 다를 뿐이다. 기적 등을 동원하면서 신이 때마다 직접 역사 속에 개입했다는 것이다. 그러면 다른 지역, 다른 민족이 겪었던 전쟁 역사는 신이 개입하지 않은 것일까?

바벨론과 이집트, 앗시리아, 시리아, 페르시아도 큰 문명을 이루었지만 그들의 종교는 사라져버렸다. 그런데 이스라엘 왕조는 멸망했지만 자국의 종교는 살아남았다. 공교롭게도 역사는 야웨 종교(유대교) 편으로 흘러갔다. 다분히 다신론을 믿었던 이유였지만, 페르시아의 왕 고레스가 야웨 종교를 후원하는가 하면,[271] 유럽 세계를 지배한 제국인 로마의 황제 콘티탄티누스 또한 정치적인 이유로 야웨 종교를 모체로 하고 있는 기독교를 국교로 선택했다. 기독교는 모태로 하고 있는 야웨 종교를 인정하지 않을 수 없었다. 그리하여 히브리 전승은 기독교의 경전이 된다.

콘스탄티누스는 기독교를 공인해 '대제(大帝)'라는 영예로운 이름을 얻었다. 그는 기독교를 믿기 전 '전쟁 중에 십자가 문양을 달고 나가면 승리할 것'이라는 신의 음성을 들었다고 한다. 서로마 제국 황제였던 콘스탄티누스는 하나의 제국, 하나의 황제, 하나의 종교, 하나의 신을 원했다. 그 일원으로 터키의 휴양지 니케아에서 기독교 삼위일체 교리를 선포하게 만들기도 했

235

다. 신 안에는 역할이 다른 삼위가 있지만, 결국 통일된 하나라는 교리다. 그러나 콘스탄티누스는 니케아에서 고향으로 돌아온 후, 아내와 아들을 살해한 난폭한 자다. 잔혹한 행위를 하면서도 최후의 순간까지 세례를 받지 않았다. 세례는 임종 때 받았는데, 이는 천국에 들어가기 위해서였다.

콘스탄티누스의 어머니 헤레나도 신탁을 받고 예수가 짊어졌다는 십자가와 몸에 박혔던 못을 발견했다고 한다. 근세까지 이 사실을 믿는 자가 많았지만, 지금 그 설화는 누구도 믿지 않는 전설로 남아있다.

로마의 뒤를 이어 세계의 지배자인 영국과 미국이 기독교를 국교로 채택하며 기독교는 세계적인 종교가 되었다. 어느 종교보다 그 경전의 내용이 이성적이고 합리적이며, 역사적이고 체계적인 야웨 종교는 문명국들에게 호감을 준 것이다.

중세 이후 유럽인들은 다투어 자국이 기독교 국가임을 선포했다. 그들은 기독교 외에는 종교가 존재하지 않는 것으로 여겼다. 큰 세력을 가지고 있던 서구 기독교는 19세기에 들어와 세계 곳곳은 물론 야만 지대에까지 적극적인 포교를 했고, 기독교 왕국은 초강대국 미국을 위시해 가장 넓은 영토와 신도를 거느리게 되었다.

성서를 보는 새로운 눈

다시 묻노니, 성서 내용은 역사적으로 사실인가?

성경, 신을 그리워했던 사람들의 이야기

유대교, 기독교, 이슬람교, 유교, 도교, 불교, 힌두교, 조로아스터교 등 세계에 널리 알려진 종교들은 모두 경전을 갖고 있으며, 최소한 각 종교 신도들에게 이러한 경전은 진실이다. 인간은 누구나 폐쇄된 집단에서 오랫동안 강력한 암시를 받으면 비판력을 상실하고 모든 것을 믿게 된다. 각 종교의 신도들이 이렇게 경전을 진실로 믿는 이유에는 이러한 심리적 측면도 있다. 그렇지만 종교인들은 저마다 자신의 경전만이 신의 감동,

즉 신탁과 영감[272]으로 저술되었다고 말한다. 그리스의 소설가 호메로스마저 자신의 서사시 '일리아드'는 아폴로 신으로부터 영감을 받아 쓴 것이라 기록했다.

성경 역시 신의 감동으로 기록되었다고 말한다. 따라서 절대 진리이며 오류가 없다는 것이다. 또 신도들은 성경이 '이성이 개입된 창작품'이라는 종교사학자들의 주장에 강한 거부감을 갖고 있다. 무엇이 진실일까?

청동기 후기에 나타난 야웨 종교 경전인 성경 역시 '신의 책' [273]이라는 이유에서 신도들은 문자적으로 일점일획의 오류가 없는 책으로 알고 있다. 또 성서의 저자를 '작가'라고 부르지 않고, 성서 속 사건들을 보고 경험한 후 기록했다 하여 '기자(記者)'라고 부르기를 좋아한다. 그러나 성서는 신의 성대(聲帶) 떨림으로 나오는 목소리를 적은 책이 아니다. 신이 준 힘에 의해 저자 자신도 모르게 상당 분량의 성서를 기록한 것도 아니다.

그런데 근세기까지 기독교인들은 기원전 400여 년경 율법 학자이며 예언자인 에스라가 환상을 보고 외웠다가 붉은 액체를 한 컵 마신 후 40일 동안 다섯 명의 조수에게 불러주어 내용을 기록했다고 믿고 있었다. 이 같은 종교 전설이 사실인 것처럼 2천 년간 믿어온 것이다(외경 에스드라 4서 14장 18~48절 참조).

80만여 개의 단어로 이루어진 성서는 수많은 세월 동안 입과 귀로 전달되고, 후대의 수없이 많은 필경사[274]들에 의해 다시 쓰이고 고쳐진 책이다. 성서는 구교와 신교를 포함해 세계 인구의 1/4의 독자를 가지고 있고, 한 해 1억 권의 사본을 찍는다.

문제는 이 성서를 너무 성스럽게 본다는 것이다. 오히려 이러한 시각은 성서 연구에 장애가 되고 있다.

양심과 상식까지 잃어버린 일부 교회는 이미 어느 누구의 희망도 아니다. 필자는 이 문제를 '신도들의 믿음 부재'에서 생긴 현상으로 생각하지 않는다. 오히려 눈 가리고 돌진하는 그 열렬한 믿음이 문제라고 생각한다. 그리고 '무조건 성경대로 살라'는 구호와 성경 해석에 대해 진지하게 반성해 보아야 한다고 생각한다.

물론 이러한 구호와 해석들은 성경이 신의 음성을 적은 글이니 그대로 믿고 행동하자는 뜻을 내포하고 있다. 그러나 성경은 저술 과정에서부터 인간의 이성이 개입됐으며 문자적으로 많은 오류를 가지고 있는 책이라는 점은 확실하다. 성경은 고대나 중세까지 문자적으로 완전한 글인 것처럼 신뢰받았지만, 현대 신학자들은 부인할 수 없는 오류들을 무수히 밝혀냈다.

그럼에도 불구하고 우리나라 교회들은 성경에 오류가 없다고 가르쳤고, 그 무지하고 단순하고 저돌적인 믿음 위에 교회를 세워 놓았다. 그 문자주의로 눈이 가려진 신도들은 더 깊은 진리에 접근할 수 없었고, 종교와 교회, 종교지도자들에게 예속될 수밖에 없었다.

손과 발이 없는 인간은 있어도 머리 없는 인간은 생각할 수 없다. 그런데 대부분의 신도들은 성경의 권위에 눌려 이러한 사실들에 대해 회의하고 비판하는 것을 불경스럽게 여기고, 무조건 믿고 실천하는 길만을 미덕으로 여긴다. 또 '나는 불합리하므로 믿는다'라고 외친 중세 신학자 터투리아누스(기원전 150~220년 북아프리카의 신학자)의 말처럼 많은 신도들이 이성이 아닌 감정적으로 성경을 대하는 경향이 있다.[275]

성경을 문자적으로 직해하는 전통은 구약성경의 경우 유대교의 전통을 따랐다. 유대인들은 신이 모세에게 불러준 것을 쓴 것이 율법이고, 그래서 일점일획의 오류가 없다고 믿었다. 더 보수적인 유대인들은 오경(율법)이 모세보다도 일천 년 전에 혹은 우주 창조 이전에 생겨난 것으로 믿기도 했다. 그런데 고대 유대인들이 해석했던 그 생각을 오늘날의 우리나라 교인들도 갖고 있다.[276]

이 문자주의는 역사적으로 무수한 과오를 범했다. 성서 내용 중 '해는 떴다가 지며, 그 떴던 곳으로 빨리 돌아가느니라'(전도서 1장 5절) 글귀를 중세까지 그대로 직해했고, 이 말을 다시 '태양이 움직이는 것'으로 해석했다. 천동설에 갇혀 있던 기독교 문자주의자들의 과학 말살 정책은 계속되었고, 문명은 천 년 동안 암흑기로 빠져들었다(아우구스티누스도 초기에 믿던 페르시아 종교인 마니교 점성학의 제한된 지식을 가지고 지구가 평평하다고 선언했다).[277]

현대 신학자들 중 성서를 문자적으로 무오하게 보는 학자는 거의 없다. 벨하우젠, 마틴 노트, 궁켈, 폰 라트, 올브라이트 등 구약신학 주류를 이끌어가는 현대 진보주의 신학자 대부분은 성서를 전설과 신화, 민담, 우화, …… 그리고 사실이 합해진 기록으로 이해한다.

성경 속 오류 중 우선 우리가 고정관념으로 가지고 있는 성경 저자의 예를 들어보자. 성경의 시작인 창세기, 출애굽기, 레위기, 민수기, 신명기 등 오경을 모세가 썼다는 이론부터 생각해보자. 고대 유대인 역사가 요세프스나 필론 등은 이 책의 내용 중 모세의 죽음에 관한 기사까지도 그 자신이 예견해 썼다고 말했고, 17세기 후반까지도 그렇게 믿었다. 그러나 오경은 모세 이후 400여 년이 지난 후 다윗의 후예들이 집필을 시작했고, 약 800여 년이 지난 기원전 500여 년경 분열왕국 시대 요시야 왕 때 신명기서 일부가 처음 편집되기 시작했다고 보는 것이 현대 신학의 보편적 정설이다. 지금은 성서 연구에서 소위 '문서설'이라는 주장이 현대 신학의 대세를 이루는데, 오경은 여러 시대에 여러 사람이 썼다는 주장이다.[278]

오경을 모세가 쓰지 않았다는 것은 성서 자체가 스스로 드러내기도 한다. 신명기 34장에 보면 모세가 죽은 일이 기록되어 있고, 창세기에 보면 그 시대 존재하지 않았던 블레셋인들이 나오기도 한다. 그 내용도 서로 다른 면이 수없이 많다. 창세기 1장에는 세상 만물과 동물까지 창조된 후 남녀가 창조된다. 그러나 2장에는 남자가 먼저 창조되고, 그 다음에 동식물, 마지막에 여자가 창조된다. 이 사실로 보건대 성경이 합성 문서이고, 오랜 세월 동안 편집이 이루어진 글이라는 점을 부인할 수 없다.

모세가 오경을 썼다는 해석은 신약의 예수가 '모세의 율법'이라고 한 말에서 유추하기도 한다. 그러나 그것은 국부(國父)였던 모세의 권위를 인용한 책이 오경이라는 사실을 예수가 단지 인정한 것뿐이다.

'모세 오경'이란 말은 유독 우리나라 교회에서만 사용하는 말이다. 서양 언어권에서는 대부분 '오경'이라고 부른다. 가톨릭 신학계 학자들도 대부분 모세 저작을 부인하며 '문서설'을 따르고 있고, 보수적이었던 유대교도 모세 저작설을 부인하고 있는 것이 대세다.

일반적인 신도라면 많이 들은 설교 중에 솔로몬이 노년에 허무감을 갖고 지었다는 히브리 전승 전도서의 '세상이 헛되다'는 내용이 있을 것이다. 전도서 본문 첫 문장(전도서 1장 1절) '다윗의 아들 예루살렘 왕의 말'이라는 글귀 때문에 의심 없이 솔로몬이 저자라고 믿고 있는 것이다. 그러나 마틴 루터를 비롯해 헹스텐버그, 영 등 극히 보수주의적인 신학자들까지 솔로몬이 저자라는 점을 부인한다. 기원전 587년경 예루살렘 멸망 후 페니키아로 망명한 무명작가의 저작이거나 솔로몬의 시대보다 최소 700년 후 기원전 332~166년경 나이 많은 유대인 현인의 저작이라는 것이 정설이다. 그러나 설교자들은 솔로몬이 저자라고 전하고 있고, 신도들은 일말의 의심도 않은 채 그렇게 믿고 있다.

또 우리는 성경의 마지막인 요한계시록이 예수의 제자 요한이 지중해 밧모 섬에 유배되어 환상과 계시를 보고 듣고 쓴 것으로 알고 있다. 성경 스스로 그렇게 말했기 때문이다(요한계시록 1장 4절, 22장 8절 참조). 그러나 전혀 다른 소아시아 출신 누군가가 도미티안 황제(81~89년) 때 순교자를 위로하기 위해 쓴 글이라는 것이 현대 신학의 정설로 통한다.

그 내용을 보더라도 지금까지 성서는 신의 책이므로 모든 사건 기록이 통일성과 일관성이 있고, 오류가 없는 것으로 생각하는 사람들이 많다. 그러나 원본이 소실되어 없는 성서 기록들은 사본, 편집, 번역, 해석 과정에서 많은 오류를 갖게 되었다. 구약보다 500년 이상 후대의 책으로 훨씬 오류가 적어진 신약에서 그 예를 찾아보자.

마태복음 5장 3절에 '심령이 가난한 자는 복이 있나니'라는 구절이 있다. 그런데 누가복음 6장 20절에는 '심령(그리스어. 프라우마트)'이라는 말이 없고 '가난한 자는 복이 있다'고 기록했다. 누구의 기록이 옳은 것일까? 성서학자들은 짧은 글이 예수의 말이고, '심령'이라는 말은 후대 마태나 그 누군가 첨가한 말로 생각한다.[279] 또 마태복음 6장 26절에 '공중에 나는 새를 보라'는 구절이 있다. 그런데 누가복음 12장 24절에는 새가 아니라 까마귀라고 기록되어 있다. 두 저자 중 어느 한 쪽은 착색한 것이다.

예수에게 용서함을 받은 간음한 여인에 관한 기록 또한 현대 신학자들 대부분이 원본에는 아예 없던 것으로 생각한다(요한복음 7장 53절~8장 11절 참고). 왜냐하면 이 기록은 초기 사본에는 없다가 후기 사본에 갑자기 나타났기 때문이다(그래서 우리말 성경에서도 이 부분은 각주 처리해 다른 사본에는 없다고 설명했다). 마가복음 16장 9~20절 예수의 부활 기사 역시 같은 경우로 최고로 오래된 '시나이 사본'에는 그 부분이 없었다. 마가복음이 복음서 중 가장 오래된 글이고, 이를 표본으로 마태, 누가가 쓰였다는 것이 정설이기에 19세기 말부터 복음서 부활 논쟁의 뜨거운 쟁점으로 떠올랐다.

또 어떤 이해 집단의 의도에 의해 성서가 본문에서 왜곡되는 경향도 있다. 마태복음 16장에 등장하는 베드로의 고백 부분은[280] 후대 로마 가톨릭이 임의로 성경에 포함시킨 것이 아닌가 하는 의문을 들게 한다. 그들의 수장인 베드로의 권위를 높이기 위한 장치라는 생각이다.[281]

본문 자체가 증거인 이러한 오류는 신·구약을 통틀어 성경 전체에 수없이 존재하고 있다. 하지만 개작, 착색, 증감이 되었다 할지라도 그 속에는 사실 또한 어떤 모습으로든 존재할 것이다. 그러기 위해서는 껍질을 벗겨야 하고, 그래야 알맹이 진실이 남을 것이다. 그러나 문자주의자들은 이런 작업을 불경스럽게 여긴다.[282]

그동안 성서의 사건들은 현대 신학자들로부터 역사성에 대해 의심받아 왔다. 오늘날 세계인들은 '성서에 쓰여 있기 때문에 틀림없는 사실이요 진리'라는 상투적인 말에 굴복하지 않는다. '성서에 이렇게 쓰여 있으니 이렇게 행동하라'는 문자주의자들의 주장 역시 설득력을 잃어가고 있다. 이제 구약 성서가 문자적으로 사실인가에 관한 문제보다 왜 이스라엘인들이 오랜 세월 그런 이야기를 꾸미며 기억했으며, 그 이야기들이 왜 그렇게 수천 년 동안 지켜졌는가가 연구과제다.

또 문자주의자들은 문자만을 따라가다 보니 역사로 내세울 수 없는 자료들을 역사화하고, 과학화할 수 없는 문제들을 과학화하려고 했다. 이들은 성서가 역사, 과학과 문자적으로 완벽하게 일치한다고 주장하며 그 사실을 증명하려 했다.[283] 또 이러한 사실을 지지하는 흔적이 나오면 열광하곤 했다.

예를 들어, 어미의 유전인자로만 유전되는 미토콘드리아 DNA 분석에서 약 20만 년 전에 아프리카의 한 여성(인류학자들은 이 여인에게 '이브'라는 호칭을 붙였다.)에게서 인류가 나왔다는 단일기원설 가설이 발표된 것, 이탈리아 토리노 성당에서 소장하고 있는 성의(聖衣)가 예수의 것이라는 이야기, 소련 비행사가 터키 아라랏 산 위에서 보았다는 노아 배의 흔적, 결점 많고 난해한 진화론의 문제 등이 그렇다.

그러나 인류 단일기원설은 다(多) 지역 연속진화설과 아직까지도 논쟁 중이고, 성의는 1998년 애리조나와 옥스퍼드, 취리히에서 탄소 연대 측정 결과 예수 시대 훨씬 후 중세기의 것으로 판명됐다. 또 아라랏산의 목재도 캘리포니아 대학과 리버사이드 등 연구실에서 측정 결과 노아 시대와 3,500년 정도 차이가 나는 1200년 전 중세 야고보 수도원과 관련된 폐목으로 증명됐다(탄소연대측정 오차는 3~5%).

진화론의 문제 또한 초창기에는 수많은 논쟁을 일으켰고, 해결하지 못한 모순을 가지고 있었다. 그러나 세월이 흐르면서 그 모순들의 답을 찾아가고 있다. 파충류에서 조류로의 연결고리인 익룡 화석이라든지, 어류에서 파충류로의 연결고리인 화석 틱탈릭(비늘이 있으면서 팔과 손목이 있는 물고기), 화석 아칸소스터(네 개의 다리와 발가락이 있고, 아가미와 폐로 호흡하는 물고기)뿐만 아니라 공룡을 닮은 물고기 실러캔스가 살아있는 상태로 남아프리카 바다에서 발견되었다.

성서는 과학이 아니고 과학과 일치하지도 않는다. 그럼에도 불구하고 성경을 문자적으로 해석하는 부류는 성서 문자와 반대되는 과학적 증거가 나오면 꽤 신빙성이 있는 증거라도 무시하거나 무관심한 척 하거나 신에 반역하려는 자료로 몰아 가차없이 팽개치는 태도를 보여 왔다.

옛 이야기가 어떻게 성경(정경)이 되었나?

정경은 성경의 최종 본문으로 중세 초기 교회 지도자들에 의해 공인된 성경을 의미한다. 즉 '표준 성경'이라는 말이다. 오늘날 '현대 구약개론의 아버지'라고 불리는 신학자 아이히돈(1752~1827)은 성경 단편들이 정경화된 역사를 연구하며 그 불완전한 채택과정을 발견하고, 차라리 '정경'이란 말을 사용하지 않았더라면 좋았을 것이라고 말하기도 했다.

기원전 1200년경 중동에서 나타난 히브리 신 야웨는 현대인에게 가장 인기 있는 신이 되었다. 그런데 이 신의 근원과 정체를 알 수 있는 유일한 기록은 구약성서뿐이다. 더 정확히 말하면 구약성서 저자들이 생각해 쓴 기록뿐이다. 이 책은 오늘날까지 신을 만나고자 하는 많은 사람들의 마음을 움직이고 있다. 그럼에도 불구하고 우리는 아직까지 이 책의 정체에 대해 모르는 것이 너무 많다.

기독교인은 성경 66권(구약 단편 39권, 신약 단편 27권)이 정해진 것은 신의 뜻, 즉 기독교 용어로 '성령의 인도함'이라고 믿는다. 하지만 성경은 전통 기독교 주장과 달리 거의 대부분의 내용이 실제 보고 체험한 기자(記者)의 글이 아니다. 성경은 수없는 세월 동안 수많은 사람들에 의해 귓속말로 이어지고 글로 쓰여 다듬어진 이야기를 오랜 시간이 지나 후대에 묶은 편집물이다. 성경은 쓰이자마자 정경이 된 것이 아니다. 그 과정은 여러 가지 갈등과 우여곡절을 겪는다.

구약은 남아있는 원본이 한 줄도 없다. 지금의 구약은 고대 이후 흩어져 있던 사본들을 엮어 모은 것이다. 사본은 신앙 수련을 하던 개인이나 무리들이 양피지나 파피루스에 기록하면서 생겨났다. 구약 단편의 경우 발견된 것은 몇 편 되지 않고, 신약 단편의 경우 오천 여 편이 되는데 서로 간의 불일치한 내용들도 있다. 오랜 세월 복사하면서 자연스럽게 생긴 오류일 것이다.

처음의 구약 사본은 히브리어 단편 글이었는데, 자음도 없는 원시 언어체였다. 기원후 5~6세기 유대인 학자들은 비로소 모음, 억양, 기호, 구두점, 고정된 띄어쓰기 등을 만들어 '맛소라 사본'이라는 것을 만들었다. 이들의 활동은 500년 간 지속되었지만 의견이 분분해 하나의 표준이 된 성경은 만들지 못했다.

현대 신학자들이 생각할 때 최초로 쓰인 구약성서는 '창세기'가 아니라 기원전 1150년경 사사시대 때 '드보라의 노래'이고(사사기 5장), 마지막 작품은 에스더로 기원전 125년이다. 또 그들은 시편 2편을 기원전 104년 마카비 시대 알렉산더 얀네우스 왕의 등극을 위해 쓴 기록으로 본다. 알렉산더 야네우스는 이교도로써 유대인들을 무참히 살해한 인물이다(Interpreter's Dictionary of the Bible 참조).

기원전 2~3세기경 구약은 이집트 알렉산드리아에서 유배되어 살던 유대인들에 의해 그리스어로 번역되었다. 이집트 왕 피라델포스(기원전 285~246년)에 의해 시도된 최초의 그리스어 번역본 구약성경은 처음에 오경, 즉 창세기와 출애굽기, 레위기, 민수기, 신명기뿐이었다.[284]

이때 유대인들은 자신들의 고유 신앙과 그리스의 철학, 종교의 영향을 받은 상태에서 성경 번역을 완성한다. 예수와 바울, 사도들이 본 성경이 바로 이 그리스어(헬라어) 번역 성경이다. 예수 때도 고어 히브리어는 이스라엘인들조차 해독하지 못해 누군가 당시의 언어인 아람이(시리아어)로 해석해주어야 했다.

원래 유대인의 성경은 오직 오경뿐이었다. 기원전 400년경 이스라엘은 신앙적으로 분리되는데, 북쪽 이스라엘 수도 사마리아 사람들은 그때도 오경만을 '신의 책'으로 생각하고 성경으로 여겼다. 지금도 사마리아 종교는 오경만을 신의 책으로 여기고 있다. 남쪽 유다에서 꽃피운 유대교는 예언서, 역사서, 시편, 지혜서 등 다른 단편들도 정경에 포함시키고 있으나 율법 오경을 가장 높은 위치에 둔다.

주후 90년경, 이스라엘 얌니아에서 바리새 계통의 유대 랍비들이 모여 여러 사본 중 몇 개를 골라 구약성경으로 묶었다.[285] 이들은 랍비 전통에 입각해 성경 단편을 모았다. 성경 선택의 기준은 오래되고, 이스라엘의 언어인 히브리어로 쓰였으며 위대한 인물이 집필한 책이었다. 그들은 일단 예언서 후에 기록된 저작들은 제외시켰다(최후의 예언서를 히브리 전승 '말라기'로 생각한 듯하다). 그러면서 에스더, 잠언, 전도서, 아가서, 에스겔서를 성경에 포함시킬 것인가에 대해 논란이 많았다. 다니엘서는 꽤 후대의 사본이라 원래 성경에 넣을 수 없었으나 익명의 저자임에도 불구하고 '위대한 인물 다니엘의 저작'이라는 이름을 붙여 성서에 포함시켰다. 얌니아 회의에서는 벤 시락이 기원전 190년경 지은 것으로 그보다 더 오래되고 인기 있었던 집회서는 빼버렸다. 저자가 유명인이 아니기 때문이다. 그러나 예수도 집회서를 인용해 설교했다(마태복음 11장 28절~30절과 집회서 51장 23절은 매우 유사하다). 그 후 랍비들은 다른 사본 몇 편을 더 포함시켜 구약성경의 양은 늘어났다. 이렇게 전해 내려오던 히브리 전승 단편들이 여러 곡절을 겪어 정경으로 채택되었다.

신약 성서에서 가장 오래된 복음서는 마가복음이다. 그러나 이 책도 예수 사후 최소 60년이 흐른 후의 기록이다. 구약성서처럼 그 오랜 기간 동안 말과 귀로 이어져 온 구전문학이다.[286] 신약성경도 원본은 단 한 줄도 없다. 가장 오래된 사본은 예수 사후 1세기가 지난 후 이집트 사막에서 발견된 요한복음 18장 38절 한 절이다. 그 후 수천 편의 사본이 발견됐지만 그것들 사이에도 차이가 많았다. 어느 특정 시대에 그 사본들이 선택되어 편집된 것이 신약성서다.

중세 교회는 성직자가 아닌 사람이 혼자서 성경을 읽는 것을 금지했다. 초기 가톨릭 성직자들은 인쇄 기계의 발명을 반대했다. 그들은 성서가 널리 읽혀 잘못 해석되거나 비판할 수 있는 사람들에게 넘어갈까 두려워했다. 오직 자신들만이 읽고 해석할 자격이 있다고 생각했다.[287]

16세기 인문학자인 에라스무스가 성경 해석의 결정권을 사제들로부터 독립시켜 개인에게 넘겨주자며 그리스어 성경을 라틴어로 번역했다. 또 종교개혁의 깃발을 내건 마틴 루터가 라틴어 성경을 독일어로 번역하면서 비로소 대중들이 성경을 읽을 수 있는 기회가 생겼다.

성서의 모든 글은 성경으로 편집되기 전까지 일반적인 문학에 불과했다. 최초로 성경을 집대성한 사람으로 알려진 사람은 140년경 교회 지도자였던 말시온이다. 영지주의자였던 말시온은 구약을 연구하면서 모세와 여호수아의 가나안 침공 때 보여준 야웨 신의 가혹한 내용에 놀라 성경에서 구약을 제외시켰다. 말시온은 구약 인용구절을 뺀 누가복음과 바울 서신 등을 신의 책으로 인정해 성경을 엮었다.

그 후 325년 5월, 로마 황제 콘스탄티누스의 명령으로 소집된 터키 해변가 리조트 니케아에서 회의가 열렸는데, 여기서 삼위일체론 교리가 주교들의 다수결로 정립된다. 이 기독교의 중심사상은 아타나시우스, 아리우스 등 주교들 사이에서도 이전부터 큰 논쟁거리였다. 예수의 인간성을 중시한 아리우스는 예수는 신에 의해 만들어졌으므로 신이 아니라 주장했고, 아타나시우스는 신과 예수는 하나라고 주장했다.[288] 그런데 절대권력을 쥐고 있던 콘스탄티누스의 의견에 따라 모두가 찬성 거수할 수밖에 없었다. 그는 아타나시우스를 지지하고 있었다. 거수 결과는 300 대 3이었다. 종교 논쟁에서 진 자들은 화형장으로 끌려가는 시대였다.[289]

이때 콘스탄티누스의 명령으로 주교 유세비우스가 18개의 단편들을 신약성경으로 묶었다. 그런데 요한서신 2, 3서, 베드로후서, 야고보서, 유다서 등은 기존 교리에서 어긋난다고 제외시켰다. 요한계시록 또한 반정부적이고 폭력적인 내용이 많아 계속 논란이 됐다. 요한계시록 22장 18~19절의 성서 내용 중 '더 더하거나 빼면 재앙을 받고 생명록에서 빼버린다'는 내용이 있지만, 역사적으로 보면 요한계시록이 쓰인 후에도 성경은 계속 쓰여 더해졌다.

반대로 계속 인정받다가 오히려 후에 외경[290]으로 밀려난 것도 많다. 니고데모 복음서, 베드로 계시록 등이 그 예다. 이기록들은 지옥에서 구원 받는 내용 등 그 교리가 다른 성서와 다르다는 이유로 외경으로 취급되었다. 원래 지옥은 기독교 전통 해석처럼 다시 돌아올 수 없는 곳은 아니었다. 신약성경 채택 당시 인기가 있었던 니고데모 복음서나 베드로 계시록에는 지옥에 간 자도 다시 구원받을 수 있는 기회가 주어진다는 내용이 기록되어 있다. 그러나 다른 성경 문서에 밀려 외경으로 취급되었다.

정경 선택 작업은 16세기 종교개혁까지 계속되었다. 마틴 루터는 이미 정경의 권위를 갖고 있던 것들도 자신이 깨달은 교리와 다르다 하여 탈락시켰고, 탈락된 것들은 격이 떨어진 외경으로 전락했다. 그는 '선행으로 구원 받는다'는 내용이 적힌 마카비 2서가 성경이 아니라고 단언했다. 또 마틴 루터는 유대인을 옹호한 작품이라 하여 에스더서 역시 정경(성경)에 넣는 것을 반대했다. 그는 여러 이유로 히브리서, 야고보서, 유다서, 요한계시록도 신약성서에서 제외시켰다. 칼뱅도 유다서의 정경성을 의심했으며 요한계시록은 주석을 쓰지 않았다.

종교개혁가들의 영향을 받은 유럽 개신교 교회들은 현대에 와서 외경을 성경에서 분리했다. 그들도 19세기까지는 외경을 성경부록으로 수록했으나 삭제했다. 그러나 로마 가톨릭이나 동방교회인 시리아, 콥틱(이집트), 에디오피아 교회는 지금도 외경을 정경과 똑같은 '제2의 정경(deutero-canonical)'으로 취급한다. 그래서 현재 신교와 구교는 교리를 달리하는 것이다.

오늘의 신학

현대 신학을 어느 정도 공부하지 않은 목회자는 없다. 반면 현대 신학을 적용해 성경을 해석하고 이를 강대상에서 선포하는 목사는 드물다. 폴 틸리히, 나인 홀드니버, 루돌프 블트만, 칼 바르트 등은 세계적으로 인정받는 현대 성서해석 신학자들이다. 그런데 이들의 이론이 왜 유독 우리나라에서만 쉬쉬하는 사상으로 치부되는 것일까? 우리나라 교회들이 이들의 신학 이론을 위험하다고 여겨 가급적 감추려 하기 때문인것 같다.

현대 신학자 중 가장 급진적인 학자 가운데 알베르트 슈바이처가 있다. 그가 누구보다 감동을 준 생애를 살았음은 아무도 부인하지 못할 것이다. 그러나 슈바이처의 아프리카 선교 활동만 소개되었을 뿐, 그가 힘써 연구했던 신학 사상이 평신도들에게 공개된 적은 없다.[291]

성경은 중세까지 소수의 사제들만 가질 수 있는 특권이었다. 일반 대중들이 성경을 읽는 것은 불가능한 일이었고 그들은 문맹이었다. 또 신도들은 성경이 그냥 하늘에서 떨어지거나 신이 부르는 대로 특정한 필경사가 받아 적은 책이라고 여겼다. 성경을 비평한다는 것은 상황적으로 생각조차 할 수 없었다. 이 때는 인간의 이성이 매우 부정적으로 이해되던 시기였다. 성경 해석은 사제들에 의해서만 이루어졌고, 개인의 주관적 해석은 위험한 사상으로 치부되었다.

중세까지 성경 해석은 아우구스티누스의 의견을 따랐다. 그는 성서의 영감설을 무조건 받아들였고, 성경은 완벽한 책이므로 먼저 믿고 신앙으로 해석해야 한다고 주장했다. 교회의 전통이 그 일에 앞장서 보증이 되고, 개인은 교회가 정한 신조를 따라야 한다고 말했다.

성서의 참뜻과 해석을 결정하는 것은 어머니인 교회가 할 일이다.

교회의 수장인 교황이 성서를 해석할 때는 오류가 발생하지 않는다는 '교황 성서 해석 무오설'의 기초가 된 주장이었다. 그 후 바티칸 공의회가 결정한 성서 해석은 신자들의 정답이 되었다. 따라서 중세 신학에서 성경은 신앙의 대상이지 이성으로 생각할 수 있는 대상이 아니었다. 이때 유행한 교부 철학, 스콜라 철학도 성경을 이성으로 연구하는 것은 거부했다. 철학은 종교의 시녀에 불과했다. 이들은 성경 내용을 문자 그대로 받아들였다.

로마 제국이 멸망하고 인쇄술이 발달하며 중세의 암울한 시대는 사라졌다. 근대의 빛이 밝아왔다. 이때 인간의 이성을 중요시하는 문화혁명인 '르네상스 운동'이 태동한다. 중세까지 신의 이름 아래 교권에 매장되었던 인간성을 고대 그리스 사상을 통해 회복하자는 운동이다. 중세의 신 중심주의에서 고대의 인간 중심주의로 복귀하자는 운동이다. 이때 인문주의자들은 인간의 이성에 신뢰를 갖고, 기존의 기독교 교리와 전통을 배격했으며 권위에 저항했다.

16세기에 종교개혁은 이러한 분위기 속에서 시작된다. 그러나 루터나 칼뱅, 츠빙글리 같은 개신교 종교개혁가들도 바티칸 교리나 비리에는 항거하면서도, 성서를 문자적으로 무오하게 보았으며 비평하기를 주저했다. 당시 종교개혁자들마저도 '신의 영감을 받아 쓴 성서는 오류가 없는 책'이라는 인식만으로 본문 비평을 시도하지 않았다. 즉 성서가 인간을 통해 쓰인 책이라는 사실을 유의하지 않았다. 이들도 전통적 성경 해석을 따랐다.

그런데 성서를 인간의 이성으로 이해하려는 운동이 시작하게 된다. 교회 내에서의 자발적 자각이 아니라 봉건제도를 벗어난 유럽 계몽주의의 영향을 받은 인본주의 운동 때문이었다. 성서 비평 시도는 16~17세기 베이컨, 데카르트 등 혁신적 인식을 가진 합리론자들에 의해 시작되었고, 구약 성서 비평학의 기초 작업은 홉스(그의 책 '리바이어던')나 스피노자(그의 책 '신학적 정치논문')에 의해 정립되었다.

홉스나 스피노자는 교회에 성서를 판단할 이성의 권리를 요구했다. 그러자 교회는 그들의 저작들을 불태우고, 교회에서 파문했다. 이들에게 영향을 받은 페이레리우스와 같은 신학자들도 모세의 오경 저작설을 부인했으나 그들의 저작들 역시 불태워졌다. 그 후 독일에서 활동을 시작한 18세기 계몽주의자들은 성서 또한 다른 고대 문서와 동일한 방법으로 해석해야 한다고 믿었다. 역사적, 문학적, 언어적으로 접근해야 한다는 것이다. 인간적이고 합리적인 방법이었다. 성서의 무오설에 도전하려는 시도였다.

17세기까지 성서는 모든 면에서 완벽한 책이요, 불변의 진리였다. 그러나 18~19세기에서부터 '성서의 내용이 과연 사실인가'에 대해 문자·역사적으로 이성주의자(Rationalism)들로부터 비평을 받기 시작한다. '고등비평(higher criticism)'[292] 이라는 학문을 설계한 이 성서비평가들은 신에게 칼을 댔다고 하여 '신성모독'으로 몰리기도 했다. 그러나 이들은 성서비평작업이 '신을 슬프게 하는 학문'이 아니라 신앙의 기초를 더욱 든든히 할 것이라 확신했다.

19세기 중반 고등 성서비평가인 신학자 스트라우스, 어니스트 르낭 등은 기적과 다른 기록들을 포함해 성경의 모든 기사를 액면 그대로 받아들이지 않았고, 이적은 일어날 수 없다는 자연주의의 전제 위에서 자신들의 이론을 세워 나갔다. 이들은 기적에 대한 기사는 그것이 성경 저자들이 사람들을 속이기 위해 고의로 날조한 것은 아닐지라도 원시적 사고 형태를 지닌 미신적 인간들에 의해 주장된 것이고, 따라서 거짓임에 틀림없다고 생각했다. 물론 이런 주장은 성경의 권위, 심지어 기적을 언급하지 않은 부분에 대한 권위마저도 손상시킬 것이라 생각했다.

이때 율리우스 벨하우젠(Julius Wellhausen)으로 대표되는 일단의 고등 비평가들이 구약의 내용에 관심을 돌렸는데 오경이 모세에 의해 기록된 것이 아님을 발견하고, 또 그렇게 확신했다. 본문 비평을 시도한 구약학자를 말할 때 가장 영향력 있는 자는 바로 이 벨하우젠일 것이다. 벨하우젠 학파는 야웨 종교를 다른 종교와 마찬가지로 처음에는 원시적인 형태였다가 발전된 과정을 겪은 종교로 이해했다. 다신교에서 유일신교로 진화했다는 의미다. 벨하우젠은 이스라엘 역사 저술 가운데 오경의 모든 기적 설화를 부인했으며, 오경 안에 역사 기록도 대부분 신뢰할 수 없는 것으로 간주했다. 그 후 스코틀랜드의 스미드, 영국의 드라이버, 미국의 브라운 및 브리그스 등의 학자들이 그의 이론을 지지했다. 이들 고등 비평가들은 성경은 역사적으로 신뢰할 수 없다는 결론을 내렸다.

현대에 들어 칸트의 영향을 받은 자유주의 신학이 태동했다. 자유주의 신학은 인간의 이성을 지극히 강조한 신학이다. 칸트는 인간이 감각을 통해서만 경험할 수 있고, 이성적으로 이해가 될 때 이를 인식하게 된다고 생각했다. 자유주의 신학자들은 기독교에서 말하는 영성도 이성 속에서 유출된 인식으로 보았다. 이들은 성경을 교리화한 개신교 스콜라주의를 반대해 생겨났다.

이들의 한 갈래가 '신 죽음의 신학'이다. 이 신학은 이성을 중시해 성서 고대시대에 기적을 일으킨 인격신을 부인하는 것으로부터 시작한다. T. 알타이저, H. 콕스, W. 헤밀턴 등이 이 신학을 공부했는데, 철학자 포이엘바하의 '종교는 인간 심리의 조작에 지나지 않는다'는 뜻과 같은 시각이다. 이 신학자들은 권위, 전통, 율법, 천국, 지옥을 기반으로 한 기독교 전통 교리를 부인했으며 새로운 대안을 찾고자 했다. 칸트의 보편적 도덕이나 러셀의 자유, 정의, 사랑을 토대로 한 새로운 종교, 포이엘바하의 순수 인간주의적 신학 또한 그 맥락을 같이 한다.

19세기에 와서 급진적 자유주의 신학에 대한 반동이 일어난다. 자유주의 신학자들이 죽였던 신을 찾아가는 운동이기도 했다. 성경을 문학작품으로만 보려는 시각에 대한 반동이기도 했다. 이들은 전통주의자들의 주장과 신앙의 신조 면에서 별 다를 바가 없었다. 우주를 창조한 인격적인 신, 그리스도를 통한 구원의 개념도 비슷했다. 그런데 이들은 성경 내용 일부분을 역사적 사실로 인정하지 않았다. 역사와 성경을 분리시킨 것이다. 이들을 '신 정통주의'라고 부른다.

신 정통주의를 선호하는 학자들은 신을 믿고자 갈망하면서도 성서의 초자연적인 현상과 문자적 정확성에 대한 불신을 갖고 있는 자들이었다. 이들은 성경 내용을 '실체(사진)'가 아닌 '실제(그림)'로 보았다. 성경은 많은 부분이 비유이기 때문에 그 사건들이 다 발생하지는 않았지만, 의미적인 면에서는 영원한 진리라고 생각했다. 신 정통주의자들은 자유주의자들과 같이 성경 일부분을 신화로 보았으나, 신화를 벗겨내려고만 하지 않고 그 신화 속에서 신의 의도를 찾고자 했다는 점에서 자유주의자들과 달랐다.

신 정통주의자들은 루터나 칼뱅처럼 문자적으로 믿는 정통주의로 돌아가지 않았다. 이들은 성서의 권위를 문자적으로 찾으려 하지 않고 의미적으로 찾으려 노력했다. 성서를 역사가 아니라 종교 시(詩)로 본 것이다. 이들에게 있어 성서의 사건은 역사적으로 발생했을 수도, 발생하지 않았을 수도 있다. 하지만 그 여부는 아무 문제가 되지 않는다. 예를 들어 아담이 선악과를 따먹은 일은 역사적으로 확인할 수 없다. 그러나 그 의미는 남아 있다. 인간의 타락은 아담의 죄의 결과가 아니라는 것이다. 즉 인간은 성서의 아담처럼 무죄하게 태어났으나 실존적으로 이 순간에 타락한 아담의 모습으로 서있다는 것이다. '타락'을 아담 설화가 아니라 인간 각자의 삶으로 본 것이다. 아담과 선악과는 상징일 뿐이었다.

신 정통주의자들은 신이 먹지 말라고 한 열매(성경에는 과일 이름이 나와 있지 않으나 유대교 전통에서는 사과)를 따먹은, 어쩌면 사사로운 그 죄 하나로 낙원에서 쫓겨나고, 영생을 잃고, 거친 땅에서 일하고, 출산의 고통이 주어졌다는 그 문자적 사실을 그대로 믿지 않았다.

아우구스티누스는 아담 설화를 그대로 믿어 '원죄(아우구스티누스의 창조어)'가 아담의 죄에서 파생되었다고 주장했다. 그리고 그 원죄는 부계(父系)를 따라 정액으로 전달된다고 주장했다. 인간은 아담의 죄까지 짊어지게 된 것이다. 그러나 신정통주의자들은 원죄를 아담의 죄가 아닌 '죄를 지을 가능성이 있는 인간의 본성'으로 보았다. 어떤 신 정통주의자는 심지어 예수의 부활이 실제 발생했는가에 대한 내용도 중요하게 여기지 않았다.[293] 이들은 예수의 제자들이 부활의 소망을 갖고 변화해 예수를 닮은 십자가를 지는 새로운 삶을 살았다는 데 초점을 맞춘다.

물론 '어떻게 일어나지 않은 사건이 의미나 소망이 될 수 있는가' 하는 의문을 가지게 된다. 그래서 부활 같은 신의 기적은 당연히 일어났고, 필요하다고 주장하기도 한다. 모든 신도의 생각이 그러할 것이다. 그러나 슬프게도 이런 당연한 질문에 신정통주의 신학은 난색을 표할 수밖에 없었다. 그 내용을 모두 믿기에는 성서가 너무 많은 모순을 가지고 있기 때문이다. 도저히 받아들일 수 없는 역사(사건)와 기적들이 난무해 어떤 것은 실제 발생한 사건으로 믿고, 또 어떤 것은 믿지 못할 것인지 구별하는 일조차 그들로서는 불가능했다.

독자를 위해 한 가지 예를 들어보자. '철수'라는 병사가 임진왜란 당시 전쟁일기를 썼다고 하자. 그의 기록을 보면 왜군에 쫓기다 점심으로 라면을 만 개 먹었다고 쓰여 있다. 후대의 독자들은 철수가 한 끼에 라면 만 개를 먹을 수 없다고 생각하고, 그 식사 사실을 부인할 수 있다. 그런데 그것이 개인 일기가 아니라 성경이고, 성경에 쓰인 내용이라면 신의 능력을 믿는 사람은 그것이 가능하다고 말할 수 있다. 그러나 임진왜란 당시에는 라면이 존재하지 않았다. 존재하지 않았다는 것이 증명된 사실인데, 그것까지 신의 능력으로 생각해야 하는가?

철수의 예와 비슷한 이야기는 성경 초반의 주인공인 아브라함부터 시작된다. 창세기에는 기원전 1900년경 인물인 아브라함이 '갈대아' 우르 출신으로 나온다(창세기 11장 31절 참고). '갈대아'는 기원전 1000년경 신(新) 바벨론인들이 남부 바벨론을 가리켜 처음 사용한 말이다.[294] 창세기가 후대 바벨론에서 기록되었기 때문에 이 지명이 사용되었다. 또 히브리 전승에 보면 아브라함이 블레셋 왕과 여러 번 만나는 장면이 나온다. 그러나 시대적으로 기원전 12세기에 비로소 가나안에 정착한 블레셋인과 아브라함이 만날 수 있는 가능성은 없다. 아브라함의 종이 몰았던 낙타와 창세기 여러 군데에서 빈번히 나타나는 낙타들 또한 당시에는 없었다(창세기 24장 10절 참조). 낙타가 길들여진 때는 아브라함 사후 800년 후다(최초로 길들여진 낙타의 기록은 앗시리아 왕 디글랏 빌레셀 1세 때다. 그 전에는 이집트에조차 그런 기록이 없다).

이것은 '아나쿠리릭(연대 착오)'으로 저자가 후대 인물이고, 그 내용이 절대적 사실이 아니었음을 증명한다. 이렇게 보면 현대 신학에서는 아브라함은 역사적인 실존인물이라기보다 '신에게 선택받았다는 이스라엘 민족의 근원을 설명하는 가공인물'이라는 견해에 더 힘이 실리는 것 같다.

보통의 인간들은 어떤 사실여부를 판단할 때 근거와 증명을 요구한다. 그런데 일부 종교인들은 그런 것은 제쳐놓고, 오직 믿음만을 앞세운다. 그러나 신정통주의자들 입장에서 볼 때 도저히 믿을 수 없는 것을 믿어야 하는 일은 불가능한 것이었다.

우리나라의 근본주의 신앙

1869년 로마 바티칸 1차 회의 때 교황 무오설이 발표됐다. 교황이 성서를 해석할 때는 오류를 범하지 않는다는 것이다. 교황 요한 23세가 주관한 제2차 바티칸 공회 때는 다른 종교에도 구원의 길이 있음을 인정하는 교지가 발표된다. 교리적 혁명이었다. 그러나 2000년 9월 5일 교황 요한 바오로 2세는 이를 바꾸어 가톨릭만이 유일한 구원을 주는 종교라는 선언문을 발표했다.

다른 주축으로 기독교 내에서 두 번째로 큰 세력을 가진 신교 신도 대부분은 그들에게만 구원이 있으며 가톨릭 교리에는 구원이 없다고 믿고 있다.[295] 하지만 신교 내에서조차 미묘한 성경 해석 차이를 놓고 정통과 이단 논쟁이 끊이지 않고 있다. 그들은 성서 문자주의에 입각한 교리를 만들어 놓았고, 보석이 지천인 천국과 쇳물이 끓고 있는 지옥에 갈 사람들을 미리 갈라놓았다.

신교 신학계에는 흔히 보수, 복음주의 신학과 진보, 자유주의 신학이 존재한다고 말한다. 보수, 진보주의 신학의 갈림길은 성서를 문자적으로 보느냐, 의미적으로 보느냐에 있었다. 직접적 사건은 '오경이 모세의 저술인가' 하는 문제였다. 일명 '문서설 사건'이다. 또 1934년 미국 아빙돈 출판사에서 발행한 진보적인 성서 주석 번역 사건이 있다. 고등 비평이 일부 실린 이 책은 세계적으로 인정받는 주석이었지만, 우리나라 장로교는 이를 이단으로 규정하고 번역한 목사들을 심문했다. 이때 일부는 반발해 진보적인 신학교를 따로 설립했다.

엄격히 말하면 우리나라에는 칼뱅의 문자주의를 지지하는 수구주의와 그에 반발하는 학파가 있을 뿐이다. 진보주의 학파는 자유주의 신학이 아니라 신정통주의 신학을 따르는 자들이다. 신정통주의 추종자들도 학자일 뿐 목회자 중에는 거의 없다. 그런 사상을 가진 목회자라 할지라도 실제 목회 현장인 강대상에서 신도들에게 신정통주의 사상을 전달할 수는 없을 것이다. 신도들은 이미 문자주의에 길들여져 있기 때문이다.

3세기에 알렉산드리아 학파 학자들인 클레멘스나 오리게네스는 구약의 문자적 해석에 난점을 발견하고 성서를 우화적(allegory)으로 해석했다. 오리게네스는 문자적 해석을 반대해 성서를 비유, 우화, 은유로 해석하려고 했다. 그는 문자적 해석은 참되지 못하고 해석이 불가능하며, 우화적 방법이 보다 심오한 의미를 찾는 길이라고 주장했다(정통파 기독교에게 밀려난 영지주의자들이 이 방식으로 성서를 해석했다). 그 후 4세기 디오도루스, 테오도로스 등 안디옥 학파가 알렉산드리아 학파를 비난하며 문자주의 해석을 옹호하고 나섰다. 후대 기독교는 안디옥 학파를 따랐다. 그리고 우리나라 개신교는 더 극단적으로 문자주의를 택했다. 칼뱅의 견해가 그들에게 많은 영향을 끼쳤다. 칼뱅은 성경의 우화적 해석을 반대하고 극단적인 문자 해석을 주장했다. 한때 오리게네스의 우화적 해석을 지지했던 마틴 루터도 다를 바 없었다. 그는 이렇게 말했다.

나는 역사적(문자적) 의미를 받아들이기 시작한 그때부터 우화적 의미를 혐오해왔다.

지금 우리나라 장로교(예장, 통합) 신학자들 대부분은 모세의 오경 저작설을 부인하고 문서설을 지지한다. 또 요나서는 우화로 보며, 다니엘서의 내용은 역사적 사실이 아닌 것으로 보는 등 문자주의에서 어느 정도 탈피해야 한다는 데는 의견이 일치한다. 그러나 그들 역시 이러한 내용을 마음대로 신도들에게 발표하지는 못한다. 우리나라 신앙 풍토의 한계다.

일반 평신도들이 현대 신학을 접하고 이해할 수 있는 길은 우리나라의 경우 막혀 있다. 여기에 관련된 책을 발행하는 기독교 출판사 또한 존재하지 않는다. 비판적인 성경 연구는 학자들의 논문거리일 뿐이다. 신학교의 교수들조차 교단에 속해 있는 까닭에 수위를 조절해가며 자신의 주장을 발표할 수밖에 없다. 우리나라 교단에서 학문적 소신을 갖고 강의하지 못하는 학자는 신학자들뿐일 것이다.

우리나라 기독교는 서구 선교사들의 포교에 의해 시작되었고 성장했다. 목회자들에게 지대한 영향을 줄 수밖에 없었던 그 선교사들은 행운인지 불행인지 근본주의 신앙을 가지고 있었다. 당시 유럽 자유주의 신학에 반대해 생긴 극단적인 신앙이다.

성경은 문자적으로 오류가 없는 유일한 신의 말씀이요, 신앙의 근거로 생각하는 근본주의 신앙의 토대 위에 우리나라 개신교 교회가 서 있다.

'근본주의자'란 말은 1895년 뉴욕의 나이아가라에서 열린 부흥회 〈미국 성서 대회〉에서 신학자들이 '근본주의 5대 요점'을 선포하면서 그것을 믿는 사람들을 지칭한 말이다. 당시 내용의 핵심은 성경은 오류가 없으며 예수의 신성, 동정녀 잉태, 예수의 십자가 사건을 믿으면 천국에 가고, 믿지 않으면 지옥에 간다는 대속 교리, 예수의 재림이었다. 지금의 신도들 대부분은 이 교리를 믿고 공유할 것이다. 그런데 이 신조가 이데올로기화되어 성경 해석을 방해하고 있는 것이다.

근본주의자들의 사상은 '성경은 오류가 없으니 문자 내용 그대로 믿으라'는 것에서 출발한다. 필자가 지적하고 싶은 이들의 문제는 성경을 해석하는 경직성과 독단성, 편협성에 있다. 근본주의 성경 해석의 특징은 감정적이어서 반지성주의적이며 이분법적이다. 근본주의자들의 반지성주의는 이성적인 성서 비평 방법인 고등 비평을 위험한 자유주의 사상으로 치부한다. 이들은 질문과 비판적 탐구를 거부하고 성경 문자 읽기만을 강요할 뿐이다.

또 근본주의자들은 문자에 따른 구속 교리를 내세워 이분법적으로 구원 받을 자와 멸망 받을 자를 구분해 놓았다. 거슬러 올라가면 이 교리는 아우구스티누스에 의해 정립되었다. 아우구스티누스의 주장에 의하면 인간의 시조 아담은 신의 명령을 어겨 그의 후예인 인간은 태어날 때부터 원죄를 짊어질 수밖에 없다. 이미 죄를 가지고 태어난 인간은 죄 속에 살다가 지옥에 갈 수밖에 없다. 그런 인간을 구원할 수 있는 길은 신의 은총밖에 없다. 신은 예정해 특정인을 택했다. 그런 인간만이 교회에 나와 세례를 받고 구원을 받는 것이다. 반면 기독교의 구원 교리를 알지 못하는 자는 유아라도 벌을 받을 수밖에 없다는 것이다.

아우구스티누스의 이 논리에 펠라기우스[296]가 반발하고 나섰다. 아담의 죄는 아담의 죄일 뿐이고, 후예인 인간은 책임이 없다는 것이다. 그는 인간이 원죄를 갖고 태어나지 않았으며, 죄 없는 유아는 세례를 받지 않아도 구원받을 수 있다고 했다. 그러나 펠라기우스의 논리는 기원전 431년 에베소 종교회의에서 교회 지도자들에 의해 이단으로 선고되었다. 예수에 의한 구원의 교리를 확립시키기 위해서는 원죄설이 필요했기 때문이다. 누구나 원죄가 있기 때문에 예수를 믿지 않으면 지옥에 간다는 생각이 기독교의 교리인데, 펠라기우스의 논리로는 그 '누구나'를 정죄할 수 없었기 때문이다.

기독교의 기본사상에서 인간을 창조한 신은 인간이 구원을 받고 영생할 수 있는 신의 나라에서 살기를 원한다. 그래서 신 자신이며 아들인 예수가 구원을 위해 이 땅에 왔다고 한다. 예수는 인종과 민족을 초월하고 모든 자의 구원을 위해 십자가에서 기꺼이 죽음을 맞았다. 그런데 아우구스티누스의 후예인 현대 근본주의자들은 성경 몇 구절을 인용해 기독교 구원의 교리를 만들었다.

예수께서 이르시되 내가 곧 길이요 진리요 생명이니 나로
말미암지 않고는 아버지께로 올 자가 없느니라.

　　　　　　　　　　　　　　　　　　　　 - 요한복음 14장 6절

　　다른 이로써는 구원을 받을 수 없나니 천하 사람 중에 구원
을 받을 만한 다른 이름을 우리에게 주신 일이 없음이라.

　　　　　　　　　　　　　　　　　　　　 - 사도행전 4장 12절

　　그러나 예수를 믿지 않으면 그 누구라도 지옥 유황불 속에
서 영원히 고통을 받는다는 근본주의자들의 이러한 교리는 예
수를 믿을 기회나 능력이 없는 자들까지 지옥 속에 몰아넣는
불합리하고 잔혹한 논리를 가지고 있다. 전통 기독교에서 생명
으로 보고 있는 정자와 난자가 막 결합한 초기 배아,[297] 200만
년 전의 원시인, 세종대왕과 이순신 장군,[298] 열 살에 홍역으로
죽은 아라비아에 사는 양탄자 상인의 아들 핫산,[299] 전도사가
준 전도지를 불쏘시개로 사용한 태백산 화전민 문맹 할머니까
지 그들은 지옥에 갈 자로 갈라놓았다.
　　이러한 논리라면 루터교의 배경 아래에서 자란 히틀러는 예
수를 믿을 가능성이 있어 천국에 갈 수 있지만, 그가 죽인 2천
만 명 중 하나였던 유대인 소녀 안나 프랑크(나치 치하에서 다락방
에 숨어 일기를 썼던 '안나의 일기'의 저자)는 유대교의 배경 아래 자라
예수를 믿을 가능성이 거의 없을 것이니 지옥에 갈 수밖에 없
지 않은가?

근본주의자의 효시가 되는 칼뱅은 이 질문을 받고, 지옥은 원죄를 지은 모든 인간의 운명이니 인간이 신에게 항거할 자격이 없다고 대답했다. 근본주의자들이 믿는 이 폭군의 신이 아무리 위대하다 해도 (칼뱅을 제외하고) 양심을 가진 사람이라면 선뜻 그러한 신을 사랑하고 칭송할 수는 없을 것이다. 근본주의자들은 아직까지 이 완고한 구속 교리를 고수하며 신을 그 교리 안에 가두어 놓았다. 또 그들은 케리그마(kerygma, 신조)까지 변질 또는 수정했다.

'신조'는 절대로 양보할 수 없는 중심사상을 의미한다. 그런데 신교는 최고의 신조인 사도신경까지 구교와 성경 해석을 달리하며 일부 삭제했다. 그 내용 중 '본디오 빌라도에게 고난을 받아 십자가에 못 박혀 죽으시고 장사된 지 ……'라는 구절 뒤의 공인된 원본(Forma Recepta)에는 '장사되어 지옥에 내려가신 지'로 되어 있다. 그런데 신교에서는 지옥에 내려갔다는 말은 뺐다. 예수가 지옥에서 영혼들에게 구원을 전했다는 내용은 '한 번 지옥에 가면 영원히 머물 수밖에 없다'는 신교 교리에 맞지 않았기 때문이다.[300]

의학계나 건강식품 회사들이 어떤 약의 효능을 증명하고자 할 때 흔히 『동의보감(東醫寶鑑)』의 저자 허준(許浚)의 견해를 들먹이는 것을 본다. 그러나 『동의보감』은 고대 중국의 의학서 『본초강목(本草綱目)』을 토대로 하여 작성된 책으로, 그 모든 내용이 절대 사실은 아니다. 어떤 처방을 하면 태아가 남아로 바뀐다는 것이나, 심지어 어떤 약을 먹으면 투명인간(귀신)이 된다는 내용까지 기재되어 있는 등 현대의학의 관점에서 볼 때 허무맹랑한 부분도 상당히 많다. 그런데 마치 허준의 말이 현대에 와서도 정답인 것처럼 인용되고 있다.

우리나라 신도들의 신앙은 고대, 중세 신학이 버리고 간 유적 터 위에 머물러 있다. 교회는 새로운 현대 신학이 시험을 주고 신앙을 떨어뜨릴 수 있다는 이유로 신학 정설조차 신도들이 아는 것을 금기처럼 여긴다.

우리나라 교회는 아우구스티누스, 루터, 칼뱅의 주장에 입각해 교리를 만들었고, 지금도 그 논리로 성서를 해석하고 있다. 또 어떤 문제가 주어지면 그들의 주장이 정답인 것처럼 말한다. 그러나 허준과 마찬가지로 고대와 중세에 살았던 그들의 주장 역시 무수한 오류를 가지고 있다는 것을 알아야 한다.

한국 교회는 성경은 문자적으로 오류가 없다고 믿고, 그 입장이 성경을 가장 잘 이해하는 길이라고 확신하는 자세를 가지고 있다. 이 문제에 관한 한 타협을 거부한다. 이 순간에도 우리나라 신도들은 성서를 문자 그대로 믿는 믿음을 계속하고 있으며, 직관을 통해 해석하는 '직해주의(Literalism)'[301]자들이 대부분이다. 물론 이상한 일은 아니다. 아우구스티누스와 루터, 칼뱅의 이론을 바탕으로 신학을 정립한 교회 강대상 아래에서 길들여져 왔기 때문이다. 또 오랫동안 많은 사람들이 믿었다면 그것은 진실임에 틀림없다고 믿기 때문이다.

1815~1975년에 발행된 성서인쇄본은 약 25억 부이며

1,800개 이상의 언어로 번역되었다. 그렇지만 종파와 교파, 학자들마다 해석이 다르다.

우리나라 신도들은 대부분 근본주의자다. 그 신도가 개신교도라면 세계에 개신교 신자보다 두 배 정도 많은 가톨릭 신자들이 같은 성서를 연구하면서도 나와 다른 시각을 가지고 있음을 알아야 한다. 역시 가톨릭 신도들은 다섯 배나 많은 다른 기독교 신자, 타 종교 신자, 무신론자들이 나와 다른 견해를 가졌음을 알아야 한다. 물론 진리는 사실에 입각한 인식이지, 다수결로 결정되는 것은 아니다.

살아있는 신을 교리로 묶을 수 있을까? 그것이 가능한 일일까? 살아있는 신을 문자 속에 가둘 수 있을까? 끝없는 신의 은총을 인간의 잣대로 잴 수 있을까? 그것이야말로 불경이 아닐까?

1) 하늘을 가리키는 히브리어 '샤마임'의 원뜻은 '금속을 두들겨 펴다' 이다. 히브리인들은 우주가 그렇게 생겨났다고 믿었고, 하늘에 천막 이나 휘장, 이불이 펼쳐졌다고도 믿었다. 하늘에 대한 그런 묘사는 고대의 근동과 이집트, 멀리 핀란드와 독일 신화에서도 비슷하다.

2) 고대 중동인들은 하늘이 삼층으로 되어있으며 첫 층은 구름과 새 가 있는 하늘, 둘째 층은 해와 달, 별이 매달려 있는 하늘, 셋째 층 은 신과 천사가 있는 하늘로 보았다.

3) 인간은 '우주와 인간은 어떻게 생겨났는가?'라는 존재의 물음을 할 줄 아는 유일한 동물이다. 신학과 과학, 인문철학이 무수히 시도 했으나 실패했고, 여전히 진행 중인 21세기의 '신 존재 증명'도 이 범주에 속한다. 맨처음 인간은 야수와 다름이 없었고 직관의 의식 만 갖고 있었다. 그러나 육식을 하며 뇌의 용량이 커지고, 말을 하 며 추상에 대한 사고가 가능해졌다. 그리고 존재의식이 생겨나 지 금까지 그 고민 아래 있는 것이다.

4) 성서에서 히브리는 '민족'으로, 이스라엘은 '국호'로 표기했는데, 간혹 혼용하기도 했다. 히브리는 '강을 건너다'를 의미한다. 히브 리 전승 족보에 나오는 아브라함의 조상 '이브리', 즉 '에벨(건너는 사람)의 후손'이란 뜻에서 나온 말로 보기도 한다. 아모리어 중에 '이주하다, 피난처를 찾다' 등을 의미하는 '하부아루'란 말에서 파 생되었다는 이론도 있다.

5) '강과 강 사이'라는 그리스어로 알렉산드로스 대왕 이후 부르게 되 었다. 성경에서는 '밧단아람'이라 했고, 아랍인들은 '알 자지라'라 고 부르는 지역이다.

6) 바벨론의 바닷물을 주관하는 여신. 커다란 뱀의 형상이다.

7) '에누마 엘리쉬(바벨로니아 민족 서사시. 기원전 20세기경에 기록된 것 으로 추정)' 중에서 인용. 히브리 전승보다는 1000년 이상 앞선 경 전이다. 고대 문자는 숫자로부터 기원해 만들어졌다(명사, 동사, 형 용사 순으로 발달). 문자는 메소포타미아에서 이집트와 엘람으로, 인더스 계곡으로 퍼져나간 것 같다. 이후 그림문자에서 표음문자, 더 편리하게 부호화 된 설형문자를 만들어냈다. 진흙판은 파기도 좋고, 재생하기도 좋아 글을 새겨놓는 재료로 사용되었다. 또 직선 으로 긋기가 용이한 까닭에 쐐기문자(기원전 3400~3200년부터 수

메르인들이 사용한 설형문자)가 생겨난다. 이 문자로 신화를 집대성시킬 수 있었다.

8) 바벨론인들은 '아누'가 하늘 위를, '벨'이 공중과 땅을, '에아'가 땅 아래의 물나라를 다스린다고 믿었다.

9) 히브리인의 조상인 아브라함, 이삭, 야곱 등이 가나안에 최초로 이주했을 기원전 1900년경 그 지역에도 우가리트, 바벨로니아, 시리아어 문자가 있었고, 희미한 기록 문화가 있었던 것으로 보아 그들도 짧은 글을 기록했을지도 모른다. 그러나 그때의 글은 왕궁에서 국제간의 계약, 왕의 전승 기록, 신화 등 설형문자로 쓴 간단한 문장 정도가 돌판이나 점토판에 새겨지는 정도였다. 그때 히브리 족속은 떠돌이 씨족 유목민 시절이었다. 성서 본문 같은 긴 문장이 집필되고, 그것이 천여 년 동안 전달되기는 어려웠을 것이다.

10) 21세기 현재에도 기독교 합리론자들에 의해 조용히 이 작업이 진행되고 있다. 너무 전설적이라 차마 쓸 수 없어 성서번역을 변질한 예를 들면, 상상 속 동물인 유니콘을 들소로(시편 22편 21절), 타닌(용)을 뱀으로(출애굽기 7장 12절), 중세기 때 수십만 명을 학살한 근거가 됐던 마녀를 무당으로(출애굽기 22장 18절)……. 이외에 의역 또한 일일이 예를 들 수 없다. 하나님의 아들들(다신교 사상에서 나온 신에 버금가는 신의 아들들)을 아담의 셋째 아들 셋의 후손으로(창세기 6장 2절 참고), 메소포타미아의 별점 치는 점쟁이를 신약에서는 동방박사로 해석하는 등이다.

11) 메소포타미아 지역을 '중동, 근동' 또는 '오리엔트'라고 부르는 시각은 서구적이다. 자신들이 사는 유럽을 중심으로 동쪽을 이렇게 불렀기 때문이다. 우리 입장에서는 '서아시아'라고 불러야 마땅하나 편의상 이 단어를 사용한다.

12) 수메르 신화에서 보면 구릉이 만들어진 이야기는 이러하다. 폭풍의 신 니누르타는 하계(下界)산의 신 아삭을 무찌른다. 그 결과 산의 물들이 넘쳐 큰 홍수를 일으키는데, 니누르타는 홍수를 막기 위해 돌들로 장벽을 쌓았으며, 그렇게 해서 만들어진 비옥한 구릉을 그의 어머니 닌마 신에게 바친다. 구릉 역시 두 신 간의 투쟁에서 비롯됐음을 말해주는 신화다.

13) 신학자들은 시편 82편 6~7절, 이사야 14장 12~25절, 사사기 5장 13절 등의 내용이 야웨 신에게 잡신들이 대항한 사건을 암시하고 있다고 보기도 한다.

14) 앗시리아와 바벨론은 지역도 같아 매우 흡사한 신들을 섬기고 있었다. 앗시리아인들은 신들의 고향이 바벨론이라 믿었고, 그 신들을 섬기는 것을 자연스럽게 생각했다. 그래서 신화도 거의 비슷하다.

15) 고대 로마의 역사가 헤레니우스 필론(Herennius Philon)이 페니키아의 신화를 번역했는데 거기 나오는 '산쿠니아톤(고대 페니키아의 현인. 전설적인 인물일 것이다.)' 이야기를 보면, 역시 만물의 시작은 어둡고 혼탁한 혼돈에서 시작했다고 전한다. 또 계란 모양의 하늘에서 해, 달, 별이 나왔다고 전한다. 그런데 이 부분도 히브리 전승과 닮아있다. 창세기 1장 2절 '신의 영'이 수면 즉, 바다의 물 위를 운행하면서 천지 창조가 시작된다. 이때 '운행'이란 말은 히브리어로 '메라헤펫'인데, '새가 알을 품은 것처럼'이란 뜻이다. 산쿠니아톤 신화에 나오는 '계란 모양에서 천체가 나왔다'는 전승과 비슷하다(중국 신화에서도 알 속에서 창조의 신 반고가 태어난 것으로 우주 시작을 설명하고 있다).

16) 이는 도플러 효과와 칼륨-아르곤 연대기 측정법에 의해 검증된 연도다.

17) 고대인들은 달과 별이 태양의 빛 때문에 발광한다는 사실을 알지 못해 신이 빛을 따로 창조했다고 기록한 것이다.

18) 이탈리아 고대 종족으로 메소포타미아에서 소아시아를 거쳐 이주해 온 민족으로 여겨짐. 이들이 지은 기원전 7세기 말의 설화.

19) 그들의 이름은 '카죠몰츠(사람들)'다. 히브리 전승의 아담 역시 단수명사가 아니라 사람 전체를 상징하는 복합명사다.

20) 시편 104편은 유일신론을 주장했던 이집트 파라오 '아켄아톤(기원전 1377~1360년)'이 태양신 아톤을 찬미한 내용을 베낀 것에 불과하다.

21) 히브리 전승의 작가는 이스라엘인과 형체 상 구별되지 않는 가나안 족속을 '흑인 함의 후예'라고 기록했다. 이것은 이스라엘 최대의 적이요, 우상 숭배자였던 가나안인을 같은 셈 족속이라고 용납할 수 없었기 때문이다. 또 유럽 인종에 속하는 블레셋 족속도 함 후예에 집어넣었다. 기원전 1100년경 파라오 람세스 3세 때 이집트를 침공한 이 해양 족속이 후퇴하여 가나안에 정착했기 때문에 이집트에서 나온 함족 후예로 취급한 것이다.

22) 지극히 높은 지혜. 기원전 2000년경에 아카드어로 쓰인 우주의 창조 및 홍수의 기록 서사시. '창조신 엔키는 영웅 아트라하시스에

게 대홍수로 인류를 멸망시키려는 신들의 음모를 미리 경고해 주
었으나 인간들은 이를 귀담아 듣지 않는다. 그래서 아트라하시스와
그의 가족 그리고 동물들만 배를 타고 피신할 수 있었다'는 내용.
23) 이집트 히베의 신화, 페니키아 창조설화, 인도의 베다경전, 중국
신화 등에서도 생명은 '신의 호흡'으로 표현된다. 또 동양적 사상
으로는 인도의 오라(aura)나 중국의 기(氣) 같은 우주 에너지의 표
현인지도 모른다. 소크라테스는 영혼불멸을 믿으면서도 그 영혼은
이성에서 나온 정신이요, 인격으로 보았다. 불교에서는 육체에서
독립된 영혼은 없다고 생각하며 육신이 영혼이고 자아다.
24) 고대 이집트 피라미드 무덤이나 기원전 3000년경 시돈 왕 타브
니트와 에쉬무나자르 석관을 보면 관을 여는 자에게 저주를 퍼붓
는 글귀를 볼 수 있다. 시신에 영혼이 머문다고 생각했기 때문이
다. 히브리 전승 저자 역시 어느 누구도 죽음의 순간에 영혼이 육
체와 분리된다고 기록하지 않았다. 히브리인들은 육체가 사라지
기까지 어떤 정신이 깃든다고 보았다. 시신도 잠을 잔다고 생각했
다. 오리엔트 문명보다 조금 늦은 에게해 문명에서 육과 영이 분
리된다는 그리스 '이원론 사상(혹은 육과 영과 혼이 분리된다는 삼
원론)'이 도입되면서 이스라엘인들은 비로소 '육체라는 장애물
이 소멸되면 더 행복한 상태로 영원히 산다'는 소망을 가지게 된
다. 이 그리스 이원론, 삼원론 사상도 이집트 종교에서 인간을 카
(육), 바(혼), 아크(영)로 나누던 영향을 받고 생겨난 사상이다. 그
리스 종교철학에 능통했던 사도 바울은 육체와 영혼이 분리된다
는 이 사상을 받아들여 기독교 교리를 완성했다. 교황 레오 1세
(440~461년)는 영혼도 어미 자궁에서 형성된다고 선포했다. 현재
의 전통 기독교에서도 영혼의 실체를 생명이 생겨날 때 어미의 자
궁에서 형성된다고 가르친다. 그러나 기독교 외경 '지혜서' 등에서
는 영혼이 이미 선제한다고 믿는 플라톤적 이데아 사상을 찾아볼
수 있다. 반면 16세기 계몽주의 시대에 와서 데카르트 등에 의해
인간도 단지 근육과 장기와 피로 이루어져 시계와 그 부속 같은 존
재로 이해하려 했다. 이들은 영혼을 육체와 떨어진 다른 존재가 아
니라 뇌의 물질적 활동(이성)으로 보았다.
25) '인간, '붉다'는 뜻의 '아다마'가 어근으로 피와 흙을 의미하기도 한다.
26) 남자 '이쉬'의 어원은 앗시리아어 '힘이 세다'는 뜻의 '이사누'이
거나 약하다는 뜻의 앗시리아어 '애나슈'에서 파생했다고 보는 견

해도 있다.

27) 여자를 지칭하는 또 다른 말 '하와'는 셈족 뱀의 여신에서 유래된 것 같다(시리아어 뱀을 뜻하는 '차우와'에서 나왔을 가능성이 있다). 남자에게서 여자가 나왔다는 설화는 원시부족인 태평양 타히티족, 마오리족, 미얀마의 카렌족에서도 볼 수 있다.

28) 뱀은 고대 중동에서 지하계의 통치자다. 수메르 신화에서 보면 신 '닝기쉬지다'는 뱀의 형상으로 묘사된다. 그 이름의 뜻은 '확고부동한 나무의 주인'이라는 의미다. 닝기쉬지다는 최초의 인류 아다파에게 생명의 빵을 준 존재다.

29) 과학자 파스퇴르 등은 오늘날 지상에 존재하는 화학적, 물리적 조건에서 생명체가 저절로 생겨날 수 없다고 주장하고 있지만, 다른 과학자들은 수십억 년 전에는 지상의 화학적, 물리적 조건이 지금과 달라 생명 탄생이 가능했다고 본다.

30) 이 낙원은 인도 신화의 수미 산(山), 인도의 대승 불교 낙원인 재석천왕을 만날 수 있다는 서방정토, 도교의 무릉도원, 아라비아의 설화 속에 나오는 젖이 흐르는 강과 술이 솟는 샘이 있는 동산, 고대 그리스인의 아틀란티스, 토마스 모어의 유토피아일 수 있다. 또 실제 존재하는 티벳의 카일라스 산이나 샴발랴 계곡을 말할 수도 있다.

31) 기원전 2500년경 북부 가나안 에블라 왕국의 창조 신화 '엔키와 닌훌삭 서사시'에 나오는 낙원 딜문은 히브리 에덴동산이 있었다는 유프라테스와 티그리스 양쪽 강의 중간 지점인 페르시아 서남쪽에 있었다.

32) 에덴은 아카드어로 '초원'을 의미한다. '간 에덴(들판에 있는 가꾼밭, 울타리가 있는 정원)'에서 유래했다. 이 말을 유목민인 히브리인들은 '낙원'이란 의미로 해석했다. 또 다른 어원으로 페르시아어로는 '기쁨의 동산', 힛타이트어로는 '신들의 사원'이라 유추할 수 있다.

33) 티그리스강의 히브리식 이름.

34) 인더스강으로 추정. 고대 중동인들은 아프리카와 인도가 붙어 있다고 생각하고, 이 강이 아라비아를 지나 나일강으로 흘러든다고 생각했다. 다른 견해도 있다. 히브리 전승에 의하면 이 비손강은 금이 많은 하윌라 온 땅을 둘렀다고 했다. 그런데 하윌라는 이집트의 금 산지다(하윌라에 관해서는 가나안의 한 왕이 이집트 파라오에게 경제 원조를 바라고 보낸 고대 서신에서 금이 많은 이집트 산지로 묘사한 내용이 발견되었다). 비손강도 그 근처의 강인지도 모른다.

35) 기혼은 '솟구쳐 오른다'는 뜻이다. 전통적인 해석에서 나일강으로 추정한다. 고대 중동인들은 이 강과 유프라테스강은 근원이 같다고 믿었다.

36) 기원전 2세기의 그리스 역사가 헤로도토스에 의하면 당시 이집트인들조차도 나일강의 근원을 알지 못했다.

37) 예루살렘의 옛 지명은 '살렘'이다. 살렘은 샤하르와 함께 가나안 최고의 신 엘의 쌍둥이 아들이며, 살렘 성읍 사람들이 섬기던 신의 이름이었다(살렘은 황혼이나 저녁에 뜨는 금성을, 샤하르는 새벽 혹은 새벽에 뜨는 금성을 의미했다).

38) 아라비아, 인도 등에서 나는 식물에서 채집된 향기를 가진 고무. 혹은 진주라는 견해도 있다.

39) 석영, 옥수 등이 혼합된 보석.

40) 니느웨에서 발견된 점토판. 아슈르바니팔(기원전 668~627년) 때 편집된 것으로 고대 메소포타미아 신화 등이 아카드어로 적혀 있는데 그 주인공이 길가메쉬다.

41) 기독교의 전통 해석은 '죽는다'는 개념을 '신과의 교제 단절'로 해석해 문자 직해를 오히려 피해간다. 그렇지 않으면 '따 먹어도 죽지 않으리라'는 뱀의 말이 옳기 때문이다.

42) 초기 히브리인들은 신이 원하는 것은 정착이 아니라 유목이라 믿었다. 그래서 농사를 피했고 포도농사를 멀리했다. 히브리 전승도 포도에 대한 기억이 좋지 않다. 노아는 포도주를 먹고 자식들 앞에서 발가벗고 자는 추태를 부렸고, 아브라함 조카 롯도 포도주를 먹고 두 딸과 행음을 했다.

43) 기독교의 전통 해석에서 신의 아들들은 아벨 후에 생겨난 아담의 아들 셋의 후손을 가리킨다(이 후손들은 신이 택한 영적인 자녀들). 땅의 딸들은 가인의 후예들을 가리킨다(이 후손들은 신이 버린 자녀들). 영적인 자녀들이 육적인 자녀들의 유혹에 빠졌다는 것이다.

44) '반신반인(半神半人)'이란 뜻을 가진 고대 앗시리아의 '쉐두'와 같은 괴물이다.

45) 사도 바울도 에녹서를 믿고 성경을 집필했는데, 여자들은 얼굴을 천으로 가려 교회 안에 사는 천사들이 유혹받지 않도록 하라고 권면하기도 했다(고린도전서 11장 10절 참조).

46) 수메르인들은 '안'이라는 우주 최고의 신이 천상에서 신들의 회의를 주도해 나간다고 생각했다. 안의 아들 엔릴은 폭풍과 홍수의

신이다. 엔릴이 지배하는 자연현상은 농업인 수메르인이 가장 두려워하던 것들이었다. 그 때문에 엔릴은 신들 중 가장 강력한 신으로 받들어졌으며 '전쟁의 신'이라는 지위도 갖게 된다.

47) 기원전 40세기 말 혹은 30세기경 수메르 왕으로 살았던 역사적 인물인데 그의 생애는 전설화 되었다. 무려 3천 행에 이르는 장시인 길가메쉬 서사시의 가장 완벽한 판본은 앗시리아 왕 앗슈르바니팔(기원전 668~627년) 통치 하의 니느웨 유적에서 발견되었다. 지금의 이라크 모술 지역으로 고대 서기관 학교 교재로 사용되었던 점토판이었다. 이 유적의 발견자는 1890년 대영박물관 담당자인 조지 스미스(George Smith)다.

48) 아르메니아어로 '구원'을 뜻한다. 히브리 전승에서 노아의 방주가 머물렀던 그 장소다.

49) '거룩한 땅'. 바벨론 북쪽 아르메니아의 한 지방인 '니지르'다. 이곳은 히브리인들이 생각하는 땅 끝 가장자리다. 아라랏은 우라르투 왕국의 히브리식 표현이기도 하다. 이 왕국은 터키 지방에 있었다. 또 아라랏은 특정 산이 아니라 산지로 기록되어 있어 넓은 의미로 '고원지대'를 일컫는다.

50) 시끄러운 소리는 인간의 죄악 때문에 고난당하는 희생자의 소리일 수 있다. 소돔과 고모라에서도 부르짖음이 컸다고 전해진다(창세기 18장 20절 참조).

51) 고대 수메르에서는 우르, 키쉬, 슈룹팍, 라가쉬 등이 기원전 2800년경 도시국가를 이루고 있었는데 그것들이 홍수로 침전된 증거는 없다. 기원전 7000년경 최고의 고대도시였던 가나안 여러 고성에서도 홍수 퇴적물을 발견할 수 없었다.

52) 최근 나타난 성서 해석 분파로, 성서 문자해석을 포기하고 그 문자들을 은유로 생각하며 과학이론을 받아들이는 수정주의자들이다. 현대 과학이 발달해 우주, 지구, 인간 발생 등의 연대 등이 부인할 수 없을 정도로 밝혀지자 창세기 언어를 비유로 보는 등 과학과의 갈등을 해결하고자 했다.

53) 지적 설계자들도 창조가 단시간에 이루어졌다고 주장했다. 홍수 때문에 미생물이나 작은 생명체들이 가라앉았고, 포유류들은 폭풍을 피해 높은 산으로 올라갔기 때문에 화석이 층으로 만들어졌다는 이론이다. 그러나 이 주장은 화석 생성 기간의 차이를 전혀 설명하지 못하고 있다.

54) 에덴동산, 바벨탑을 비롯해 히브리 전승의 여러 이야기가 한결 같이 메소포타미아를 배경으로 하고 있는 것을 보면 그곳에 살던 사람들이 가지고 온 신화인지 모른다.

55) 이 말은 히브리어로 '헷갈리다'라는 뜻의 바델이라는 말을 일 부러 바벨론, 즉 '바벨'로 바꾸어 부른 데서 생긴 것이다. 기원전 500년경 성경에 쓰일 때 이스라엘을 괴롭힌 적국은 바벨론('신들 의 문'이라는 뜻)이었기 때문이다. 이렇게 바벨을 '혼돈'으로 해석한 것은 의역이다.

56) 유대교 전승에 의하면 바벨탑은 하늘에서 떨어진 불로 기초까지 무너졌다고 한다. 다른 고대 전승에는 탑이 하늘까지 닿게 되자 바 람의 신들이 시공자들 위에 무너뜨렸다고 전해진다(수메르 신화 전 승 '숨마 알루'에서 보면 '만일 어떤 도시가 그 건물이나 망대가 하늘까지 높아질 경우 멸망이 온다'고 암시했다).

57) 벽돌 굽는 기술은 메소포타미아에서 기원전 4000년경 발전했다. 이때도 역청을 사용해 방수가 되고, 돌처럼 튼튼하게 만들었다.

58) 메소포타미아 남부에는 본토민인 우바이드족이 있었고, 그 뒤로 수 메르족과 아카드족, 구티족이 침입해 섞여 살면서 문명이 출현했다.

59) 바그다드에 현존하는 지구라트는 원래 4층이었다고 한다. 지금은 2층으로 21미터가 남아 있는데 그렇게 높이 세운 까닭은 신이 강 림하기에 좋도록 하기 위해서다.

60) 히브리 전승에 의하면 평생 신을 따라다닌 에녹의 죽음을 보지 않고 신이 직접 하늘로 데려 갔다고 한다. 이 에녹 설화 역시 신화 적 냄새가 짙다(에녹의 수명 '365세'라는 수는 태양력을 이미 사용하고 있었고, 태양신을 숭배했던 메소포타미아 신화에서 생긴 수명일 것이다. 메소포타미아 왕 목록의 일곱 번째 왕은 우투압수로 에녹처럼 하늘로 올 라갔다. 이집트 피라미드 문서인 '슈'에서도 공기의 신이 왕을 땅에서 죽 지 않도록 하늘로 데려오라고 명령한다).

61) 기원전 3000년~2065년경 수메르어로 기록된 점토판.

62) 수메르 신화 기록에는 수메르 왕들의 수명까지 나와 있다. 수메 르는 60진법을 사용했다. 이것을 이스라엘인이 사용한 10진법으 로 고치면 수메르 왕들과 히브리 전승 속에 기록된 홍수 이후 아담 족보 인물들의 수명 연대가 거의 들어맞는다.

63) 그리스 올림푸스 산에 거주했던 족속의 신화 이야기.

64) 이렇게 족장들이나 왕들이 오래 살았다고 기록된 것은 봉건제도

하 지배계급의 생각에서 파생했다는 주장이 있다. 통치자는 대단히 나이가 많고 경험이 많지만, 반면 백성들은 어리고 철없고 열등하다는 홍보인 셈이다.

65) 대부분의 역사학자들은 이스라엘의 초대왕 사울 때부터 '역사의 시대'로 구별한다.

66) 문자대로라면 히브리 전승이 말하는 육식은 홍수 이후다. 그러나 아담의 둘째 아들 아벨은 목동이었다. 홍수 전 인물인 그가 육식을 하지 않았다는 데는 동의할 수 없다. 이처럼 창세기 내용 간에도 일치되지 않는 것은 여러 단편을 편집해 만든 것이기 때문이다.

67) 문자주의자들보다는 유순했던 보수주의자들, 즉 지적설계자들은 누가 누굴 낳았다는 성서 기록을 은유로 보기도 한다. 누구를 낳았다고 했을 때, 그것은 바로 낳은 아들이 아니라 먼 후예로 보고 연도를 무한정 측정하기도 한다.

68) 고대 중동에서 '활'은 남성의 성기를 상징하기도 한다.

69) 이집트에도 왕의 시신과 보물들을 지키는 영물로 '스핑크스'가 있다. 이 괴물은 '살아있는 형상'이라는 의미의 고대 이집트어 '셰셉프 앙크'에서 비롯되었으며, 그리스어 스핑크스는 '교살자'라는 뜻이다. 역시 같은 의미로 바벨로니아에서는 황소 얼굴을 한 인간 '라마스'라는 수호신이 있다. 에덴과 신전, 언약궤를 지키는 히브리 전승의 그룹은 이 괴물들을 연상시킨다. 에스겔 1장 10절이나 요한계시록 4장 7절에 나오는 생물들도 이들을 닮아 있다.

70) 우리말 성경에 '영원'이라고 번역된 히브리어 문구의 원래 뜻은 '오래오래'다.

71) 인도의 철학자 라나지트 팔은 불교마저 기원전 3천 년경 이곳에서 생겨났다고 주장한다. 불교의 모태가 된 고대 인도는 근동 문화권에 속했으며 석가는 바벨론의 왕족이었고, 불교의 상징물인 연꽃과 사자 등도 메소포타미아가 원산지라는 것을 증거로 제시했다.

72) 메소포타미아 티그리스강 중류 마리에서 발견된 문서. 기원전 2000년경 아모리 족속의 관습과 법률을 담고 있다. 이 문서에서 아브라함의 친척 스룩, 나홀, 하란 같은 이름이 발견되었다(사람의 이름이 아니라 상 메소포타미아 지역의 이름이었다. 스룩은 하란 서쪽에 위치한 아카드 성읍이다. 그 옆 성읍이 나홀이다. 이로 보건대 아브라함 설화는 그 지역에서 파생된 신화인지도 모른다). 또 메소포타미아 상부 샤가르 바자르에서 나온 기원전 18세기 문서에 '야곱'이란 이

름도 나왔다.

73) '길'이라는 뜻이며, 고대 중동에서 이 말은 '상업도로'라는 의미로 쓰였다. 유프라테스강과 티그리스강 유역 메소포타미아 북서쪽에 위치해 있다. 하란은 달 신인 난나 숭배의 중심 도시다.

74) 기원전 3250~3000년경, 중동의 기름진 땅인 이 메소포타미아 지역으로 인류가 최초의 대규모 이동을 해 들어왔다. 처음에는 중앙아시아 '아나톨리아(흑해와 지중해 사이에 있는 고원지대)'에 살던 수메르인이 이주한다. 이들은 성을 쌓고 우르, 에렉, 라가쉬 등 몇 개의 도시국가를 건설한다. 그 성읍 중 가장 큰 도시는 유프라테스강 하류에 세워진 우르다. 수메르인은 이곳을 중심으로 인구 50,000명인 '우르'(불꽃)' 왕조를 세운다. 수메르 도시국가 우르의 위치와 유적은 1922년 영미 합동조사단(대영박물관과 미국 펜실베니아 대학 박물관) 단장으로 활동했던 영국인 레너드 울리에 의해 발견되었다.

75) 아카드어로 '서쪽의 사람' '산속에 사는 사람'을 일컫는 말. 고대 중동 북서쪽 셈족 방언을 쓰는 모든 사람을 가리킨다. 메소포타미아-시리아-가나안 등지에서 유목생활을 하던 사람들과 남쪽 아라비아와 이집트 지방에서 계속해 낙토를 찾아 이주한 사람들, 즉 이름도 갖지 못한 떠돌이들이다.

76) 가나안 지역은 좁게는 요단 서편 땅 전체를 가리키고, 넓게는 요단 서편과 시리아 일부를 가리킨다. 이 땅 동쪽에는 아라비아 사막 광야, 서쪽에는 지중해, 남쪽에는 시나이 광야와 홍해 그리고 북쪽에는 레바논 산맥이 있다. 동서로 짧고 남북이 긴 이 땅의 지형은 매우 기복이 심하며 기후 또한 한대부터 열대까지 다양하다. 특히 북쪽 헤르몬 산에서 발원하여 갈릴리 호수, 요단강을 거쳐 사해로 흘러드는 강이 이 땅의 젖줄이다. 가나안은 조그마한 지역임에도 불구하고 메소포타미아와 나일 삼각주의 인근 지점에 위치한 교차로여서 기원전 2000년 말기부터 사방에서 인구가 이동해 와 여러 민족이 살고 있었다. 이즈음 바위에 판 저수구 안에 석회 도료를 발라 물을 저장하는 방법이 발명되면서 강수량이 많지 않던 지역에도 사람들이 살기 시작해 더욱 왕성하게 인구가 늘어났다. 이미 이곳에는 기원전 2800년경 가나안의 고도(古都)인 페니키아 두로가 세워졌다. 그 후 메소포타미아 우르 왕조를 멸망시킨 아모리 족속이 대규모로 이동해 가나안은 많은 아모리 족속의 도시국가로 나

뉘지고, 유목생활에서 도시문화로 점차 형태를 갖추어가고 있었다.

77) 메소포타미아에서 발견된 문서를 보면 기원전 3900년경 객상들이 보험까지 들고 장사했음을 알 수 있다. 기원전 2100~1900년 앗시리아 기록과 기원전 1800~1700년 마리 기록의 거래 문서를 보면 2, 300마리에 달하는 나귀를 거느린 대상들이 소아시아와 북부 시리아로 여행하는 장면이 나온다. 아브라함의 행로와 비슷하다.

78) 하베르의 원래 의미를 '먼지투성이의 사람들 혹은 당나귀가 일으키는 먼지'로 보기도 한다. '객상'을 의미한다.

79) 하비루들은 카스피해 연안부터 코카서스 초원을 지나 아르메니아 우라르투 산악 지대, 나일강 연안, 가나안과 아라비아까지 떠돌고 있었다. 하비루들은 출신 지역과 종족, 언어가 달랐으나 모두 평등했고, 지도자는 특권이 없는 대중사회를 이루고 있었다. 이 하비루와 비슷한 '사가즈'들도 있었다. 그들 역시 반체제 무리이며 주로 용병이나 일꾼들로 근동과 가나안에 존재했다(사가즈는 함무라비 외교문서에 메소포타미아 서부 국경 유민으로 되어 있는데, 하비루와 다르다는 견해와 표의문자 표기로 동일어라는 견해가 있다).

80) 창세기 등 초기 히브리 전승은 신화성이 강했기 때문에 저자들은 등장인물의 이름을 명확히 기록하지 않았다. 물론 당시 파라오의 이름도 명기되지 않아 유추할 수밖에 없다. 그러나 후대 역사시대에는 히브리 전승에도 '파라오 느고' 등 실제 이름이 기록된다.

81) 창세기 외경에 의하면 이때 조카 롯이 나서서 파라오의 관리에게 삼촌 아브라함이 큰 상급과 새 아내를 얻을 수 있게 해달라며 중개자 역할을 했다고 한다.

82) 수렵을 하던 원시사회는 씨족을 떠나서는 개인도 가족도 존재할 수 없는 씨족 공동체 사회였다. 혼인도 아버지를 알 수 없는 모계 중심의 군혼(群婚)이었다. 그러나 아브라함 때는 청동기 후기요, 가부장적 시대였다. 목축과 농업을 하면서 남자(아들)의 비중은 더욱 커졌다. 고대 근동인들은 아들을 통해 생명이 이어진다고 보았기에 아들에 대한 열망이 간절했다. 또 아들이 없다는 것은 저주를 의미했다. 페르시아 베히스툰에서 발견된 다리오 왕의 비문 중 '하늘의 신 오마자드가 저주를 내려 자손을 얻지 못한다'는 내용이 있다. 혼인의 목적도 첫째가 아들을 낳기 위해서다. 목축민들에게 아들의 출산은 가문의 승계이며 노동력의 증가이고 전사의 확보이기도 했다. 유목민들은 아들을 낳기 위해 산모의 젖이나 시체 씻은 물로 목

욕을 하기도 했다. 또 새로 판 우물의 물을 마시고, 남자 시체를 건너가는 풍습도 있었다. 또 장자는 신이 점지했다고 생각하는 신앙이 있었다. 그래서 신에게 바치어 섬기게 하는 풍습이 있었다. 예수도 장자였다(생물학적으로 보면 원형동물은 죽지 않는다. 원형질이 분리될 뿐이다. 아들을 통해 생명을 이어간다는 것은 그렇게 분리되는 것으로 생각할 수 있다. 동양사상도 이런 관점에서 아들을 바라보기도 한다).

83) 이슬람 경전에도 이 이야기가 나오는데 번제로 바친 아들은 이삭이 아니라 이스마엘이다. 이스마엘은 실질적으로 장남이었다. 히브리인들은 자신들이 아브라함 본처 사라의 소생인 이삭의 후예고, 아라비아의 베두윈들을 후처 하갈의 소생인 이스마엘의 후예로 믿고 있다. 그러나 전승이 다른 아라비아인들은 반대로 자신들이 아브라함 장자의 후예라 믿고 있다.

84) 인간을 제물로 바치는 제사는 에디오피아, 페니키아, 이집트, 페르시아, 인도 등 고대 민족의 전통이다. 인신 제사는 칼로 도살하거나 수장이나 화형, 산 채로 땅에 묻는 등 제사 방법도 다양했다. 사람을 불태워 바치는 제의는 가나안에 퍼져 있었다. 암몬과 모압, 시리아 사람들도 이 제의를 실행했다. 페니키아에서는 본토뿐만 아니라 식민지였던 카르타고까지 이 제의가 성행했다(카르타고인들은 어린아이들을 크로노스 신에게 제물로 바쳤다).

85) 기원전 800년경 모압 왕 메사에 의해 그 시대에 세워진 비석. 모압어는 히브리어와 비슷한 서부 셈어 방언이다. 메사는 1,100자의 비문을 남겼는데, 복원된 것은 699자다.

86) 가나안과 페니키아 종교에서도 처음 난 가축을 제물로 바치는 것은 흔한 관습이었다. 훗날 모세가 받은 이스라엘 율법 기록에도 처음 태어난 가축은 신의 것이므로 신에게 바치게 되어 있다.

87) 원래의 뜻은 '쫓아간다'이다. 그런데 히브리 전승의 내용에 입각해 '발뒤꿈치를 잡음' 또는 '약탈자'라고 후대에 의역되었다.

88) 히브리인들은 '오차르(富)'를 신의 복으로 여겼고, 영적 축복도 이 부와 같이 이루어진다고 믿었다. 그러기에 부는 신의 것이요 선(善)이었고, 가난은 악마의 것이었고 악(惡)이었다(시조 아브라함, 이삭, 야곱, 요셉 등도 모두 신의 축복을 받아 부자로 묘사된다). 내세의식이 희미했던 히브리인들의 복은 내세가 아니라 이생의 문제였다. 장수, 다산, 재산, 현숙한 아내와 충실한 남편을 얻는 것, 존경과 신임을 받는 것 등을 최고의 가치로 믿었다.

89) 갈릴리 호수와 사해 중간에 위치한 요단강 지류의 하나인 이 강의 이름은 '싸운다'는 뜻을 가진 '야비크'에서 기원했다.

90) 기독교 의역주의자들은 신과 씨름했다는 이 신화적인 장면을 차마 그대로 해석하기가 어려워 야곱이 힘써 기도했다고 해석한다.

91) 기원전 18세기 중엽 이집트 13왕조 때 남긴 점토판을 보면, 이집트 노예로 팔려온 아시아인들의 명단이 기록되어 있다. 이때 남자보다 여자가 더 많았고, 남자들 가운데에는 집사와 요리사, 양조사, 가정교사 등이 있었다. 고대 중동에서 요셉 전 시대는 노예값이 10~15세겔이었고, 기원전 15세경에 와서는 30~40세겔이었다(누지법을 보면 당시 목자의 1년 임금은 10세겔이었고, 신부값은 30~40세겔이다).

92) 독살이 심했던 이집트 왕조에서 파라오에게 최고의 신임을 받는 직책이었다.

93) 이집트인들은 꿈을 신이 보여준 상징으로 보고 해독하는 경향이 있었다. 파라오들은 주로 꿈을 통해 신탁을 받았다. 그들은 신전 옆에 꿈의 궁전을 짓고 잠을 자며 신탁을 받기도 했다. 이집트에는 해몽책까지 있었다. 고양이를 본 사람은 풍성한 수확을 얻게 되고, 흰빵을 보면 건강해지고, 새를 잡으면 재산을 잃어버린다는 내용 등이다. 메소포타미아인들도 '자키쿠(신의 영)'가 꿈을 준다고 생각했다. 바벨로니아 또한 해몽에 관심을 가져 해몽서를 남겼다. '슘마 알루(고대 메소포타미아 해몽서)' 등인데, 만일 사람이 꿈속에서 갈가마귀를 먹으면 수입이 생기고, 하늘로 올라가면 수명이 짧아지며 하계로 내려가면 수명이 길어진다는 내용 등이다. 우가리트나 그리스에서도 꿈은 신이 보여준다고 믿었다. 그러나 플라톤은 거칠고 사나운 성질이 꿈을 통해 나타난다고 생각했다. 프로이드 이후 현대에는 꿈을 사람의 욕구와 관련된 무의식의 발현으로 본다. 현대 의학으로 보면 꿈을 꿀 때 전두엽의 사각피질이 변화하는 것을 사진으로 발견할 수 있었다. 고대 중국에서도 사람의 몸이나 정신 상태가 꿈을 통해 나타난다고 믿었다. 현대 의학과 별 차이가 없다.

94) 히브리 전승에는 요셉이 가뭄을 대비해 풍년 때 곡물을 저장할 큰 창고를 지었다고 한다. 처음 피라미드를 방문한 신학자들은 그것이 요셉의 창고라며 열광하기도 했다.

95) 신약 성서 저자들도 해몽 신앙을 가졌다. 예수의 아비 요셉의 해몽이 그 유형이다. 그는 헤롯 대왕이 아기 예수를 죽이려 한다는

꿈속 계시를 받고 이집트로 피난을 가기도 했다.

96) 이집트 파라오 궁에서 모세는 '라(태양신) 모세우스(태어나다)'라고 불리었을 가능성이 있다. 이 이름의 뜻은 '태양신에게서 낳다'이다. 모세우스, 즉 모세는 흔한 이집트식 이름으로 파라오 중에도 힉소스 족을 몰아낸 카 모세, 아크 모세 등이 있었다. 또 이집트어 '모스'는 '아이'라는 뜻인데 그 말의 변형이라고 보는 견해도 있다. '투트 신(이집트 아이들의 수호신)의 아이'라는 뜻을 가진 파라오 투트모스 등이 그런 이름이다. 기독교에서 모세의 뜻은 미화되어 '물에서 건져 내는 자', 즉 구원자란 뜻으로 의역·해석되었다. 훗날 홍해에서 이스라엘 민족을 건져낸 설화를 연관시킨 것이다.

97) 아카드어 '샤두(산)'에서 히브리어 '샤다이(산)'가 나왔든지, 아카드어 '샤다우(산에 거주하는 자)'에서 역시 히브리어 샤다이가 나왔을 것이다.

98) 우리말 성서 번역에서 엘 샤다이는 의역주의자들에 의해 '전능하신 신'으로 총 48회나 번역됐다(창세기 49장 25절, 민수기 24장 4절, 16절 등 참고). 그러나 이 번역은 어원과 전혀 관계없는 오류다. 아니 일부러 오역했다. 차마 야웨 신을 산신령이라고 번역할 수 없었기 때문이다.

99) 헬라 시대에는 제우스 카시오 성소로 불리었다. 시리아 해안에 위치한 높이 1741m의 산봉우리. 고대 중동에서는 신들이 이 산에 모여 회의를 한다고 믿었다. 히브리인들조차도 북방산이라고 부르며 이곳에 야웨가 산다고 믿었다.

100) 고대 중동 소아시아, 시리아 지방에서도 산은 신성시되고 숭배되었다. 계약을 체결할 때 산이 증인이 되도록 간구하기도 했으며 그 앞에 제물을 바치기도 했다. 산은 '힘과 강함'을 나타내고 있어 바벨론 최고 신 엔릴도 종종 '높은 산'이라고 불리었다. 힉소스 족이 신을 부를 때도 산을 뜻하는 '할(har)'이라고 불렀다. 고대 중동인들도 '아슈르 샤드 니셰슈(아슈르 신은 자기 백성들의 산이다)' '추리엘(신은 나의 산이다)' '프다추르(산은 구원했다)' 등의 아카드어로 산을 신과 동일시하여 부르곤 했다. 기원전 14세기 이집트 문서에도 한 하급관리 이름 중에 '사드(샤다이) 암미'라는 말이 나오는데, 이 샤다이는 사람의 이름에도 사용될 정도로 인기 있는 신의 고유명사였다. 이는 샤다이가 이미 이집트에서도 신격화되고 있었다는 것을 의미이기도 한다.

101) 히브리 전승에서 가장 오래된 민요로 알려진 '드보라와 바락의 노래'에서도 보면 '야훼여, 주께서 세일(에돔 영토의 중심 산)에서부터 나오시고, 에돔 들에서부터 진행하실 때에 …… 땅이 진동하고 하늘이 물을 내리고 구름도 물을 내렸나이다'라는 전승이 있다(사사기 5장 4절 참조). 즉 야훼 신이 에돔에서 나왔다는 것이다.

102) 원래 야훼는 초기 히브리어 사본에서는 모음이 없었기에 자음(YHWH)으로 나타난다. 이 단음문자는 읽을 길이 막막했으나 훗날 주님을 가리키는 라틴어 아도니(Adoni)의 모음을 추가해 '야훼'로 불리게 된 것이다(히브리어로는 '예호바'였으나 독일 학자들이 '야훼'라고 음역했다).

103) '엘 가돌 브노라(크고 두려운 신)' '엘 기보르(전사처럼 능한 신)' '엘 데오트(지식의 신)' '엘 에무나(진실한 신)' '엘 에멧(진리의 신)' '엘 하이(살아있는 신)' '엘 카보드(영광의 신)' '엘 카나(질투의 신)' 등 모세는 엘 신과 야훼 신을 구별하지 않고 같은 의미로 불렀다. 히브리 전승에서 말하는 신의 호칭들은 원어로 보면 '엘, 엘로힘, 엘로하, 바알, 아돈' 등이다. 우리말 성서 번역에서는 하나님, 하느님으로 의역했다(기독교에서 신이라고 번역하지 않은 이유 중 하나는 다른 이방의 종교 신과 구별하기 위해서였다)'

104) 아브라함의 조상들을 가리킨다. 그들은 메소포타미아로 이주해 오기 전에 가나안 남부 사막에 사는 유목민 족속인 아모리인이었다.

105) 풀무치와 같은 이동형 메뚜기는 때에 따라 밀도가 높아지면서 무서운 피해를 준다. 고대로부터 근동을 휩쓸었던 이 재앙은 2.6km²에 1억 마리 이상의 메뚜기떼가 들어찰 수 있다고 한다. 이동 원인은 확실히 밝혀져 있지 않지만 가뭄에 따른 초생(草生)의 피폐로 추측된다. 메뚜기는 폭식성이며 신경질적이어서 약한 자극에도 예민하게 반응한다(메뚜기 피해는 아프리카와 근동에 극심했고, 고대인들은 신의 저주로 연결시킨 것 같다. 시리아의 '세피레 조약 목록'에는 메뚜기떼의 7년간 저주가 예언되어 있다).

106) '캄신'이라고 부르는 이집트 먼지 폭풍을 의미한다. 태양을 가렸다는 것은 태양신 '아멘 레' 신을 조롱하는 행위다.

107) 이집트에서는 파라오가 인간 신이었다. 따라서 그의 장자를 죽였다는 것은 신성 모독이다. 람세스에게는 총애했던 네페르타리 왕비와 또 다른 왕비 이시노프레(람세스를 계승한 메르넵타를 비롯해 4명의 아들을 낳았다), 메리타문, 힛타이트 공주 마트네프

루레가 있었다. 공식적인 왕비들 이외에도 관습에 따라 그는 많은 궁녀들을 거느리고 있었으며 130여 명의 자녀들로 이루어진 대가족을 자랑스럽게 생각했다. 람세스의 아들들은 아버지보다 먼저 죽은 자들이 많았다. 후에 파라오 자리에 오른 그의 후계자도 60세가 훨씬 넘은 열세 번째 아들 메르넵타다. 모세 때 신의 저주로 람세스의 장자가 죽었을 것이라는 추리를 믿는 건 독자의 영역이다.

108) 훗날 영어 표기도 'reed sea(갈대바다)'에서 '갈대(reed)'를 잘못 읽어 'e'를 빼먹고 'red'로 번역해 홍해(red sea)가 되었다는 가설도 있다.

109) 갈대. 골풀. 부들. 사초. 강가의 얕은 물속에 자라는 모든 갈대를 지칭. 파피루스는 이집트에서 종이를 만드는 재료였고, 작은 배와 광주리, 밧줄과 신발, 천을 만드는 데도 이용되었다. 그 뿌리는 가난한 사람들의 음식이 되기도 했다. 이 갈대들은 홍해 같은 짠물에서는 자라지 않는다.

110) 이 시 내용 중 '깊은 물이 그들을 덮으니 그들이 돌처럼 깊음 속에 가라앉았도다'라는 표현이 있는데, 여기서 쓰인 '깊음'(바벨론의 혼돈 신, 타아맛을 어근으로 하고 있다)을 볼 때, 또 '갈대바다(바다를 가리키는 '얌'은 가나안의 신 바알이 정복한 신의 이름이다)'를 볼 때 신화의 한 장면으로 해석하기도 한다. 그리하여 원래 이교도 예식으로 쓰인 노래가 히브리 전승으로 유입되었다고 보기도 한다. 또 이 노래 후반절(출애굽기 15장 17절)에 예루살렘 신전을 상징하는 '주의 성소'가 내용 중에 있는 것으로 보아 이 시는 훗날 기원전 1000년경 다윗 때나 기원전 600년경 요시야 왕 종교개혁 때 지어진 것으로 해석하기도 한다. 예루살렘은 모세 300년 후 다윗 때에 이르러서야 가나안 여부스 족속으로부터 빼앗았기 때문이다.

111) 훗날 그를 모범적인 왕의 모형으로 보고 이름을 본 따 람세스 이름을 가진 아홉 명의 이집트 왕들이 나타난다. 이집트 백성들도 람세스를 '세세'라는 애칭으로 부르며 칭송했다.

112) 히브리 전승 다른 부분과 마찬가지로 이 숫자는 상징일 수 있다. 이집트로 내려온 야곱의 가족 70명은 고대 근동의 상징 수였다. 우가리트 신전 신들의 수도 70이었다. 창세기 10장 2~29절에 나오는 민족 수도 70이요, 민족들의 대표 장로들도 70명이요

(출애굽기 24장 9절, 에스겔 8장 11절), 훗날 사사 기드온의 아들들 수(사사기 8장 10절), 왕조 시대 아합 왕의 아들들 역시 70명이다(열왕기하 10장 1절).

113) 기독교 극한 보수주의자들은 히브리 전승의 내용이 절대로 과장되지 않았다고 주장한다. 온건한 보수주의자들은 히브리 전승은 과장할 수 있으나 줄거리는 창작되지 않는다고 주장한다. 숫자는 사실 여부의 척도다. 오류가 있었든 과장되었든, 그렇다면 그 사건도 사실 여부를 의심받을 수 있다.

114) 의역주의자들 의견 가운데는 장정을 가리키는 히브리 '길브르'를 걸을 수 있는 사람으로 해석해 그 60만 명은 성인이고 20만 명의 남자와 40만 명의 여자라는 주장도 있다. 그래도 너무 많다. 참고적으로 보수적인 현대 신학자요, 고고학자인 존 브라이트는 이집트에서 모세를 따라 나온 인구는 많아야 2천~3천 명을 넘지 않을 것이라고 주장했다.

115) 12와 60은 고대 중동인의 완전수다. 여러 경우의 수로 나눌 수 있기 때문이다. 부족함이 없다는 의미일 것이다.

116) 아침에 광야 땅바닥에 이슬처럼 떨어진 깟씨 같고 진주 모양 같은 흰 그것을 보고, 히브리인들이 했던 질문인 '이것이 무엇이냐'라는 뜻의 '만후'라는 말에서 파생됨.

117) 혹은 수액을 먹은 그 곤충들의 분비물일지 모른다.

118) 유목민들은 화덕이 없으므로 떡을 구울 때 뜨겁게 달군 항아리나 고기 굽는 그릇의 가장자리에 반죽을 올려놓고 빵을 구웠다. 이 항아리와 그릇은 유목민들에게 필수적이다. 그러나 어떤 도기도 발굴하지 못했다(어떤 신학자들은 히브리 민족이 유목민이었기에 천막을 치고 이동하는 습성상 정착의 흔적을 남기지 않았다고 주장한다).

119) 남부 메소포타미아에서는 기원전 4000년경 원시문자가 생겨났고, 기원전 3000년경에는 현재도 해독 가능한 문자 수메르어가 발명됐다. 그리고 기원전 2500년경 역사를 서술하기 시작하며 인류는 기나긴 석기시대의 문자 없는 야만의 시대를 벗어나 역사시대로 접어들게 된다. 그 후 '문자(기록)'를 이용해 종교는 경전을 만들었다. 경전은 곧 법률서였고, 이것은 구전 법률을 성문화시킨 것이기도 하다.

120) 율법은 '토라'라고 부르며 '손가락으로 가리키다'에서 유래한다.

꼭 지켜야 될 신의 명령을 의미한다. 모세가 신탁을 받아썼다는 창세기, 출애굽기, 레위기, 민수기, 신명기를 의미하기도 한다(전통 유대교에서 토라를 정리하면 '~하지 말라'는 금령이 365개, '~하라'는 명령이 248개 있다). 고대 중동에서는 책 제목을 붙일 때 책의 첫마디에 나오는 두세 개의 낱말을 따서 붙였다. 히브리 전승도 마찬가지다. 유대인들은 창세기의 첫 글자 '브레시트(태초에)'를 따 제목을 붙였다. 우리말 성경은 히브리 전승을 그리스어로 번역하는 과정에서 따로 제목을 정해 '창세기'라고 명명한 것이다. 출애굽기나 레위기 등 다른 성서의 제목도 같은 과정을 겪었다.

121) 수메르 왕 슈루파크가 아들에게 가르쳐주는 형식의 지혜문학서. 기원전 2500년경에 작성.

122) 한때 바벨로니아를 한때 지배했던 카사이트 왕조가 기원전 16~12세기에 집대성한 종교 제의 기록.

123) 티그리스 강 동쪽 누지에서 발견된 문서. 기원전 18세기 가나안을 지배하던 후리아 족의 문서에 나타난 법률서. 축첩제도의 성격, 입양법, 상속법 등이 기록되어 있다.

124) 성서 내용 중 야곱 때도 아내 중 레아와 라헬은 조모 사라처럼 몸종 빌하와 실바를 남편에게 주어 더 많은 후손들을 얻고자 했는데 이 모든 것이 누지법을 따른 것이다. 야곱도 외삼촌의 딸들을 아내로 얻은 후 노역을 해주었다. 누지법에서도 노예가 아내를 얻기 위해서는 일정한 기간 동안 일을 해주어야 했다. 또형 에서에게 야곱이 팥죽을 주어 장자권을 산 것도 이 누지법을 적용시킨 것이다. 전해오는 한 누지법에는 형이 동생에게 양 세 마리를 받고 장자권을 물려준 기록이 있다. 또 야곱이 처가에서 나올 때 그의 처 라헬이 아비 라반의 드라빔(가정 수호신)을 가지고 나온 적이 있다. 그때 라반이 무척 화를 내며 쫓아와 찾았다. 드라빔을 넘겨주는 것 또한 누지법에 의하면 합법적이다. 장인이 사위에게 재산을 넘겨주는 행위가 되기 때문이다.

125) 수메르에서 발견된 기원전 2050년경 법전.

126) 아모리 왕 빌랄라마의 것으로 기원전 1925년경 법전.

127) 기원전 1860년경 아카드 법전.

128) 아카드어로 기원전 1700년경에 쓰인 함무라비 왕의 법률.

129) 다른 고대 법전들도 신에게 법을 받았다는 주장은 똑같다. 우

르-남무 법전은 그것을 기록한 자가 여신 닌선에게서 났다고 하고, 월신 난나와 태양신 우투를 찬양하며 하늘 신 안과 바람 신 엔릴의 권세를 말하고 있다. 그리고 에쉬눈나 법전은 티쉬팍 신 앞에 가서 맹세할 것을 이야기한다. 모세 역시 야웨 신에게 율법을 받았다.

130) 이집트에서의 탈출 과정과 제사법이 기록되어 있다.

131) 주로 제사장의 법을 기록했다.

132) 광야에서 겪은 히브리 종족의 체험을 기록한 책.

133) 가나안 입성 직전에 히브리 종족에게 행한 모세의 연설을 기록한 책.

134) 돼지는 젖을 내지 않고, 쥐를 잡지도 못하며, 다른 동물들을 몰지도 못하고, 탈 수도 없고, 밭을 갈 수도 없고, 짐을 나를 수도 없다. 그러나 돼지만큼 고기를 제공하는 가축이 없다. 그런데 돼지의 사육과 식용의 금지는 돼지가 풀만 먹는 양, 염소와 달리 사람처럼 곡물을 먹기 때문에 식량을 아끼려는 의도였는지 모른다. 아니면 돼지고기가 가나안 같은 고온지대에서 쉽게 부패하거나 돼지의 추접한 습성, 몸에 보유한 기생충(선모충) 때문인지도 모른다. 그러나 히브리인들은 율법이 주어진 후 그것을 지켜야 될 이유에 대해 묻지 않았다. 단지 신이 명령했기에 지킨다는 신앙심이 있었다. 이것은 이슬람 등 계시 종교와 경전을 가진 모든 종교인이 갖는 공통적인 태도다.

135) 이스라엘뿐만 아니라 고대 중동 사람들이 공통적으로 가지고 있는 부동산 관례였다. 함무라비 법전 36조에도 군인과 경관, 세리는 국가에서 준 토지, 과수원, 가옥은 팔지 못하도록 되어 있다. 땅은 국가와 왕의 소유였다. 이런 점에 있어서는 이집트도 다를 것이 없었다. 히브리 전승에 의하면 이집트에서 가나안으로 들어갈 때 이스라엘 백성들은 그 땅을 제비뽑기로 위치를 정하고 각 지파의 인원수대로 공평하게 분배받았다. 그 후 이스라엘 자손은 선조의 땅을 팔지 못하고 영원히 지키도록 되어 있다. 토지는 신이 기업으로 준 것으로 여겼기 때문이다. 이스라엘에서 땅과 초장, 샘 같은 경우 '미리(정부 소유)'와 '메사(마을 공동 소유)' '물크(개인 소유)' 등으로 나뉘어 있었다. 그런데 개인 소유지일 경우, 설령 어떤 사람이 피치 못할 사정으로 선조의 기업을 팔았어도 희년이 되면 매입자가 원래 소유주에게 돌려주기로 되어 있었다.

136) 중동의 고대법과 율법의 다른 점 중 하나는, 살인을 했을 경우 그 대가를 치르는 경우다. 중동법에서는 노예나 하층민을 살해했을 경우 금품으로 갚으면 됐지만, 율법은 반드시 생명은 생명으로 갚아야 하는 평등함을 추구했다.

137) 여성의 성기를 의미하는지도 모른다.

138) 아리스토텔레스의 저서 『동물지』에 보면 시리아에서는 노새가 새끼를 낳는다고 기록하고 있다. 기원전 5세기 그리스 역사가 헤로도토스도 그의 역사책에서 노새가 새끼를 낳았는데 양성의 성기를 가지고 있었다고 썼다. 완벽할 것 같았던 철학자나 역사가의 어처구니없는 오해요, 실수다. 성경 저자들도 여기서 벗어나지 않는다.

139) 셈족은 피가 영적인 힘을 가진 액체요, 생명을 살리는 마법의 힘을 가지고 있다고 생각했다. 피는 생명을 의미했고, 생명은 신에게 속하였다고 믿었기 때문에 피가 든 채 먹는 것을 율법에 정하여 엄히 금했다. 제사를 드릴 때도 피를 단에서 쏟아야 했다(레위기 17장 11~12절 참조). 근처 중동에서도 같은 이유로 피가 든 채 먹는 것은 음식법으로 금했다. 신성한 액체인 피는 고기로부터 빼내 물같이 땅에 쏟아 다시금 땅으로 돌아가도록 해야 한다고 생각했다. 짐승의 생명력은 피인데 그 짐승에게 생명을 준 신에게 되돌려 보내는 것이다. 아라비아에서도 '할랄'이라고 하는 도살법이 있었는데 역시 피를 빼고 잡는 방법이다.

140) 고대 근동에서는 신과 제사장들만 먹을 수 있는 음식이 있었다. 힛타이트 왕자의 맹세인 '칸투질리스의 기도'에 보면 왕자는 자신의 신에게 거룩한 것은 결코 먹지 않았음을 증명한다. 히브리 율법에도 인간이 피를 먹는 것은 금했다.

141) 유목민들에게는 수컷이 암컷보다 덜 필요했다. 수컷은 가죽과 고기를 얻기 위해 흔히 일 년 됐을 때 잡았다. 반면 암컷은 새끼를 낳고 젖을 생산하도록 8살까지 놓아기른다. 역시 이집트에서도 흠이 있는 제물을 바치는 자는 사형에 처했다. 반면 이집트인들에게 숫양은 태양신 아몬을 상징했으며 이를 희생 제물로 바치지 않았다.

142) 이집트에서 탈출한 사건을 기념해 기리는 절기. 이집트에서 노예 생활을 할 때 야웨의 저주가 이스라엘인의 집 문설주를 그냥 지나갔다고 하여 기념하는 절기.

143) 이스라엘인들이 이집트에서 노예 생활을 할 때 급히 탈출하느라 누룩을 넣지 않은 빵을 먹었음을 기념하는 절기. 원래 히브리인들은 조상 아브라함 때에는 누룩을 넣지 않은 빵을 먹었다. 밀은 7000년경에 재배가 시작됐지만 빵의 발명은 3000년 전이다. 그 후 누룩은 이집트에서 만들어져 가나안으로 퍼졌다.

144) 신약 전승의 예수도 십자가 위에서 뼈가 꺾이지 않았다(요한복음 19장 31~36절 참조). 유월절 어린양같이 예수가 희생의 화목제가 되었다고 증명하려는 저자의 의도에서 꾸며진 말인지도 모른다.

145) 수메르인들의 하루도 일몰에서 다음날 일몰까지다.

146) 고대인들이 '7'을 완전수로 선택한 이유는 천체 때문이다. 그들의 시야로 관찰할 수 있는 빛나는 별은 해와 달, 금성, 화성, 목성, 토성이었다(천왕성, 해왕성은 망원경 없이 관찰이 어려웠고, 명왕성은 1930년에야 알려졌다).

147) 율법에 돌로 쳐 죽일 자는 우상숭배자, 야웨의 이름으로 훼방하고 저주한 자, 자식을 몰렉(가나안 토속 신)에게 바친 자, 귀신과 교접한 자, 무당, 노략물을 사취한 자, 안식일을 범한 자, 패역한 불효자식, 창기 노릇한 딸, 간음한 남자와 여자다.

148) 그룹은 날개 달린 형상을 가진 영물이다. 신의 물건을 지키는 역할을 하는 천사로 에덴동산 생명나무의 파수자, 신 보좌의 운반자, 신전의 수호자 등으로 알려졌다. 그룹들은 메소포타미아와 헷타이트 신들의 '수칼루(신복)'와 신의 보좌를 메는 '구잘루(가마꾼)'와 같은 존재로 신의 일꾼인 셈이다.

149) 길이 114cm, 폭 68.4cm, 높이 68.4cm의 직사각형 궤. '법궤, 야웨의 궤, 증거궤'라고도 불렀다. '싯딤나무(이집트 아카시아)'로 만들어 금박을 입혔다. 언약궤는 모세 때 만들어졌다는 견해와 함께 가나안에 정착한 후 만들어졌다는 이견도 있다. 한 개라는 견해도 있고, 지역마다 세웠던 성소 신당에 많은 수의 언약궤가 만들어졌다는 이견도 있다(셈족 문화권에 있었던 유랑민족에게는 이러한 이동성소, 즉 성물은 보편화되어 있었다).

150) 메소포타미아, 아라비아, 우가리트 문서에도 악마가 태어나고 활동하는 곳은 광야다. 신약 전승에도 예수는 광야에서 악마를 만난다.

151) '광야에 사는 귀신'이라는 이름의 이 염소는 '사티로스(염소 모습을 하고 있으며 야수적이고도 음탕한 기질을 가진 그리스의 신)'를 닮아 있다.

152) 중동의 보편적 관습인 할례는 보통 아비가 아들에게 실행했는데, 성인의 징표가 되었다. 그러기에 시아버지를 뜻하는 아라비아어 '호탄'은 할례자를 뜻한다. 또 할례는 위생적인 배려도 곁들여져 성병과 종창을 막아준다고 믿었고, 생식력을 강하게 해준다고 믿기도 했다. 또 문화인으로 보증되기도 했으며, 어느 낯선 자가 한 부족에 신입(新入)한 표징으로 행해지기도 했다. 할례는 낳은 지 8일째 했는데 유아 사망률이 높아 생존 가능성을 안 다음 실행했을 것이다. 힛타이트 족속도 7일 만에 행하는 신생아 의식이 있었다. 이스라엘 백성에게 할례가 신의 백성이 되는 표증이라면, 이교도들에게는 모욕이었다. 야웨 신자가 되려면 이방인들까지 할례를 받아야 하는가의 문제는 신약시대까지 이어진다. 베드로는 할례를 옹호했고, 바울은 반대했다. 그리스 종교와 철학을 접목시켜 기독교 교리를 체계화시킨 바울에 의해 비로소 할례는 폐지됐다. 그리스는 에게 문명권으로 할례를 받지 않는 민족이다.

153) 그 후 통일왕국 때 레위인들은 성소 봉사 및 율법 교육, 율법의 필사 및 해석, 역사 기록을 담당했다. 분열 왕국 시대에도 종교적, 정치적으로 활발하게 활동하고 있었다. 이들의 성소 봉사 기간은 25세에서 50세까지였고, 50세가 지나면 감독자로 활동하기도 했다.

154) 남아라비아 지방. 이 지역 역시 미디안 겐 족속이 살던 광야 근처에 있다.

155) 최초로 마을과 국가가 형성되었던 기원전 3000~4000년경 수메르 시대에는 원시 민주주의 또는 원시 신 중심 사회주의가 국가 형식이었다. 그 후 사제 계급인 엔시(신의 대리자)가 권력을 잡게 되었고, 다시 왕정 시대로 와서는 루갈(왕, 위대한 인간)이 대신했다. 히브리인들 역시 이 과정을 겪게 된다.

156) 유대교 전승에 의하면 훌은 미리암의 남편으로 전승된다.

157) 신의 친구. 이 명칭은 족속을 말하는 것일지도 모른다. 어쩌면 겐 족속의 제사장 호칭이었는지도 모른다. '탁월, 유명'을 뜻하는 '이드로'라고도 불림. 여러 족속들이 그들의 방언으로 다르게 불렀기 때문에 생긴 두 이름인지도 모른다(문서설을 주장하는 학자들은 오경이 여러 사람이 쓴 작품이라 이름이 다르다고 보기도 한다).

158) 물론 현대 신학자들은 이 시를 모세의 저작으로 보지 않는다. 히브리 전승 기록대로라면 그는 120세를 살았다.

159) '내려가는 강'. 이 강은 직선거리 105km지만 곡선거리는 302km로 구불거리는 사행천(蛇行川)이다. 이 강은 가나안 북쪽 헤르몬 산에서 시작되어 갈릴리 호수를 통과해 남쪽 사해에서 끝난다. 이 강은 가나안을 남북으로 이어주며 동서를 나누는 경계선이 된다.

160) 가나안에서 만일 해가 중천에서 이틀 동안 머물렀으면 병사들은 일사병으로 더 고통을 당했을 것이다. 신학자 몬더(E. W. Maunder)는 '해가 서둘러 내려오지 않았다'는 이 표현이 '이스라엘 군대가 하루 오후에 할 수 있었던 것보다 훨씬 더 많은 일을 했다'는 의미라고 주장했다.

161) 히브리 전승에 의하면 지파의 영역은 여호수아 때 지정되었으나 그 후 수없는 변동이 있었다. 남쪽 유다 지파는 근처 갈렙, 겐, 그니스 족속을 통·폐합시켰고, 그 후에도 계속 영토를 키워갔다. 반면 시므온 지파는 가나안 중앙에서 밀려나 유다 지파에 예속되었고, 르우벤 지파도 요단 동쪽 갓 지파에 밀려났다.

162) 여호수아가 출애굽한 이스라엘 열두 지파의 군대로 가나안을 정복했다는 사실은 그 근본과 과정부터 M.노트 등 현대 신학자들의 의심을 받고 있다. 한두 지파가 이집트에서 먼저 이동했고, 나머지 지파는 원래부터 가나안 각지에서 흩어져 살다가 연합했을 것이라고 생각한다. 또 몇 지파가 먼저 이동했고, 200년쯤 지난 후 다른 지파도 이동했다고 주장하기도 한다. 이집트 탈출 사건과 갈대바다 도강사건 등은 소수 지파의 설화였지만, 훗날 이스라엘 공동체험의식으로 바뀌었다는 것이다(히브리 전승 사사기 '드보라의 노래'에 유다 지파는 나오지 않는다. 이를 볼 때 이들은 이집트에서 모세를 따라 이동한 이스라엘 민족이 아니라는 견해가 있다. 원래부터 야곱을 따라가지 않은 지파이거나 오히려 이집트에서 먼저 들어와 가나안 남쪽에 자리를 잡고 가나안화된 지파라는 주장이다).

163) 현대 신학자들은 모세와 여호수아 등에 의해 선포된 신이 택했다는 선민의식과 신과의 언약은 신 앞에 평등하다는 반봉건적 혁명 이데올로기이며, 출애굽 사건은 이스라엘인의 자의식에서 꾸며 만들어진 것이라고 주장한다.

164) 파라오 타후트메스 3세(제18왕조 기원전 1500년경) 때 가나안은 이

미 이집트 영토 목록에 적혀 있었다. 그 후 아메노피스 3세, 세티 1세, 람세스 2세 때까지 가나안은 사실상 이집트의 속령이었다.

165) 이 표현을 직역하면 '씨(농산물)를 없애버렸다'는 뜻이다. 들판의 곡식을 불살라 버렸다는 내용으로 추측된다.

166) 이때 전승비 마지막 어록에 단 한 절 '이스라엘'이란 말이 새겨진다. 이집트 문헌에 처음 '이스라엘'이란 이름이 등장한 순간이다. 거론된 다른 도시국가들과 달리 붙여진 접미사로 보아 이스라엘이 민족의 이름으로 사용되었다고 보는 견해와 한 지역명으로 사용되었다는 견해가 있다. 이스라엘은 모세가 데리고 온 히브리인이 아니라 원래부터 가나안에 자리 잡고 있던 다른 히브리인들이라고 주장하는 이견도 있다.

167) 재판관. 우가리트 문서에도 쇼펫은 국가의 수뇌부로 묘사된다. 힛타이트 제국의 '관리와 지휘관에게 주는 지식' 문서에 보면 군사지도자가 재판장 역할까지 하는 기록이 있다.

168) 사사들의 행적이 미화된 때는 사사 때 당시이고, 신화화된 것은 바벨론 포로 이후 성서가 집필될 때일 것이다. 두 시대는 모두 영웅이 기대되는 절박한 시기였다.

169) 의역주의자들은 유령을 뜻하는 이 단어가 불경스러워 정신을 의미하는 'spirit'으로 바꾸어 표현하곤 한다. 그러나 정확한 표현은 'ghost'다.

170) 현대에 와서 어떤 신학자들이 볼 때 성령은 비물질적인 기(氣)로 이루어진 생명체로 표현되기도 한다. 대만의 신학자 장춘센도 그의 책 『중국영수추의』에서 성령은 '기'라고 하였고, 신학자 한스 큉과 루돌프 블트만도 이를 수용했다.

171) 태양신의 사람. 이 이름을 보면 당시 이스라엘 사사들도 이교도 신앙에 동화되었음을 알 수 있다. 삼손의 고향인 소라 성읍과 불과 몇 킬로미터 떨어지지 않은 곳에 벧세메스(태양을 섬기는 사당)가 있었다. 아니면 야웨도 근동 최고신인 태양신처럼 묘사되었는지 모른다. 히브리 전승에 그렇게 표현된 곳이 있다(시편 80편 2~3절, 신명기 33장 2절 참조).

172) 고대 사회에서 전승 기념물로 신의 형상을 빼앗아간 예는 많다. 바벨론 주신 마르둑 형상은 기원전 17세기 하나이 사람들에게, 기원전 13세기 엘람 사람들에게, 기원전 7세기 앗시리아 사람들에게 빼앗겼다. 바벨론 태양신 쉐마쉬 형상도 기원전 11세기

수테 사람들이 십파르 도성에서 빼앗아 갔다.

173) 고대인들은 신이 병을 주는 귀신을 부린다고 믿었다. 그리고 역병을 주는 귀신들이 공중을 배회한다고 믿었다. 이스라엘인들 역시 야웨가 역병 귀신을 데리고 다닌다고 믿기도 했다. 메소포타미아 신화에서는 네르갈 신이 재앙의 신이었고, 저승의 신이었다. 가나안에서는 레세프, 힛타이트에서는 이르샤파가 그 역할을 하는 신들이다. 힛타이트 왕 '무르실리스의 기도문(아나톨리아에서 기원전 14세기 후반에 쓰인 기도문)'에서 보면, 재앙이 20년 동안 지속되고 있다고 불만불평하며 자기 아비의 죄 때문에 받은 신의 저주로 본다.

174) 장편의 글이 인간의 손과 뇌를 거쳐 필경사에 의해 복사되었을 때 완벽을 기한다는 것은 불가능한 일이고, 잘못이 끼어드는 것은 기정사실일 것이다.

175) 히브리 사람들은 우주가 하늘과 땅, 땅 밑 삼층 구조로 되어있다고 보았다. 땅은 산들로 주름 잡혀 있고, 강과 호수로 나누어진 평평한 곳이다. 땅 위에는 둥근 하늘이 펼쳐져 있고, 그 하늘에는 물이 담겨져 있고, 신들이 사는 곳이 있다. 또 땅 아래 물에 잠긴 기둥이 있어 땅과 하늘을 받치고 있다고 믿었다. 그리고 땅 아래 물 속 깊이에는 스올이 자리 잡고 있었다. 히브리인들은 죽은 자들의 망령 모두가 이 '스올(음부. 땅 속 세계에 있는 죽은 자의 처소)'로 간다고 믿었다. 돌아오지 못하는 곳이며(욥기 7장 9절 참조), 혼란과 무질서의 장소요, 어둡고 아무 구별이 없는 곳이다.

176) 중동에는 이미 수메르 때부터 '루갈(수메르어로 '왕'이라는 뜻)'이 있었고, 그 왕은 가나안 소국에도 있었다. 히브리 전승에 의하면 족장 시대 때부터 에돔은 '하달('강력한'이라는 뜻. 일명 하닷이라고도 불림)'로 불리는 왕을 두어 부족을 다스리고 있었다. 암몬, 모압 역시 강력한 지도력을 가진 왕이 있었다. 블레셋 역시 5대 도시 국가의 왕들이 있었으며 그들은 연합하여 전쟁을 치르곤 했다. 또 북서쪽 페니키아의 두로나 시돈에도 벌써부터 왕정제도가 있었다.

177) 현재 상태의 히브리 전승 사무엘서와 열왕기서는 히브리 족속이 바벨론에서 해방되기 전 기원전 550년경 완성된 것으로 추정된다. 반면 역대기는 더 훗날 포로 귀환 이후 기원전 350~300년경 기록된 것으로 추정된다. 역대기는 사무엘서, 열

왕기서를 본문으로 삼고 그것을 반복, 가필, 변질해 만든 히브리 전승이다(보수주의 시각에서는 왜곡시킨 부분을 수정하고 교정하며 새로운 신앙을 창출했다는 말로 피해간다). 이 저자의 신학 관점은 바벨론 포로 귀환 후 이스라엘의 정체성을 확립하려는 의도를 가지고 있다. 그래서 다윗 왕조의 찬미를 다루고 있다. 그러다보니 다윗과 그의 후예들의 업적을 과장시키고, 죄과를 말소·축소시켰다. 예를 들어, 다윗의 밧세바 간통 사건, 암논, 압살롬, 아도니야 등의 가족 반란 사건을 삭제했고, 다윗의 아들 솔로몬이 신전과 왕궁을 짓기 위해 이스라엘 백성을 노역에 빠뜨린 것을 뺀 역사 왜곡 등이다.

178) 히브리 전승에 의하면 북이스라엘 초대왕 여로보암이 사제를 의지하지 않고 신전에서 분향할 때 제단이 갈라지고 손이 마비되었다고 한다. 또 남왕국 웃시야 왕도 사제의 권한인 제사를 집전해 문둥병에 걸렸다고 기록하고 있다. 이것은 성경이 사제 지파인 레위 지파가 기록했고, 그들은 사제의 권위를 내세우기 위해 이런 내용을 꾸몄을 가능성이 농후하다.

179) 에돔과 암몬인들이 믿는 신 밀곰이나 몰렉 등은 '왕'이라는 뜻을 갖고 있다. 바꾸어 말하면 왕은 신과 같이 두려운 경배 대상이었다. 이렇듯 왕의 지위는 신의 사자(使者)와 같았다. 왕은 신적 권위를 가지고 있어 그를 해하는 것에 대해 누구나 거리낌을 갖고 있었다.

180) 히브리 전승에 의하면 예언자 사무엘은 다윗 초기 인생을 글로 남겼다. 또 예언자들인 나단과 갓 또한 다윗의 생애 기록을 남겼다고 한다. 매우 의심스럽지만 이 기록들이 히브리 전승을 쓰는 데 미미한 자료가 되었을지도 모른다. 그런데 그것을 집필한 그들 모두 열렬히 다윗을 지지했던 자들이다.

181) 유다 지파는 히브리 전승을 나름대로 해석해 성민(聖民)의식이 자리 잡고 있었다. 히브리 전승에 의하면, 야곱이 유언으로 모든 아들에게 복을 빌어주었다. 그때 야곱은 넷째 아들 유다에게 '통치자의 지팡이가 그 발 사이에서 떠나지 아니하리라'라는 예언을 했다고 전해진다. 해석하기 나름이지만 어찌 보면 왕이 나올 것이라는 예언이었다. 이 전승은 후대에 이르러서도 유다 지파에서 왕이 나와야 된다는 당위성으로 해석되어지곤 했다. 이스라엘 열두 지파 중 유일하게 유다 지파에만 야웨의 이름이 들

어가 있다. 야웨가 유다('야웨를 찬양한다'는 뜻) 지파의 단독 부
족 신이었다고 주장하는 견해도 있다.

182) 구약뿐만 아니라 신약에서도 다윗의 족보는 중요하게 다루어졌
다. 그의 후손 중에 메시아가 나올 것이라 예언되어 있고, 예수
가 탄생했기 때문이다. 그런데 마태는 예수의 아비 요셉을 아브
라함의 28대 후손으로, 누가는 41대 후손으로 기록했다. 똑같
아야 될 족보의 후손들도 겹치는 이름이 거의 없다. 예수의 아
버지 요셉의 아비부터 이름이 다르다. 마태복음 1장 16절에는
'야곱'으로 나왔는데, 누가복음 3장 23절에는 '헬리'로 나와 있
다. 예수의 계보 또한 조작되었을 가능성이 많다.

183) 가나안 해변가 가드 지방에 머물던 가나안 족속 중에서 키가 크
고 힘이 센 족속. '르바임 족속'이라고도 불렸다. 이들은 신들과
사람의 딸들이 교접해 태어난 초인적인 힘을 가진 종족으로 알
려져 있었다.

184) 어떤 인류학자들의 주장에 의하면 인류의 신장은 초기 원인 오
스트랄로피테쿠스 당시 지금의 피그미족과 같은 140cm 정도
였다. 그 후 진화해 2m가 넘는 골격을 갖게 된다. 그러나 농업
으로 정착하면서 오히려 신장은 줄어들었다. 수렵생활보다 농
업생활에서 얻는 식량이 단조로웠기 때문이다. 반대로 생활환
경이 좋아진 현대에 올수록 인류의 키는 지속적으로 자랐다고
생각하기도 한다. 후자 쪽이 현대 인류학에서 지지를 받고 있다
(요단강 건너편 텔 에스사이데에서는 12세기 것으로 추정되는 신장
약 2m의 여자 해골 두 개가 발견되었다. 그러나 골리앗과 같은 3m의
모습은 아니었다).

185) 아톤의 지평선. 카이로에서 남쪽으로 320km 떨어져 있고, 테베
에서 북쪽으로 300km 정도 떨어져 있는 나일강 동쪽 제방의
황량한 들판. 이곳에서 파라오 아켄아톤에게 가나안 도시 왕들
이 보낸 400여 통의 편지가 발견되었다.

186) 히브리 전승 사무엘하 8장 17절을 보면 사독은 레위 지파 아히
둡의 아들로 되어 있다. 역시 그 내용을 그대로 복사했던 역대
상 18장 16절도 그렇게 기록했다. 그러나 아히둡은 숙청당한
대제사장 아비아달의 할아버지요, 아히멜렉의 아버지다. 그런
데 히브리 전승 저자는 그렇게 레위 지파 제사장 가문 족보 속
에 사독의 이름을 슬쩍 끼워 그가 명문가의 레위인이라고 조작

했다. 후에 사독의 자손들은 '사독 족속'으로 불리어지고, 이들은 역대 왕조들과 이스라엘이 멸망해 바벨론에 포로로 잡혀간 이국땅에서도 제사장으로 봉직하게 된다. 그들은 기원전 171년까지 천 년 동안 대제사장직을 계승한다.

187) 신의 아들로 삼았다는 이야기는 메소포타미아 왕들이 신의 아들이라 칭함 받는 것과 다를 바 없다. 하닷 신이 슐기(기원전 2000년경 아카드 왕)를 다리 사이에서 일으켜 아들로 삼았다는 내용이 있다. 신이 장자가 된 다윗 가문을 택해 그 후손 중에 메시아가 나올 것이라는 사상은 훗날 신약까지 이어진다. 그리고 다윗과 그의 왕국은 메시아의 그림자요, 메시아 나라의 모형으로 여겨지게 된다. 신약에서 그 메시아는 예수가 된다. 다윗의 실체인 예수 또한 신의 독생자요, 지상에서는 장자였다.

188) 고대 근동에서 '등불'은 신을 의미한다. 가나안 신 사파쉬는 '거룩한 등불'이라고 칭송받았다. 등불은 악마들이 접근하지 못하게 하는 것이기도 하다.

189) 나단이 받은 이 신탁과 비슷한 고대 문서가 있다. 기원전 2000년경 힛타이트 조약에서 핫투실리스 3세는 속국 왕 타르훈타사의 울미 테슈프에게 아들과 손자가 그의 뒤를 이어 나라를 물려받을 것이라고 보장해 준다. 또 설령 죄를 범한다 할지라도 상속자가 있는 한 그 나라는 울미 테슈프의 가문에 의해 이어질 것이라고 약속했다.

190) 신이 왕조를 선택했다는 기록은 최초로 왕조가 세워진 수메르 시대부터 등장한다. 기원전 2000년경 우르 3세까지 왕들의 이름이 기록되어 있는 수메르의 기록도 '왕권이 하늘로부터 내려왔다'는 글로 시작한다. 신화를 이용한 왕권 강화의 방법이었다. 또 신이 나라(왕조)를 지켜준다는 약속 또한 수메르 때부터 시작되었다. 기원전 12세기 '우륵의 예언'을 보면 이쉬타르 여신이 나라를 영원히 지켜준다는 언약을 준다.

191) 고고학자 케들린 케니언(Kathleen Kenyon)은 발굴 결과를 볼 때 다윗 시대 때 예루살렘 성 안의 너비는 12에이커(약 48,562㎡)요, 거주 인구는 약 2천 명 이하였을 것으로 추측했다.

192) 1990년 초 이스르엘에서 아합의 궁으로 추정되는 건물이 발견되었다. 이 건물은 44,500평방미터에 달하며, 모퉁이마다 전망대가 있는 포대 성벽으로 둘러싸여 있었다.

193) 히브리 전승은 솔로몬(히브리어. 슬로모)의 이름을 다윗이 지었다고 전하고 있다. 그러나 누가 지었든 '평화'를 뜻하는 이 이름은 예루살렘 원주민 여부스 족속이 믿었던 '살렘(금성. '별의 신'을 뜻한다)'에서 파생된 말이다.

194) 수메르 고대 도시 슈룹팍에서는 기원전 2500년경 것으로 추산되는 학교 교과서들이 발견되었다. 이 학교들이 수메르 문명의 최고 공로자였다.

195) 아가서는 원래 고대 메소포타미아에서 신 담무스와 이쉬타르 여신의 성혼(聖婚)을 그리는 성극이었다는 이론도 있다.

196) 이집트 제 12왕조 파라오 아멘 엠 오펫이 그의 아들 세소스트리스 1세에게 준 교훈집. 이견으로는 기원전 1300년경 이집트 지방 현인이며 서기관인 아멘 엠 오펫이 지은 지혜서라고 알려져 있다.

197) 성명학(姓名學). 이집트에서 발행한 일종의 백과사전으로 동식물의 정보가 담겨 있다. 이 오노마스티콘도 바벨로니아 백과사전에서 영향을 받아 쓴 것이다.

198) 히브리 족속은 광야에서 40여 년 간 체류하면서도 다른 가나안 족속과 달리 돌과 벽돌로 만든 신전을 짓지 않았다. 유목민족이었기 때문에 기술이 없었든지, 가나안 서부로의 이동을 생각하여 짓지 않았는지, 아니면 집을 짓지 않는 떠돌이 유목민들의 성격 때문이었는지, 아켄아톤의 유일신 혁명 때처럼 신을 신전에 가둬놓는 것은 싫어해 그리했는지 알 수 없다. 그들은 염소가죽으로 덮어놓은 천막 안에 이동하기 좋게 채에 꿴 언약궤로 족했다.

199) 신전 천정에는 종려나무와 사슴 형상을 새기기도 했다. 이 형상은 페니키아인들이 즐겨 장식하던 형태였다. 이미 페니키아의 종교 문화가 야웨 종교 안에 들어왔다는 증거이다.

200) 앗시리아 왕 아닷니라리는 중동을 침략해 그 전리품으로 니느웨를 풍요의 도시로 만든 왕이다. 당시 기록에 의하면 부유했던 시리아 수도 다마스커스를 침략해 빼앗은 전리품이 금 20달란트, 은 2,300달란트, 동 3,000달란트였다(다윗이 신전 건축을 위해 준비했다는 금과 은의 양과 비교해보자).

201) 히브리 전승이 전하는 인원은 예루살렘 전체 인구를 상회하는 수였다. 솔로몬 신전 크기에 비해 터무니없이 과장된 인원이다.

202) 솔로몬이 신전을 세울 때는 기원전 1000년경이었다. 반면 이집트는 이미 기원전 3000년경 이집트 문명을 꽃피웠고, 기원

전 2000년경 제4왕조 때 2.5톤짜리 돌이 230만 장이나 들어간 피라미드를 세웠다. 한 면의 길이가 250m, 높이가 170m인 거대한 이 무덤은 몇 cm의 오차도 허용하지 않는다. 헤로도토스는 이집트 가사 지방 피라미드를 짓기 위해 10만 명의 노예와 20년의 세월이 필요했다고 추산했다.

203) 역대기는 솔로몬 신전이 세워진 위치가 선조 아브라함이 장자 이삭을 바쳤던 모리아 산이라고 기록했다. 그 모리아가 예루살렘 산이라는 것이다. 아마도 신전의 정통성을 마련하기 위해 꾸며낸 위치요, 설화였을 것이다(이삭은 창세기에 나오는 모리아 산으로 번제에 쓸 장작을 지고 올라갔다. 그러나 그 모리아가 예루살렘이라면 장작이 필요 없을 것이다. 예루살렘 주변에는 땔나무가 많기 때문이다).

204) 히브리 전승은 남왕국과 북왕국을 비교할 때 언제나 북쪽의 부정적인 면과 약한 부분을 많이 부각시킨다. 그러나 역사적으로는 정반대였다. 단지 열왕기와 역대기 저자들이 다윗 왕조 남왕국을 높이려는 의도에서 폄하했을 뿐이다. 실제로 대부분의 지파가 연합해 건국한 북왕국은 정치, 경제적인 면에서 남왕국보다 훨씬 풍요로웠고, 인재들도 대거 포진하고 있었으며 외국과의 교류를 통해 세련된 문화를 이룩하고 있었다. 국호를 보더라도 남쪽은 한 지파의 이름인 유다였고, 북쪽은 열두 지파 전체를 가리켰던 이스라엘이었다. 히브리 전승 평가는 북왕국을 세웠던 여로보암을 우상 숭배를 조장한 종교적 배반자로 평가해 그 나머지 생을 부정적으로 기록하고 있다. 다윗이 왕 중의 왕으로 세세토록 칭송을 받는 반면, 여로보암은 세세토록 악한 왕으로 기록된다. 그러나 어떤 기록이든 그것은 산 자가 쓰고 승자에 의해 전달된다. 따라서 다윗 왕조의 절대 추종자였던 히브리 전승 저자의 기록도 편견과 오류에 빠질 수 있다. 여로보암은 부족연맹체를 해체하고 중앙집권제를 채택해 독재했던 솔로몬 왕가에 반발한 혁명가다. 민초가 선택한 최초의 왕이기도 하다. 훗날 북왕국 최고의 부흥기 때 한 왕은 자신의 이름을 여로보암이라고 지어 불렀다(고대 중동의 왕들은 자신이 신봉하는 조상의 이름을 본 따 개명하는 것을 좋아했다. 이집트의 왕 여러 명이 '람세스'란 이름을 갖고 있던 것도 그런 까닭이다. 남왕국 쪽에서 열왕기, 역대기의 저자들은 여로보암 1세를 가장 큰 죄인으로 바라보았지만, 북왕국

에서는 다른 양상이었던 것 같다). 이는 히브리 전승의 기록과 달리 북왕국에서는 그가 칭송을 받았다는 증거가 아니겠는가?

205) 그 당시보다 1500년 후 신라와 백제가 황산벌(지금의 연산)에서 국가 병력을 다해 전쟁을 치른 적이 있다. 그때 양국의 영토는 남북 이스라엘 영토와 넓이는 비슷했고, 인구밀도는 훨씬 높았다. 그렇지만 양국의 병력은 35,000명에 불과했다. 1394년 태조 이성계가 천도할 때 한양 인구는 20만에 불과했다. 또 18세기 후반 산업혁명이 한참인 영국에서도 5만을 넘는 도시는 런던을 비롯해 네 곳에 불과했다.

206) 히브리 전승이 그런 것처럼 고대 중동의 왕들 비문도 숫자에서는 과장된 면이 많다. 신학자 웅그나드(A. Ungnad)는 이 수를 2,150명으로 추산한다. 만일 그 수가 맞다면 남왕국 전체 인구를 포로로 잡아간 것이 된다.

207) 해의 그림자를 이용해 시간을 측정하는 기기. 중동을 제패하면서 얻은 지식으로 앗시리아가 발명한 기기였다. 이 시계는 바벨론에서 만들어져 이미 기원전 13세기에는 이집트에서도 사용되었다. 철학자 아낙시만드로스(기원전 610~547년)도 바벨로니아에서 해시계를 도입해 천체의를 만들었다. 이 해시계는 태양신 숭배에서 나온 이방신상이기도 했다. 메소포타미아인들은 태양신 쉐마쉬를 섬겼다.

208) 이 문서는 북왕국에 보존되어 있다가 누군가에 의해 예루살렘으로 옮겨져 재편집된 율법인 것 같다. 신학자 디 베테는 그의 저서 『구약개론 연구』에서 요시야 때 발견된 글은 신명기라고 최초로 주장했다. 어쨌든 양피지에 기록된 이 율법 문서는 양이 많지 않았을 것이다. 이때 아직 히브리 전승은 정립되지 않았고, 양피지 몇 장으로는 많은 글을 쓸 수 없었기 때문이다. 현대에서 '원신명기'라고 일컬어지는 신명기 몇 구절이었을 것이다.

209) 현대 진보주의 신학은 계약 법전으로 일컬어지는 창세기와 출애굽기는 왕조 이전에, 신명기 법전은 왕조 말기에, 제사장 법전으로 일컬어지는 레위기는 포로 이후 저술된 것으로 본다. 오경은 구전으로 전해지다가 다윗 시절인 기원전 10세기경부터 문서화되고, 기원전 5세기경 에스라 때 최종 편집된 것으로 본다. 에스라 때부터 약 200년 간 활약한 필경사들을 '서기관 학파'라고 부른다. 이들을 사실상 구약성경을 집필한 집단으로 본다. 서기

관 학파는 자음밖에 없는 히브리어 구약성경을 절 수와 단어 수, 글자 수를 각 사본(책) 끝에 숫자로 기록해 오류가 없도록 했다.

210) 어떤 징조나 상황을 살피고 미래를 예비하는 행동.

211) 귀신이나 정령의 힘을 빌려서 일으키는 기적.

212) 효험이 있다는 이름, 어록 등을 외워 소원을 이루는 행위.

213) 메소포타미아의 점성술은 앗시리아로, 또 페르시아로 전해졌고, 기독교도 지대한 영향을 받았다. 점성술에서는 천지변화를 신의 계시로 보았다. 이 점성술은 메시아의 강림과도 연결되어 신약에 다음과 같이 전해진다. - 그 환난 날에 해가 어두워지며, 달이 빛을 내지 아니하며, 별들이 하늘에서 떨어지며, 하늘의 권능들이 흔들리리라. 그들이 인자가 구름 타고 능력과 영광으로 오는 것을 보리라(데살로니가전서 4장 16~17절) -

214) 제사장들은 옷 주머니에 '우림'과 '둠밈'이라는 것을 가지고 다녔다. 이것은 매끄러운 돌 모형으로 주사위처럼 던져 신의 뜻을 물을 때 사용했을 것이다. 작은 막대기일 수도 있다. 그 중 우림은 좋은 답을, 둠밈은 불길한 답을 주는 추첨인 것 같다. 우림은 히브리어로 '빛'에 해당되는 말로 밝은 색이나 흰 돌과 연관되었을 것이다. 근동 수메르에서는 이 돌을 '진리의 돌'로 불렀다. 앗시리아의 문헌에는 두 개의 돌이 설화 석고와 적철광이었다고 구체적으로 언급되어 있다. 히브리인들도 야웨의 이름으로 점을 친 것 같다.

215) 왕정시대 예언자 엘리사는 시리아와의 전투를 앞두고 결과를 묻는 북왕국 왕 요아스에게 화살을 들어 방바닥을 치라고 명령한다. 그가 세 번만 치자, 엘리사는 시리아와의 전투에서 세 번만 승리할 것이라고 예언했다(열왕기하 13장 18~19절 참조).

216) 예언자 예레미야는 신탁을 받을 때 환상으로 살구나무를 보았고, 북쪽으로 기울어진 끓는 가마를 본다. 이 환상 해석은 그때나 지금이나 논란거리다. 기독교 전통적으로 살구나무는 '깨어 있으라'는 경고로, 끓는 가마는 '앗시리아의 침입'으로 해석했다. 예언자 아모스 역시 신탁을 전하기 전 환상을 보았는데, '메뚜기(이스라엘을 침략할 외국 군대를 상징)'와 '불(외세의 침략으로 폐허가 될 이스라엘을 상징)' '다림줄(건축물을 짓고 허물 때 사용하던 줄로 신의 이스라엘 멸망 계획을 상징)' '여름 실과(끝물이 다 되어 썩은 것 밖에 없는 과일로 죄악이 극심한 이스라엘을 상징)' '부서

진 문설주(신앙의 붕괴로 인한 이스라엘의 멸망)'가 등장했다고 한다. 후대의 바벨론 포로 시절 예언자인 에스겔과 다니엘이 보았다는 환상은 더 모호해 일반적 이성으로는 해석이 불가능하다. 다니엘이 본 환상은 불꽃으로 둘러싸인 신의 보좌였다. 그 보좌 좌우로 24장로들이 서 있고, 주위는 에메랄드 무지개가 둘러져 있으며 7개의 촛대와 그 앞에 유리같이 맑은 바다와 사방에 천사를 상징하는 네 생물이 있었다. 솔로몬의 영광이 재현될 것을 보여준 환상이라고 한다.

217) 계시록을 가리키는 그리스어 '아포칼립소'는 '뚜껑을 열다'라는 뜻으로 '신이 감췄던 것을 드러낸다'라는 의미를 갖고 있다. 요한계시록에 기록된 대로 미래에 공포스러운 사건들이 벌어질 것이라는 생각은 직통 계시를 받는다는 문자주의자들의 생각일 뿐이다(예를 들면 미래에는 전쟁과 기근이 심해질 것이라고 예언되어 있는데 현재의 통계를 보면 고대나 중세나 근대에 비해 그런 현상은 현격히 줄어들고 있다). 이 서간문은 핍박받는 신도들에게 소망을 주기 위한 글이었을 것이다. 내용의 종말론은 저자의 가상이었을 것이다. 인간에게는 어차피 종말이 있고 죽음이 있다. 요한계시록은 미래를 점치는 책이 아니라 어떻게 살아갈 것인가에 대해 답변을 주는 글이다.

218) 예언자. '부글부글 끓게 하다'라는 뜻의 나바에서 나온 말. '신의 뜻을 끊임없이 말한다'는 의미다. 히브리어는 동사에서 명사가 파생되었다.

219) 이때 예언자들은 입으로 외치기보다 글로 예언을 남겼다. 예언서는 현대에 와서 그 분량에 따라 대예언서(이사야서, 예레미야서, 에스겔서 등)와 소예언서(아모스서, 호세아서, 요나서, 오바댜서, 스바냐서, 스가랴서, 학개서, 말라기서 등)로 나눈다. 그런데 기독교 전통 해석대로 저자가 그들 자신인가는 현대 신학자들로부터 의심을 받고 있다. 예를 들어 이사야서 같은 경우 2~5명 저자들의 합작으로 본다. 같은 책 안에 내용상, 언어상, 시대상 상반된 것이 많기 때문이다. 예언서들은 다른 성서 부분과 마찬가지로 대부분 바벨론 포로 이후의 저작이며 유명인의 이름을 도용한 작품으로 본다.

220) 엘리사가 예언한 앗시리아군에 포위된 사마리아성 안 식량의 물가라든지 훗날 이사야가 예언한 앗시리아 왕 산헤립의 암살 등이다.

221) 아카드어로 쓰인 기원전 600년 초반의 서필. 고니야와 그의 다섯 아들들에게 할당된 배급량을 기록한 점토판으로 포로들에게 배급했던 양곡, 기름 등의 수량 기록이다.

222) '이스라엘군이 격노하여 본국으로 돌아갔다'라는 기록에 대해 기독교 전통주의 해석은 메사가 그 아들을 산 채로 번제로 바치는 것을 보고 역겨워 후퇴했다거나 또는 그모스 신에게 인신제사를 드린 모압군에게 야웨가 재앙을 내릴 때 같이 받을까 두려워 돌아섰다고 해석하기도 한다.

223) 예언자 엘리사는 히브리 전승의 인물 중 가장 많은 기적을 행한 인물로 남는다. 요단강 물을 갈라지게 했고, 여리고의 나쁜 물을 변하게 했고, 자신을 저주한 아이들 49명을 곰 두 마리로 상하게 하기도 했다. 또 북왕국 왕 요람이 모압을 징벌할 때 행군 중 음료수가 떨어졌는데 물이 많이 날 곳을 알려 주었고, 신학생 아내가 부채를 갚을 수 있도록 많은 기름을 기적적으로 얻게 하기도 했다. 그리고 수넴 여자에게 아들이 있을 것이라 예언했다. 또 그 아이가 병들어 죽었을 때도 다시 살렸다. 신학생들이 먹던 독이 있는 국에서 그 독을 제거시키기도 했다. 보리떡 스무 개와 한 자루의 채소로 백 명을 먹였으며, 시리아 장군 나아만의 문둥병을 고쳐 주기도 했으며, 탐욕에 빠진 사환 게하시를 문둥병으로 징벌하고, 깊은 물속에 빠진 도끼를 떠오르게 하였다. 또 시리아 왕이 보낸 많은 군인들의 눈을 어둡게 하기도 했다(이 기적들 중 죽은 자를 살리고, 나병을 고쳐주고, 음료수(포도주)를 만들고, 적은 보리떡으로 많은 인원을 먹인 것 등은 훗날 예수의 기적과 닮아 있다).

224) 고대 중동에서는 신탁 받은 자를 흔히 '병든 자, 미친 자'라고 부르기도 했다. 힛타이트어의 신이란 명사 '시우나스'는 '질병'이란 뜻을 지니고, 아랍어 '귀신 들린'이란 뜻을 지닌 '마즈눈'은 '미친'이라는 의미를 가지고 있다.

225) 히브리 전승에 의하면 이때 나아만이 일곱 번 요단강 물에 몸을 담그니 아이의 살같이 깨끗하게 회복되었다고 전해진다.(그러나 심리학자들 중 이런 의견도 있다 - 고대에서는 모든 피부병을 나병으로 여겼다. 사실 레위기에서 설명한 나병이라는 것도 현대 의학으로는 그 증세가 마른버짐과 습진류에 더 가깝다. 뼈와 신경을 포함한 신체 조직이 파괴되는 괴저병이 아니라 피부가 벗겨지는 것에 불과하다. 어

쩌면 나아만이 걸린 병은 정신적 충격으로 곧잘 발생하는 백반 같은 피부병이었을 것이다. 엘리사가 신탁의 이름으로 전한 말은 암시적 심리요법이 되었고 그를 낫게 했을 것이다 -)

226) 문서설에 의하면, 오경에서 신을 '엘로힘'으로 불렸던 엘로힘 문서에서 신은 초월적인 존재고, 중재자 모세를 통해서만 만날 수 있었다(신을 야웨라 불렀고 인간적으로 표현했던 야웨 문서와는 다르다). 그리고 이 문서에는 세겜, 벧엘 등 북쪽 지역이 자주 나오고, 요셉 이야기에서는 북쪽 지파 조상인 르우벤을 강조했다. 남왕국이 아닌 북왕국에서 제작되었기 때문이다(신학자들은 이때 엘로힘 문서를 저작한 부류들에 의해 북왕국 엘리야와 엘리사의 기적 전승도 꾸며져 작성되었을 것으로 생각한다).

227) 기독교 보수주의 해석에 의하면 요나 이야기를 이렇게 해석할 수도 있다. 당시 앗시리아는 여러 해 동안 천재지변 때문에 놀라고 있었다(천문 일기를 확인해 보면, 니느웨에서는 기원전 763년 6월 15일 태양이 완전히 가려지는 일식현상이 있었다). 또 북쪽에서는 우라르투의 세력이 일어나 침공하고 있었고, 국내에서도 지역 영주들이 반란을 일으키고 있었다. 혼란한 이때 요나의 설파는 그들의 마음을 움직였다. 다신론을 따르던 앗시리아 왕 중 아닷니나리 3세는 바벨론의 느보 신을 유일신으로 받아들이고 있었다. 당시 여로보암 2세 때는 북이스라엘이 가나안에서 최고의 세력을 누리고 있었다. 이것은 이스라엘 신 야웨 또한 그 세력을 떨치고 있었다는 얘기도 된다. 궁중 예언자 요나는 당당히 자신이 히브리인이라는 것을 말하며 앗시리아에서 왕과 백성들에게 야웨의 경고를 전해 회개시켰다.

228) 당시 기념 석주(石柱)에 남긴 기록에 의하면 기원전 879년 앗시리아 수도 칼라에서 축제 때 모인 온 백성은 69,579명에 불과했다.

229) 오늘날 니느웨에는 '유누스(요나의 무덤)'라 부르는 언덕이 있다. 또 요나의 고향으로 알려진 '가드헤벨(나사렛 동북쪽 세프리스라고 알려진 성읍)'에도 그의 무덤이 있다. 이 두 곳은 아마 신화 속의 장소일 것이다.

230) '스랍'의 어근이 불과 관련이 있는 '스라프'인 것을 보면 '날아다니는 불뱀'을 의미하는지 모른다. 뱀에게 손이나 발, 얼굴이 있는 경우는 고대 신화에서 드물지 않다. 이사야도 날아다니는 뱀을 두 차례나 언급했다(이사야 14장 29절, 30장 6절).

231) 기독교 정통 해석은 이사야가 본 것은 신이 아니고, 신의 옷자락이라고 한다. 봤으면 죽어야 했기에 의역한 것이다.

232) 히브리 전승에 의하면 모세만이 신의 얼굴을 보았다. 그러나 후기 전승은 그가 신의 등을 보았다고 기록했다.

233) 가나안 북시리아 우가리트 라스 샤므라 유적에서 발굴한 니칼의 시에도 이사야의 신탁과 비슷한 글이 발견되었다. - 보라, '알마(젊은 여인)'가 아들을 낳으리라 -

234) 담무스는 한여름 무더운 열기에는 죽고, 추운 겨울에는 활동을 하지 않다가 늦가을 애도의 축제 때와 봄에 다시 살아나는 식물의 신이다. 담무스가 사냥을 나가 죽게 되자 여신이 지하세계에 내려가 그를 구출한다고 믿었는데, 이 또한 식물의 시듦과 다시 생기를 찾는 과정을 신앙화시킨 것이다(그리스인들도 축제 때는 디오니소스 가면을 쓰고 포도를 밟으면서 신의 찬가를 부른다. 자신들에게 술을 제공하기 위해 포도의 신인 디오니소스가 죽어가고 있기 때문이다). 훗날 사도 바울은 부활 신앙이 없던 유대교와 이 신앙을 결합해 기독교의 교리를 만든 것 같다. 그래서 부활의 구주 예수를 담무스와 디오니소스 화신으로 보는 견해도 있다(바벨론 포로 이후 유대인들도 부활의 신 담무스를 받아들여 4월을 '담무스의 달'이라고 불렀다).

235) 신약에서도 야웨의 날은 다를 것이 없었다. 예수도 종말, 즉 심판의 때가 곧 온다고 설파했다. 이 시대가 가기 전에, 예수 당시 살아있던 자가 죽기도 전에 온다고 말했다(마가복음 1장 15절 참조). 그러나 신은 오지 않았고 지구의 멸망도 발생하지 않았다. 슈바이처는 그의 논문에서 이것은 예수의 과오였고, 제거되어야 한다고 말했다. 슈바이처의 논문 「The Quest of the Historical Jesus(역사적 예수에 대한 탐구)」를 보라.

236) 다리우스 왕(기원전 522~486년)은 소아시아와 리디아, 시리아, 가나안을 대부분 장악한 왕이다. 바벨론을 공격해 멸망시키고, 포로가 되었던 유대인들을 해방시키기도 했다.

237) 세 사람이 용광로 불 가운데를 걸어 다니며 신을 찬양한 노래 등이 기록됨.

238) 간음죄로 고소 당한 여인의 무고를 어린 다니엘이 해결해 준 내용이 기록되어 있다.

239) 다니엘이 용을 잡고, 히브리 전승 속 하박국 예언자가 국을 가

지고 날아가 사자 굴에서 굶주리고 있던 다니엘에게 주었다는 우스꽝스러운 내용 등이다(세 가지 내용은 다 히브리 성서 다니엘 3장 23~24절에 삽입되었다가 외경으로 밀려난 기록이다. 이 내용이 포함된 다니엘서는 1세기 말까지는 공인된 성경으로 인정되었다).

240) 고대 이집트의 파라오 투트모스 3세 때도 가나안 왕족들을 볼모로 잡아와 교육시키고 다시 본국으로 보냈다. 속국을 이집트화하기 위해서였다.

241) 알렉산드로스 대제국에 의해 유럽과 근동은 그리스어(헬라어)로 통일된다. 또 그리스어로 여러 유대교 외경이 집필되기도 하였다. 이는 유대교가 세계로 전파될 수 있는 토양이 되었다.

242) 이 질문은 고해(苦海) 속에 살고 있는 인간의 공통적인 고민일 것이다. 조선시대 유학자 정도전도 저서 『심문천답(心問天答)』에서 '하늘을 향해 선악의 불평등'에 대해 질문했다.

243) 원시시대부터 종교와 생활은 분리될 수 없었다. 불은 추위를 막기 위한 것이기도 했지만, 제례의식의 도구이기도 했다. 가축 사육은 식량을 얻기 위해서였지만 제물이기도 했다. 금속제련, 건축술은 연장과 숙소를 만드는 수단이기 이전에 제례도구, 제단을 만드는 기술이었다. 물물교환 역시 정령들에게 제물을 바쳐 환난을 제거하고 복을 받으려는 종교 절차였다.

244) 힌두교에서도 창조주 브라흐마는 하나이고 태어나지 않으며, 영원하고 불멸이며 무한이고 헤아릴 수 없는 의식이라고 정의한다. 야웨와 다를 것이 없다.

245) 이 종교의 창시자 조로아스터는 서른 살이 되던 해에 주신이며 유일신인 아후라 마즈다의 천사장으로부터 계시를 받게 된다. 그 후 8년 동안 아후라 마즈다의 나머지 다섯 천사들이 하나씩 나타나 그에게 진리를 전해주었다고 한다. 아후라 마즈다 외의 다른 신을 모두 거짓으로 선언한 조로아스터의 가르침은 매우 획기적인 것이었다.

246) 수메르의 영향을 받은 기원전 15세기 북시리아 문서인 에블라 창조 설화를 인용해 그때 이미 단신론이 있었다는 주장도 있다. 원시 정령 숭배에서 발전해 일신론으로 정립된 종교 진화를 부정하는 이론이다. 그러나 그 견해는 종교 진화론 사학에 비해 그 자료가 미미하다.

247) 최근 20세기 예루살렘에서 발견된 기원전 8세기 돌판에 '야웨

와 그의 아세라(바알의 아내)'라는 글귀가 기록되어 있었다. 야웨도 초창기에는 아내를 거느린 신이었는지 알 길이 없다.

248) 고대 이집트 도시 테베 사관의 기록들은 아켄아톤 일족을 이단자로 간주해 역사 속에서 말살시켰다.

249) 이집트 아켄아톤의 유일신 사상이 야웨 종교에 영향을 미쳤다는 것은 히브리전 전승 자체가 여러 곳에서 암시하고 있다. 아켄아톤의 유일신 태양찬가와 히브리 전승 시편 104편 등의 우주 창조 찬양은 특히 유사성을 가지고 있다.

250) 엘로힘(신들)을 복수로 보지 않고 '위대한 단일 신을 일컫는 복수명사'로 보기도 한다. 신의 전지전능과 무소편재 등 위대성을 강조하기 위해 단수 신을 그렇게 복수로 불렀다는 견해도 있다.

251) 히브리 전승에서 '아침 별들'이라고도 표현되는 이 영적 존재는 신과 같이 회의에도 참석하고 신의 버금가는 또 다른 신이었다 (욥기 38장 7절 참고). 신학자 포우프(William Burton Pope)도 이 구절에 나타난 신의 아들들을 고대 범신론에 있어서 낮은 등급의 신들이라고 해석했다.

252) 히브리 전승 시편 89편 7절에서도 응용해 인용. 또 욥기 38장 7절에도 신들의 찬가가 나온다. 이런 신들의 회의 광경은 북시리아 우가리트 문서 본문에도 나타난다. 아카드 신화 에누마 엘리쉬에서도 신들은 마르둑을 우두머리로 두고 일곱 신들이 회의를 하여 정책을 결정한다는 내용이 기록되어 있다.

253) 신학자 차일즈(B. S. Childs)는 십계명 중 1계명부터 야웨만이 유일신이라는 사상이 없었다고 주장했다.

254) 다신 중에서 더 위대한 한 신만을 숭배하는 신앙.

255) 그래서 초기 히브리 전승에는 '포교'라는 말이 없다. 포교 내용을 다루었던 요나서는 후대의 작품이다.

256) 다신론에서 진보한 사상으로 모든 신을 인정하면서도 특별한 신에게는 절대성을 더 부여하는 신앙. 유일신으로 가는 전 단계의 신앙이다.

257) 십계명을 비롯한 히브리 전승의 대부분은 모세 사후 1000여 년이 지난 기원전 586년 바빌론 포로 이후 작성되었다. 그 전의 이스라엘 신앙은 다신론과 가까웠다. 기원전 8세기까지 이스라엘 주거지에서는 황소와 사람 모형의 우상들이 수천 개씩 발견된다. 유일신교는 후대의 최고로 진화된 종교의 산물이다.

258) 광야귀신. 가시 달린 꼬리와 염소 모양의 몸뚱이이기도 했다.

259) 바다에서 폭풍을 일으키게 하는 용. 아마도 바다에서 일어나는 회오리인 해무(海霧) 용오름 현상을 보고 생겨난 신화의 동물일 것이다.

260) 형상, 모양 등은 훗날 기독교 정통 해석에서 '신의 인격'으로 비유되었다. 신은 형상을 가질 수 없는 거룩한 존재라는 사상으로 종교가 발전한 면모다.

261) '신인동형설'은 메소포타미아에서 시작되었다. 신은 인간과 같은 모습을 했지만, 죽지 않으며 보이지도 않는다. 신은 음식을 먹고 연회를 열기도 한다. 신이 사는 낙원에는 물이 있고, 나무와 식물도 많이 있다. 신은 화를 내기도 한다.

262) 그 후 유대교, 기독교, 이슬람교 등 고등 유일신교에서는 신의 형상을 만드는 것을 금지시킨다.

263) 히브리 전승 초기 사탄은 악의 존재가 아니라 인간을 시험하는 천사의 존재로 묘사된다. 신·구약 중간기 기원전 2세기경, 이 사탄은 조로아스터교의 영향을 받아 악마가 된다. 최고의 신 아후라마즈다의 상대인 악마 '앙그라 마이뉴'는 악령들을 거느리고 신체 불구와 재난을 일으키는 자이다. 훗날 신약에 자주 나오는 악마 '다이몬'은 그리스에서 들여온 말이다. 다이몬은 그리스 신화에서 신과 인간 중간 정도의 영물로 신성한 힘을 가진 수호천사였다. 그런데 기독교가 이 말을 빌려와 신과 대적하는 악마를 가리키는 말로 사용했다.

264) 노예 제도는 문명의 시초인 수메르 시대부터 있었다. 계급의 구분이 별로 없던 그때도 전쟁 포로를 죽이는 것보다 살려서 그 노동력을 활용하는 편이 낫다는 생각에서 노예 제도를 운영했다. 이스라엘도 아브라함 때부터 노예를 부렸다.

265) 무신론자의 종교 대용품은 공산 이데올로기였는지 모른다. 그러나 공산주의는 현세만을 약속했고 내세를 약속하지는 못했다. 그래서 74년 만에 소비에트 공산주의 실험은 실패하고, 러시아 민중이 정교회로 돌아왔는지 모른다.

266) 예후 왕조는 북왕국에서 가장 수명이 긴 왕조였다. 5대에 걸쳐 80년이라는 세월을 누렸다.

267) 율법에는 아무도 없는 광야에서 강간을 당할 경우 여자에게 죄를 묻지 않았지만, 민가에서 강간을 당했을 때는 죄를 물었다. 반항

하고 소리치지 않았다는 이유에서다. 또 혼례 후 처녀가 아님을 발견했을 경우, 남편의 고소에 따라 아비의 집 문전에서 돌을 맞고 살해당하기도 했다(율법은 남자의 동정 여부를 묻지는 않았다).

268) 현대 신학자들은 아모스 때부터 히브리 예언자들이 말이 아니라 문서로 예언을 남기기 시작했다고 생각한다. 이전에는 사무엘이나 엘리야, 엘리사 등이 즉흥적인 말로 신탁을 내뱉었으나, 이때는 뛰어난 시적 묘사로 된 글로 신탁을 전했다는 것이다(예언자의 연설이나 거친 문장을 제자나 훗날 추종자들이 재해석해 편집했을 것이다. 이 과정에서 필연적으로 내용이 가감되었을 것이다). 아모스는 무게를 재는 공무원들에게 눈금을 정확히 볼 것을 경고했다. 고대 중동에서는 정의의 상징으로 저울추를 생각하곤 했다. '난셰(고대 수메르 정의의 여신)'를 찬양하는 노래에는 나쁜 자를 비난하는 구절에 큰 추를 작은 추로 바꾸는 자, 큰 되를 작은 되로 바꾸는 자라는 대목이 있다. 아모스처럼 현대 진보신학에 영향을 끼친 예언자는 없다. 아모스는 후세대 예언자인 호세아, 미가, 이사야, 예레미야에게도 지대한 도덕적 영향을 끼쳤다. 아모스는 소위 신과의 관계인 영성보다는 인간과의 관계인 정의와 도덕을 중요시하는 신탁을 외쳤다. 또 개인 구원보다는 사회 정의를 외쳤다. 현대 민중신학의 아버지 본 회퍼 목사나 해방신학의 아버지 부퍼 신부에게도 아모스는 대부와 같다.

269) 호세아는 연인(원래 창녀)이 바람을 피우자 그를 다시 사랑해야 하는 고통을 느꼈고, 그 사건을 통해 배반한 이스라엘을 사랑하는 야웨의 마음을 느껴 예언했던 자다. 신학자 카일, 영, 박윤선 등은 호세아가 경험한 가정사가 사실이 아니라 비유라고 주장했다. 예언자가 창녀와 결혼하는 것 자체가 율법의 금기이기 때문이다(레위기 11장 7절 참조). 다른 신학자들은 남녀가 사랑하듯 야웨가 이스라엘을 사랑한다는 호세아서의 표현은 남신과 여신이 성혼(聖婚)한다는 고대 중동 사상에서 영향을 받은 것이라고 생각한다.

270) 히브리인들은 피와 순결, 단일민족임을 중요시 여겼다. 히브리 전승은 아브라함과 이삭, 야곱 등 그들의 직계 선조가 같은 혈족의 아내를 얻어 순수혈통으로 이어졌다고 자랑한다. 반면 아라비아 이방 족속의 시조가 된 이삭의 형 이스마엘은 첩의 아들이요, 이집트 여인과 결혼했고, 에돔의 조상이 된 야곱의 형 에서는

사냥을 하며 떠돌아다니다 만난 힛타이트 족속의 딸을 아내로 삼았다고 기록했다. 그러나 히브리인들은 과거 씨족장 아브라함 때부터 첩을 통해 여러 족속들과 혼인 관계를 맺었고, 가나안 진입 때는 겐 족속을 받아들였다. 따라서 사실 단일민족이 아니다.

271) 고레스는 다신교도로서 야웨 신을 포용했다. 그는 어떤 신이든 잘 섬기면 복을 받는다는 믿음이 있었다. 또 식민지 이스라엘인들을 달래기 위해 예루살렘에 야웨 신전을 세울 것을 명령하기도 한다.

272) '영감(inspiration)'이라는 단어는 전치사 'in'과 '영(spirit)'의 합성어다. 즉 신의 영이 들어와 사람의 마음을 감동시켰다는 뜻이다.

273) 성서는 신의 영감으로 쓴 책이기에 무조건 진실로 믿는다는 태도. 또는 의심하면 불경스럽게 여기는 시각이 여기서부터 출발한다. 성서무오설(無誤說)이 여기서 나왔다.

274) 대표적인 필경사들이 사해 근처에 은거했던 쿰란 공동체 에세네파다. 이들은 성경 대필을 주업으로 삼았는데, 그들의 주거지에서 많은 구약성경 사본들이 발견되었다. 사해 동굴에서 발견된 파피루스에는 그 지역에 살던 예수 시대 에세네파의 생활기록이 나와 있다. 그들은 세속을 떠나 공동생활을 했고, 독신을 지키며 노예를 소유하지 않았고, 전쟁에도 관여하지 않으며 엄격한 규율에 따라 신앙생활을 했다. 독신생활을 했던 예수도 직간접적으로 쿰란 공동체의 영향을 받았다고 믿는 학자들도 있다.

275) 신앙과 지식은 중세 초부터 격렬한 논쟁이 있었다. 바실레이데스나 발렌티누스 같은 신학자 등은 지식이 신앙을 앞선다고 주장한 반면, 터투리아누스는 지식은 '이단의 어머니'라고 주장했다. 중세 다른 신학자인 아우구스티누스, 토마스 아퀴나스, 안셀무스 등도 역시 신앙은 이성보다 앞서고, 믿지 않으면 이해할 수 없다고 하며 이성을 차별했다. 이 사상은 성경을 문자 그대로 비판 없이 믿는 풍조를 낳았다.

276) 고대에도 문자주의자들만 있었던 건 아니다. 그 당시에도 성경을 비유로 보는 여러 주류들이 있었다. 역사의 한 시점에서 승리한 문자주의자들에 의해 그렇게 해석된 것이다. 신약성경의 경우 기원후 2세기 교부 유세비우스가 문자주의를 정립시켰다. 성경을 비유로 본 '그노시스(영지주의)'들은 이단으로 몰린 것 같다. 그리스어로 '지성'을 뜻하는 이 기독교 종파는 도마복

음, 빌립복음, 이집트인의 복음, 막달라 마리아의 복음 등을 저술했다. 기독교 복음서에서 제외된 이 책들은 문자 그대로 믿는 무조건적 믿음보다는 깨달음을 중시하는 내용이 주를 이룬다 (1947년 사해 근처에서 구약 정경, 외경 사본들을 대량 발굴했고, 비슷한 시기 1946년 이집트 도시 나그 함마디에서 기독교 비주류가 된 영지주의 문서들이 대량 발굴되었다. 이 두 발굴은 기독교로서는 가장 놀라운 역사적 사건이다).

277) 고대부터 중세까지 성경 문자와 과학은 일치한다고 믿었다. 그러나 중세 후기부터 종교와 과학은 적과의 동침이었다. 특히 16~17세기는 과학과 종교의 전쟁의 시기였다. 폴란드 천문학자 코페르니쿠스는 지동설을 주장했다. 그렇지만 바티칸은 「태양 흑점에 관한 서한」 논문 내용 중 지구가 움직인다고 주장한 갈릴레이를 종교재판에 붙여 가택 연금했고, 1642년 죽게 했다. 이탈리아 철학자 브루노도 우주는 무한(無限)하다고 주장하다가 가톨릭 교회법에 의해 산 채로 화형 당했다. 그러나 이교도였던 기원전 3세기 그리스, 로마의 자연철학자 피타고라스, 알렉산드리아 학파는 이미 지구가 둥글다는 사실과 여러 행성과 더불어 태양을 돈다는 사실도 알았다. 또 지구 둘레의 근사치를 계산했다.

278) 오경이 모세의 저작이 아니라는 의견은 중세부터 제기되어 왔다. 알렉산드리아의 발렌티누스, 이탈리아의 톨레미, 스페인의 이븐 하잠 등 여러 신학자들이 의문을 제기했다. 또 2세기경의 저술가 켈수스나 420년경 신학자 제롬 등에 의해 의심받기 시작했다. 17세기에 들어와서는 많은 학자들이 모세 저작설을 공개적으로 의심하기 시작했다. 그 후 장 아스트룩, 아이히호른, 겟데스 등의 연구에 의해 문서설이 성립되었다. 창세기에는 원어로 보면 신의 이름이 여러 가지로 표현되어 있어 그 이름을 따라 저자가 다른 것으로 본다. '엘로힘(신들. 우리말 번역에서는 '신'이라고 번역)'이라고 썼던 문서(일명 E문서)는 기원전 850년경 남왕국에서 편집되고, 야웨라고 썼던 문서(일명 J문서)는 북왕국에서 750년경에 편집된다. 이 두 문서는 EJ문서로 합쳐져 창세기의 한 부분을 이루었다. D문서는 기원전 621년경 남왕국 요시야 왕의 종교개혁 때 기록된 성서의 일부분으로 지금의 신명기(Deuteronomy) 사상과 비슷하다고 하여 생긴 이름이다. P

문서는 기원전 444년경 바벨론 포로 이후 제사장(Priestly)들에 의해 쓰인 성경이라 하여 생긴 이름이다. 하여튼 현대 신학 문서비평에서는 창세기의 경우 1천여 년에 걸쳐 만들어진 산물로 본다. 문서설이 가설인 것은 사실이지만, 현대 신학자 중 문서설을 전적으로 부인한 자는 극히 소수다(문서설 지지자는 그라프, 퀸엔, 벨하우젠 등 거의 모든 현대 신학자들이고, 모세 저작설 지지자는 헹스텐버그, 카일 등이며, 에발트는 창세기 단일 저작설을 주장하다가 후에 문서설을 지지했다).

279) 그리스 종교철학에서 나온 '심령'이란 독특한 언어는 해석이 난해해 현대에서는 '영혼' 혹은 '마음'으로 의역했다. 심령이란 말이 없고 있음에 따라 해석이 크게 달라지는 것을 성서 연구가라면 느낄 것이다.

280) 베드로가 신앙 고백을 하자, 예수가 천국의 열쇠와 속죄권을 주며 그의 이름 위에 교회를 세운다는 약속이다. 이 글귀는 훗날 교황 제도를 합법화시키는 계기가 된다.

281) 전 한국신학대학 총장 주재용 교수 의견이다. 또 전 장로교신학대학 학장 박창환 교수는 그의 저서 『성서개론』에서 '기도하지 않고 이런 것을 쫓아낼 수 없다'라고 되어 있던 원본을 후에 금욕 사상을 가진 필경사가 '기도하지 않고 금식하지 않고는 ······'으로 첨가했다고 주장했다(마가복음 9장 29절 참조. 우리말 번역에서는 '금식'을 뺐다).

282) 근본주의와는 다른 경향이지만 보수주의 학자들 중에는 성경의 오류 자체도 저자나 편집자의 의도이고, 나름대로의 신의 뜻이 내포되어 있다고 보기도 한다. 관점이 다르므로 자연스럽게 생긴 오류라는 것이다. 또 다른 학자들은 성서는 역사, 과학, 언어학적으로 분명히 저자나 편집자의 의도하지 않은 실수가 있었고 오류가 있지만, 결국 신이 인도한 책이라고 주장한다.

283) 중세기 신학자 토마스 아퀴나스도 저서 『신학대전』에서 성경과 과학이 갈등할 때, 과학 해석에 오류가 있다고 믿었다.

284) 필라델포스가 왕립 도서관에 소장할 수 있도록 명령해 그의 후원으로 히브리 경전인 구약성경이 번역되었다. 이때 70여 명(열두 지파에서 6명씩 선출된 72명)의 장로들이 이를 번역했는데, 이들은 그리스 문명에 젖은 유대인들이었다. 그리스 종교의 영향을 받은 이들에 의해 히브리 성경은 번역·편집된 것이다. 이때

비로소 창세기로부터 시작되는 히브리 전승 차례가 구별되었다. 그러나 그 차례가 저작 연도를 말하는 것은 아니고, 내용을 시대별로 구분한 것에 불과하다.

285) 기원후 70년경, 이스라엘이 멸망하고 예루살렘은 이교도의 도시가 되었다. 신전의 붕괴와 함께 제사장들의 위상도 붕괴되었다. 그러자 새로운 도시 얌니아에서 새로 부각된 계급 랍비(율법 선생)들이 활동하게 된다. 유대인 랍비 요한 벤 자카이 등이 당시 팔레스타인의 지배자인 로마의 허가를 받아 성경 공부를 했는데, 그 랍비들 사이에 비공식 토론으로 이 회의가 진행된 것 같다.

286) 현대 신학자들은 마태, 마가, 누가 복음서를 마가복음이나 선제된 또 다른 사라진 복음서를 보고 나름대로 첨가해 쓴 저작으로 본다. 예수 사후 한 세대 이상 그의 생애가 구전으로 전해지다가 편집된 것이 복음서다. 내용상 변질되었을 가능성이 높다.

287) 1079년 교황 그레고리우스 7세는 많은 사람이 성경을 갖게 되면 하찮은 것처럼 여기게 되고, 학식이 보잘 것 없는 사람이 보게 되면 잘못 이해하므로 성경 번역을 허락하지 않았다. 스페인 사람 훌리안 에르난데스는 성서를 소유했다가 종교재판에 회부되어 화형을 당하기도 했다.

288) 한 신에 여러 역할을 하는 다른 속성이 있다는 것은 기독교 교리의 삼위일체론과 비슷하다. 페니키아에서는 바알샤멤 신과 멜카르트 신이 이위일체다. 바알샤멤이 겨울 동안에 죽은 자의 세계로 떠나면, 새해에 멜카르트가 온다. 둘은 한 신이지만 두 개의 상반된 얼굴을 가지고 있다. 야웨가 떠난 후 예수가 오고, 예수가 떠난 후 성령이 왔다.

289) 니케아에서 발표한 '삼위일체 신조'를 모인 주교의 수대로 318명의 신조라고 부르기도 한다(바티칸은 이 신앙을 온전하고 순수하게 지키지 않는 자는 영원히 멸망할 것이라고 하여 '아타나시우스 신조'란 이름으로 발표했다). 그러나 기독교의 모든 종파가 니케아 신조에 공감한 것은 아니다. 그리스 정교회와 로마 가톨릭 교회는 성령이 성자를 통해 성부로부터 나왔느냐, 성령이 성부와 성자에게서 나왔느냐의 차이를 놓고 이견을 보여 1054년 최종적으로 결별했다. 그 후 기독교는 서로 거의 구분이 안 되는 교리적 차이로 인해 수없이 분열했고, 그 갈등 속에는 무서운 핍박과 전쟁이 있었다('삼위일체'란 말은 기독교를 교리화시킨

아우구스티누스가 처음 만들어 사용한 신조어다).

290) 그리스어로 '아포크리포스'인데 '감춰진 책'이란 뜻이다. 원래는 '숨은 진리'를 뜻하나 '정경에서 밀려난 책'을 의미한다.

291) 슈바이처의 저서 『역사적 예수』에는 현대 신학 사상가로서의 그의 생각이 잘 나타나 있다.

292) 19~21세기 신학자들이 사용한 역사적 비평 방법으로 본문 비평, 문헌 비평, 전승 비평, 양식 비평, 편집 비평이 포함된 성서 연구방법이다.

293) 루돌프 불트만(Rudolf Karl Bultmann)은 신이 인간이 되었다는 사실을 믿지 않고 신화로 보았으며, 예수 부활을 부인했다(예수 십자가의 사건을 이스라엘 조상 셈족이 제물로 바친 짐승의 피로 신에게 용서함 받는 그 풍습을 인용한 예화로 보았다). 반면 칼 바르트(Karl Barth)는 예수의 신성을 믿었다. 그러나 칼 바르트도 역사적으로 성서의 모든 기적이 일어났다고 믿지 않았다. 그 역시 사건의 실체보다는 실존의 의미를 찾고자 했다.

294) 갈대아는 바벨로니아 페르시아만 북부를 경계로 한 늪지대와 사막지대로 기원전 2000년경에는 '해변의 땅'이라고 불리었다. 갈대아는 본디 기원전 10세기에 앗시리아인들이 이 지역을 '칼두'('그리스어. 갈대아')라고 부름으로써 그 이름이 전해지기 시작한다.

295) 가톨릭은 교회 전통과 믿음과 행위로 구원을 받는다고 믿는 반면, 개신교는 오직 믿음으로 구원받는다는 교리를 가지고 있다. 구교, 신교 두 종파가 신의 뜻대로 교리를 만들었다고 하나 가톨릭은 교부(교회지도자)로 이어지는 교회 전통을 따랐고, 성서 문자주의 토양에서 배양된 신교는 그런 성향을 가진 루터, 칼뱅 등 종교개혁파의 영향을 받았다.

296) 펠라기우스는 중세 초기의 신학자로 인간의 자유의지를 강조해 원죄, 그리스도의 구원, 세례 등을 부정하는 펠라기우스설을 제창했다.

297) 교황 레오 1세(440~461년)는 영혼도 어미 자궁에서 형성된다고 선포했고, 전통 기독교에서도 영혼의 실체를 생명이 생겨날 때 어미의 자궁에서 형성된다고 가르친다. 또 아우구스티누스의 주장대로 '아비의 정자로부터 원죄가 전달된다'고 믿어 이 배아 단계도 영적 생명이요, 죄인으로 정죄하는 경향이 있다.

298) 전통 기독교의 교리로만 본다면 예수를 믿을 기회도 없이 죽은

조상들의 구원은 불가능하다. 예수를 믿지 않고는 그 누구도 구원받을 길이 없기 때문이다.

299) 무슬림 문화권에서 어린 아이가 종교를 바꿀 수 있는 가능성은 얼마나 될까? 조상으로부터 같은 신관을 물려받고, 그 배경 아래에서 자란 사람의 종교는 그가 속한 집단의 종교가 될 수밖에 없다. 대다수가 믿는 것을 허구라고 외칠 수 있는 독립심을 갖춘 인간은 존재하기 힘들다. 어떤 집단 아래에서 종교의 선택은 대부분 어린 시절에 이루어진다. 동물학자들에 의하면 오리는 태어나서 몇 시간, 고양이는 4주, 원숭이는 8년, 인간은 10년 사이에 신경세포가 활발히 활동한다. 인간은 이 기간에 미래 사상의 기초가 될 지성, 감성 등 주위 정보를 기억하는데, 집단 환경의 영향을 받고 종교도 결정되곤 한다. 아비가 목사인 존슨과 비교해 아비가 무슬림 교도인 핫산이 예수를 믿을 확률은 얼마나 될까?

300) 신교에서는 사도신경이 3~4세기경에 개종과 세례 시의 신앙고백용으로 만들어졌다고 본다. 그 후 기독교가 로마의 국교가 된 후 5세기경에 '예수가 죽임을 당한 후 지옥에 갔다'는 내용이 '아킬레아 신조(Formula Aquileiensis)'라는 이름으로 첨가됐고, 6~7세기경에 '로마교회 공인신조(Formula Recepta)'라는 이름으로, '거룩한 교회(Ecclesiam)'를 '거룩한(Catholicam)'으로 수정했다고 주장한다. 침례신학대학 도한호 전 총장의 주장이다.

301) 성서의 모든 사건이 문자 그대로 실제 일어났다고 믿는 부류. 이들은 믿음과 직관을 통한 지식이 이성과 논리 과정을 거친 지식보다 우선한다고 믿고 있다. 이들이 생각하는 이성은 믿음을 방해하고 저해하는 위험스러운 요소일 뿐이다. 이들은 무조건적인 신앙을 덕목으로 생각한다. 마틴 루터(1483~1546)는 "이성은 신앙의 가장 큰 적이다. 그것은 영적인 것에 결코 도움이 되지 않는다. 기독교인이 되고자 하는 사람은 이성으로부터 시선을 돌려야 한다"고 말했다. 반면 현대 신학에 영향을 미친 철학자 존 로크(1632~1714)는 신의 계시와 신의 인격성을 믿었으나 오직 이성만이 계시(진리)를 판단할 수 있는 유일한 기준이라 생각했다. 현대 신학은 이성을 중시하는 이 인식론을 따르고 있다.

성경, 깜짝 놀랄 숨은 이야기

펴낸날	초판 1쇄 2013년 8월 5일

지은이	이창훈
펴낸이	심만수
펴낸곳	(주)살림출판사
출판등록	1989년 11월 1일 제9-210호

펴낸곳	경기도 파주시 문발동 522-1
전화	031-955-1350　　팩스　031-624-1356
기획·편집	031-955-4662
홈페이지	http://www.sallimbooks.com
이메일	book@sallimbooks.com

ISBN	978-89-522-2667-9　　03900

책임편집 최진